# 請開始說
## HOW TO TELL A STORY
# 你的故事

學會表達的第一堂課

梅格・鮑爾斯 MEG BOWLES ｜ 凱薩琳・伯恩斯 CATHERINE BURNS ｜ 珍妮佛・希克森 JENIFER HIXSON
莎拉・奧斯丁・詹尼斯 SARAH AUSTIN JENNESS ｜ 凱特・泰勒斯 KATE TELLERS ── 著
帕德瑪・拉克希米 PADMA LAKSHMI ── 前言　　錢傑列・庫曼尼卡 CHENJERAI KUMANYIKA ── 推薦序

林師祺 ── 譯

「Moth」（飛蛾組織）
教你說個難忘故事的
重要指南

獻給深埋內心的故事

## 【前言】 每個人至少有一個故事

那是紐約某個格外溫暖的夜晚。地點是庫柏聯盟學院（Cooper Union），我第一次參加「飛蛾」（Moth）的活動。我和其他分享故事的人一起排練好幾次，包括作家、《紐約客》雜誌撰稿人和消防員。我們來自不同行業，分享各自的故事，共同置身同一條飄搖的小船。我們沒有小抄，不能背誦，除了記憶力、想像力和勇氣之外，一無所有。

我怕死了。我正在講述手臂上傷疤的由來。現場非常安靜，我能聽到禮堂第一排的呼吸。為什麼這麼安靜？我為何答應在八百人面前赤裸裸地展示自己，用這種方式讓自己難堪？而且他們還花大錢進場。

因為我相信分享故事的至高力量。這是我所有作品的主軸，也是我們人類唯一的超能力。**想一想**，獵豹跑得更快，大象更強壯，老鷹比奧運撐竿跳選手飛得更高。講故事是生而為人最棒的事情，我相信它能改變世界。沒錯，故事可以改變世界，也確實改變了世界。

希望你手中這本書也能幫助你相信這一點。

「飛蛾」耐心又專業的故事輔導員深知講故事的力量。十多年前第一次見面，他們就向我保證，每個人至少有一個故事可講，關鍵在於你怎麼講。他們鼓勵大家記住故事的韻味、細節、感官記憶以及當下的感受。這些練習讓我們傾聽自己的心聲，解鎖講故事的真正力量。

為了更了解別人，我們需要各式各樣的人講述形形色色的多元故事。我們需要聆聽、感受和理解彼此的見解。我就是因此才製作《嚐遍美國》（Taste the Nation）系列，這些紀錄片講述美國移民和原住民的美食和日常。從別人口中聽到他們的親身經歷非常重要，他們在主流平台上分享自身經歷，有助於聽眾更了解其他美國同胞。我相信，透過發掘這些故事，我們永遠能在人類境況中得到新啟發。

每次聽到「飛蛾」的故事，我就想起這一點。二十五年來，「飛蛾」不斷發掘我們身邊最動人的故事，為聽眾帶來喜悅或感傷。透過各行各業的人

講述真實故事，我們一窺何謂成為完整的人。

我們的故事敘述我們是什麼樣的人，曾經是什麼模樣，又希望將來是何種面貌。我們透過這個方式塑造自己的身分。我們惦記的故事涵蓋我們的背景、願景、夢想和痛苦。這些故事還講述我們對自身、對世界，以及自己在這個世界的定位的焦慮。我們透過故事延續共同歷史。

那晚在庫柏聯盟學院，我在震耳欲聾的寂靜中努力尋找方向之際，發現我的故事說的不光是手臂上的傷疤。「飛蛾」的好朋友幫助我信任自己，相信這個血淋淋、充滿英勇細節的故事有其價值。我必須鼓起勇氣。我必須夠勇敢，透過記憶中的經歷審視人生的真相，繼而改變自己。

我的故事要從一場車禍說起，那起事故在我手上留下疤痕，但經由那晚的複述，我意識到，那次的經歷不只是皮肉傷那麼表淺。我的故事是關於生存的殘酷和反覆無常，是關於我如何對上帝失去信心，後來又如何透過生養子女重新找回信仰的漫漫長路。那趟旅程以及在台上重溫這個經歷，也讓我對自己的母親重新建立同理心。

令我恐懼的沉默呢？那是他人傾聽的聲音。那是人類情感交流的聲音。聽眾就在我身邊，與我同時經歷那個故事。

你不必成為作家，也可以說故事。

你的故事就是最好的故事。

──帕德瑪・拉克希米[1]

---

[1] Padma Lakshmi，印度裔美籍演員、《頂尖主廚大對決》等節目主持人、慈善家。

## 【推薦序】 找到自己的故事

二〇一五年六月,我得到寶貴機會,向「飛蛾」藝術總監凱薩琳・伯恩斯(Catherine Burns)推薦一個故事。身為長期的粉絲兼聽眾,我既激動又害怕。我常聽「飛蛾」的故事聽到出神,也因為他人有趣、令人動容和不可思議的人生有所改變。現在「飛蛾」召喚我!但我有故事可講嗎?

腎上腺素(來自興奮和恐懼)在我的血管裡洶湧奔竄。我可以趁機與專家討教講故事的技巧,甚至有可能讓全世界的「飛蛾」聽眾聽到我的故事。

講故事是我的職涯核心。身為批判媒體研究的教授,我多數教學工作都牽涉到尋找故事題材,將抽象概念和歷史轉化成引起共鳴、令人信服的體驗。身為推廣者,我致力於促進機關團體更加公平合理,具有感染力的說故事能力不僅可以打破虛假的敘述,還能突破棘手的政治分歧,揭示現今的權力如何運作、我們如何走到這一步,接著又需要做些什麼。身為記者,精采的故事是有影響力的報導、文章和紀實敘事音訊產品的精髓。

基於上述原因,我忙不迭地接受邀請。可是一掛斷電話,我就感到恐懼在胸口顫動。我的故事曾讓親朋好友捧腹大笑,但那只是趣聞軼事,他們也只是善意回應。更糟糕的是,身為嘻哈歌手的經驗告訴我,聽眾是幾個朋友,或是幾百、幾千個陌生人可大不相同。上台只能靠故事本身的力量,其他都不重要,而且很容易就會講得平淡無奇。我碰過幾次,那種絕望厄運的刺鼻氣味彷彿揮之不去。

一小時後,胸口顫動的驚懼成了恐慌。每當我從過去尋找可用的題材,腦中就會出現各式各樣抨擊的聲浪,迅速把那個故事批評得體無完膚:**沒人想聽這個。你少臭美了。你又沒救過人。你憑什麼站在大家面前,談論你那些奇怪的傻事?**傑伊・艾里森(Jay Allison)製作「飛蛾電台節目」多年,是他把我介紹給「飛蛾」團隊。我找上傑伊,敘述我的難處。他告訴我:「錢傑列,『飛蛾』的故事的確能帶來深刻的啟發,但它們絕對不是你受邀去其他地方講述的英雄事蹟或光明向上的故事。我不知道你最後的結果如何,但請先記住,每個人都會被破事所吸引,產生共鳴。關於失敗和記取教訓的故事可能充滿力量。」

失敗！我多的是失敗的經歷。我絕對記得住、說得出失敗的故事。

在這一刻之前，我一直以學者、組織者、記者和嘻哈樂手的身分示人，也獲得大眾的認可。至於那些困惑、尷尬，甚至令人難堪的經歷，以及從中可能記取的教訓，一直被我推到腦海的邊緣。我在家庭聚餐、約會或課堂上可能不經意提起這些鬆散無章的軼事。朋友、家人和學生樂於聽到精采段落，也只能忍受其他不怎麼樣的描述。

等到急促的心跳漸漸平緩，我才有辦法開始反思、做筆記。上上策就是講述我當嘻哈歌手期間爆笑又痛苦的時刻。

我們的鬼魅樂團（Spooks）在二○○五年最後一次巡演時，已經在三個國家得到單曲金獎，在英國榮獲一張金唱片，聽眾人次也超過一百萬人。但音樂事業走下坡之後，我必須學習新技能，想辦法維持生計，塑造新身分，然而我從未真正消化處理或恰如其分地哀悼命運的動盪轉變。

準備就緒後，我打給凱薩琳，她仔細認真傾聽我講述幾個故事。我激動分享鬼魅合唱團正走紅時，**我在音樂錄影帶拍攝現場**遇到勞倫斯・費許朋（Laurence Fishburne）。我廢話了很久才講到重點，當中數次偏離主題。另一則故事則是我當臨時工，笨手笨腳做Excel表格。這本來是為了說明我不紅之後的悲慘趣事，但我嘮哩嘮叨，還加了一堆無關緊要的細節。我告訴凱薩琳，我在電影節當保全時二度見到勞倫斯・費許朋。但我這次躲著他，因為困窘的境遇（和JCPenney的平價西裝）讓我抬不起頭。故事囉嗦、庸俗，結局淒涼、令人洩氣。

凱薩琳仔細聆聽，發現故事的「苗」——這個故事兼具幽默、悲劇和戲劇元素，可能會引起許多人的共鳴。之所以用「苗」這個字，是因為我的故事顯然還不成熟。我第一次分享故事時，認為出名——之後又失去票房——是重點，兩度見到費許朋則是哏。我以為結局就是難堪至極的我，結果最初這些直覺都不對。

沒有結局才是關鍵。凱薩琳陪著我大笑，然後挑明說：「哇，你第二次見到勞倫斯也太尷尬、太糟糕了。可是我覺得那不是結局，你看，你現在似乎過得好多了。後來怎麼了？」她提出這個問題時，我的激動情緒風起雲湧。我不知道後來怎麼了。我說不出結局，儘管人生已經向前邁進，但有一部分的錢傑列仍然穿著平價西裝站在那裡，氣餒又渺小。

上台前一天，講故事的人齊聚一堂，分享故事，進行最後的整理和微調。參加「飛蛾」的過程中，這個部分雖然恐怖，到頭來卻相當美好。

我永遠不會忘記第一次排練。前一天，我在南卡羅來納州參加抗議活動。但「飛蛾」的排練要求講者本人去他們的辦公室，所以我得從克萊姆森開到紐約。好處是十二小時的車程足以讓我練習，但我也因此有時間讓疑慮一點一滴爬上心頭。我真的要開車去另一個州，對著一千人講故事？還沒有音樂伴奏？就因為紐約有一個人說這個故事很有趣？也許我需要講個更富政治意義的故事，畢竟我的目的不只是娛樂大眾。我疑惑又困擾，於是打給凱薩琳，提議換個故事。凱薩琳也全然接受我的想法。但她的問題幫助我認清，即使要講述帶有政治色彩的故事，也要像準備這個故事一般，投入同樣的時間和精力。她大概也明白，我突如其來的新念頭恐怕是因為質疑現在這個故事。

我抵達紐約之後，又決定說第一個故事。其他人排練時自信地說起他們的故事，我又開始自我懷疑。不過，這種焦慮並未持續太久。「飛蛾」的聽眾就是知道如何支持講者，他們會在幽默之處捧腹大笑，會為那些令人震驚的段落驚呼，會點頭表示肯定，甚至會在感動時落淚。我一說完第一個哏，全場大笑，我感覺好多了。頓時如釋重負，覺得自己是和朋友一起消磨時光——我們彼此提攜，變得更強大，並且一路相互支持。總而言之，這種可怕的壓力感有其必要，因為當我站上大舞台，我已經面對自己的恐懼。

臨近上台前，我想起親身經歷的某個轉捩點。我當時正要應徵一份新的臨時工，身上是同一套平價西裝，心情沮喪，這時卻聽到鬼魅樂團的曲子響

起,看到短期雇員辦公室的人聽得很開心。這才提醒我,音樂的力量不取決於我個人的名氣,或是能不能與名人往來;音樂的力量是夢想和塑造我的作品所帶來的快樂。辦公室裡的人享受我的作品,讓我想起創作時感受到的力量和喜悅。

我在故事尾聲提到自己與學生分享的經驗:追隨你的熱情,也要準備承受影響。入睡前,我認真思考故事的主旨,起床後想到:「有時你必須先釐清自己不能接受的部分,才能成為你想要成為的人。」

我在排練時試著說出這句話,感受到全場的情緒波動盡是認可和肯定。凱薩琳有把握地點點頭,那神情是我前所未見,她說:「對!就是這樣。就在這句話打上句號。」

「飛蛾」團隊悉心鼓勵我,讓我找到更強大的結尾——真正的結尾——並且在我找到的那一刻幫助我想清楚。

「飛蛾」協助我明白,這個故事不只提到勞倫斯・費許朋,甚至也無關名氣。這個故事講述人生走錯路,講述鼓起勇氣多方嘗試,講述如何找出我們真正的長處。人人都會經歷大起大落,故事主旨是不要因此困在錯誤的身分中,或扼殺心裡本應源遠流長的魅力、奇蹟和力量。

這個過程幫助我更了解這個階段,不只是將那段人生簡化成故事,而是讓我明白,有那個支離破碎的自己,才有今天的我。許多「飛蛾」故事應該都一樣。人們喜歡「飛蛾」,因為每個人的故事都隱含別人的良藥。自從我分享自己的故事之後,我和許多人擁抱、握手,傾聽他們敘述我的體悟如何引起他們的共鳴。即使知道這段經歷的親朋好友也說,聽了我的故事之後,更了解我。

「飛蛾」敦促我認真看待講述故事的任務。他們要求我反思自己的人生,考慮這些經歷如何引起其他人的共鳴。這次的經驗意義非凡,因為在我們的文化中,我們從小就認定只有特定人士才能講故事,只有他們非凡人生的故事才值得認真傾聽。我收到的第一份「飛蛾」邀請函剛好顛覆這一點。

我學到的這課是人人都該知道的事情,也是現在這本書要講述的重點:你有重要的故事可以說,它們是別人無法講述的經歷。但是你必須願意努力活出這些故事,然後克服恐懼,分享出去。

然而我們要知道,「飛蛾」認真看待我的說故事任務,不代表他們查證我說的每一句話,或支持我每個餿主意、閒扯淡和毫無重點的小故事。就某方面而言,他們對我或所有講者的支持正好相反。他們邀請我講故事,我也允許他們專心傾聽,誠實回應,聽到有趣的段落哈哈大笑,聽到不解之處就皺起眉頭,聽到交代得不清楚的段落便提出問題,聽到有意思但無關緊要的事情則平靜地點頭。我第一次與「飛蛾」指導員討論完之後便發現,我、所有人都一樣,迫切需要克服這些不確定的時刻,它們就像在我體內奔湧的湍流。

無論在台上或與朋友共進晚餐,這本書邀請你認真對待自己講故事的任務——找到自己的故事,將重點放在整件事的重點上,自主成為生氣勃勃的講者,用你的真相粉碎不實的陳述。歡迎加入!但請做好心理準備:這個過程會帶你進入新疆域,結識新朋友,並且揭開你嶄新的另一面。

——錢傑列・庫曼尼卡[2]

---

2 Chenjerai Kumanyika,樂團歌手、製作人、電台節目主持人、大學助教。

## 目　　錄
CONTENTS

### 🦋 PART1　每個人都有一個故事

第1章 歡迎來到「飛蛾」　018
第2章 不帶小抄，沒有安全網　027

### 🦋 PART2　打造你的故事

第3章 挖掘記憶　040
第4章 基礎　060
第5章 素材　078
第6章 放大感情　112
第7章 編排故事　141
第8章 開頭與結尾　162

### 🦋 PART3　講述你的故事

第9章 從紙上到台上　184
第10章 人生如戲　207

### 🦋 PART4　故事的力量

第11章 漣漪效應　228
第12章 傾聽　250

致謝　259　　飛蛾投稿熱線　261　　故事提示　262
節目說明　263　　關於作者　267

PART1

# 每一個人
# 都有一個故事

# 第 1 章　歡迎來到「飛蛾」

你有許多故事。每件樂事、每次心碎、每次失望和每次令人目眩神迷的飄飄然，都造就今天這個多采多姿、獨一無二的你。

雖然你的經歷稍縱即逝，你的故事卻能亙古流傳。

根據古代卷軸、洞穴壁畫和代代相傳的口述歷史，我們知道人類開天闢地以來就會說故事。一個人對另一個人開口說的第一句話，就是「飛蛾」最早的原型。

你認為第一個故事說的是什麼？也許只是一連串的尖叫、長嚎。在緊要關頭，尖叫、嚎叫和比手畫腳可能勉強派得上用場。因為有其必要，才會發展出語言。「那邊有水。小心有熊。我撿到漿果。該死，火好燙。」後來則變成，「我去撿漿果，但我看到熊，所以我回來坐在柴火邊，才覺得安全。」也許最早期的故事都是有助於保命的警告，所以人類本能需要、渴求和珍惜故事。

除了最基本的訊息（「這裡有水。這裡有漿果。那裡有熊！」），我們還渴望知道更多事情，理解周遭的世界。久而久之下來，講故事已經衍生出許多用途，可能很實用、可能很瑣碎，可能有正面意義，可能另有所圖，可能很浪漫、具有娛樂性、有警世意味或旨在興風作浪。大聲分享故事是人類極佳特質——這是我們的神奇能力，透過語言變身，進入他人的想像力。因為我們有想像力，故事將他人的經歷栩栩如生地展現在我們面前，我們才能看到，並且常常**感受到**那些未曾發生在我們身上的事情。

你分享故事時，就分享了一部分的自己。故事詮釋你的心，解析你的過去，闡述你是誰，將這一切傳遞給願意花時間傾聽的人。就是這些故事堆砌出家庭、朋友和愛情。它們既普通又精緻。故事廣受團體社群的接受。它們

能推倒圍牆，團結不同的文化，幫助人們認知彼此的相同之處多於歧異，同時歌頌**你自己**的獨特之處。

除了幫助求生，故事豐富我們的人生，加深我們彼此之間的情誼，如果講得好，我們還能再次受邀參加晚宴。精巧的故事幫助你創造出奇妙的清晰感，可以闡述聽眾幾分鐘前還無法理解的經歷，也能拉近聽眾的距離，近到他們可以想像自己感受到你的心跳。你可以讓他們哄堂大笑，或讓他們熱淚盈眶，或激勵他們起而行之。你可能讓他們覺得自己得到理解。

你的故事一次次揭示更多你的真實面，有時還會點出你接下來的方向。當你構思自己的故事時，會把每件事攤在陽光下，然後說：「沒錯，這件事很重要」或「不對，根本不如我所想」，往往還會說：「哇，沒想到這件事對我的影響如此深遠。」

要感到充滿活力就要說故事。所以你跑不了！**你一定要講故事**。事實上，你早就開始。每天都是。打從你牙牙學語就開始說。

這本書會幫你說得**更好**。

## 為什麼創辦「飛蛾」？

有個明智的床墊業務曾打趣說：「人生有三分之一的時間在床上度過，找張最好的床睡吧！」沒有人可以確定說故事的時間占人生多大比例，但多數人都同意，這件事對表達自我有重大意義，而且很重要，值得你投入時間、精神，學習如何說得一口好故事。「飛蛾」可以提供協助。

多數人都有一些說了又說的趣聞軼事，約會或初次見面時就會反覆提起這些話題。我們在派對、公司活動或餐桌上講述這些事情。如果雞尾酒派對太無聊，我們可能會提起這些軼事（「緊急時，請打破玻璃！」[3]）。在接下來的篇幅中，我們將教導你如何把這些軼事說成有意義的小故事，指導你說得自信又優雅。

---

3 通常是滅火器玻璃門上的標語。

這本書不是亞里斯多德的《詩學》、喬瑟夫・坎伯[4]的《英雄的旅程》或《天方夜譚》的一千零一個故事。自古至今，有許多故事講述如何說故事（全部都讀吧！）。在這本書中，「飛蛾」的指導員幫助你塑造、講述你個人的故事，他們有數十年的實地經驗，協助、催生眾多故事，也因此將這個原本紐約獨有的活動打造成全球知名藝術組織，透過真實的個人故事，致力於打造人與人之間的連結和情誼。

一九九七年，「飛蛾」創辦人喬治・道斯・格林（George Dawes Green）在紐約公寓客廳舉辦第一次「飛蛾」正式活動，當時就有這些明確目標：有些人會講故事。一次講一個。沒有人會打斷他們。沒有人會插嘴說他們的叔伯長輩也做過同樣的事情。沒有人會說自己**有兩個**阿姨和一個連襟也有同樣經驗，藉此長自己威風。沒有人會請人遞醬汁。講故事的人有片刻可以獨占發言權，其他人負責傾聽。

> 關於「飛蛾」的靈感來源，「飛蛾」創辦人喬治・道斯・格林說：現在很難想像，但我和幾位好友在一九九七年創辦「飛蛾」時，親身經歷的故事值得聽眾齊聚一堂的想法似乎遙不可及。當時認為個人故事就那樣：**只跟個人有關**，與大眾無關，不能與聽眾分享。但我從小就注意到親身經驗的神祕力量。
>
> 在喬治亞州薩凡納附近的海濱小屋門廊上，坐滿兄弟姊妹和表親堂親。我的阿姨愛麗絲向我們講述她對曾外祖母大伊內茲的回憶，她是喬治亞州韋恩斯伯勒的大家長。愛麗絲阿姨說故事的時候，我記得我注意到故事彷彿**發生在**她身邊。我們所有人都和她一起經歷，傾聽之際也拉近彼此的距離。

---

4 Joseph Campbell（一九〇四―一九八七），美國神話學大師。

那天晚上，靦腆的父親喝了一杯半黑麥威士忌後，為鄰居小朋友講述他孩提時期在俄亥俄河上的泛舟之旅。同樣地：雖然故事很精采，但大家**聽**得鴉雀無聲這一點更吸引我——這些十歲孩子竟然對一個幾乎不認識的男人產生極大共鳴，就因為他的故事把孩子們帶到那條河邊。

一九九〇年代初，有一次我去努伊里卡詩人咖啡館[5]參加尬詩擂台[6]，有一位正用充滿抑揚頓挫的腔調朗誦冗長的超現實主義作品，當時就時興這一套……

然後發生了一件小事。

詩人唸完之後頓了一下：「下一首詩說的是以前我爺爺帶我去釣魚。他會在凌晨四點叫醒我，我們坐上他的五門掀背車，那時掀背車的車身還貼著**木板**，我們會往北開到某條小河邊，然後釣上一整天的褐鱒……」

我環顧四周。每個人都聽得聚精會神。剎那間，區分詩人與聽眾的神聖面紗消失得無影無蹤。所有人彷彿都陪著她，她的記憶似乎就是我們的經歷——接著她清了清嗓子，又開始朗誦，咻，薄紗又降下來。

我心想，**不如整晚聽詩人介紹作品前的故事，省略後面的詩。**我愛詩，但若少了那層紗，該有多好！

故事之夜的想法在我腦中生根發芽。

---

5　Nuyorican Poets Café，曼哈頓下東城 Alphabet City 的非營利組織，Nuyorican 藝術運動的堡壘，是詩歌、音樂、嘻哈、視覺藝術、喜劇和戲劇等論壇。

6　poetry slam，某種口述藝術，是一種以詩歌表演為核心的比賽，讓詩歌更貼近大眾。源自一九八四年美國詩人 Marc Smith 於芝加哥的 Get Me High Lounge 舉辦之活動。

我不時從腦海深處取出這個想法把玩一番，再添柴加火。我走到東村的咖啡館或搭地鐵時，就構思這些晚會。每晚都要有個主題：「魚尾」（捕魚或煮魚的故事）。「解放古巴」、「民權」、「活下去」。每晚都應該找一位客座策展人，他們可能是藝術家、作家、舞蹈家或漁民；我們幫他們找一批人來說故事，協助他們確定故事的方向和形式。每次晚會的聽眾都不多——溫馨氣氛是關鍵。我們會根據主題找些引人入勝的音樂。我們會找稀奇古怪的場地：可能在平底貨船上舉辦「魚尾」，在古巴酒館舉辦「解放古巴」，在墓園舉辦「活下去」。我開始尋求建議。許多朋友都覺得困惑，百般抗拒。他們說：「**音樂**晚會，沒問題，如果只講一個故事，也許人們就不會覺得無聊？」或者，「為什麼不找『傳統』說書人，而且專說給孩子聽！」

但也有人持續愛護、支持我，並且適度對我施壓。最後，嘉碧‧塔納（Gaby Tana）在她西四街的公寓說服我放手一搏。

「好吧，好吧，」我說。「就一次，我們就試著辦『飛蛾』一次，看看成果如何。」

**創立理事佩吉‧維爾**[7]：我們都很緊張，不知道第一次活動會有什麼結果，不知道聽眾對故事會有什麼反應，不知道這種做法是否可行。那次活動的名稱恰如其分，就叫「找個地方」。我們都覺得當晚的賭注很大。我們重新介紹「講故事」這個概念，而且只留下最精髓的核心。大家會喜歡嗎？我們告訴他們只要坐下來聽。開始之後，喬治興奮地談到他在喬治亞州的朋友汪達家的門廊，提到他在那裡度過許多夜晚，一邊聽故事，一邊看著蛾在頭頂的燈光下盤旋。他想將那個場景搬來紐約。電光石火間，場子就被炒熱了。

---

7 Pegi Vail，美國人類學家、策展人、紀錄片製片。

> **創立理事梅爾文・艾斯特拉[8]**：第一場「飛蛾」糟得可絕了。故事講太久，酒都見底！顯然我們以後得限制每個人講故事的時間。但這都無所謂！我們知道自己正在見證一件了不起的事情，儘管這件事尚未完全成形。那晚的聽眾年復一年地回來，鼓勵講故事的人說下去，至今依然不變。「飛蛾」的聽眾希望你展翅高飛，幫助你達到目標，為你加油喝采。我從沒見過這樣的聽眾。
>
> **佩吉・維爾**：這種形式在接下來兩年逐漸有了雛形。一九九八年某個晚上，我有幸在蘭斯基酒吧（Lansky Lounge）策畫一場教師故事晚會。我記得講者有我的高中老師魯伊吉・賈努基（Luigi Jannuzzi），還有剛以蕩氣迴腸的回憶錄《安琪拉的灰燼》拿下普立茲獎的法蘭克・麥考特。我在電話簿上找到麥考特的電話，便打去邀請，他竟然答應了！主持人是我們的朋友，也是「飛蛾」的早期合作對象羅蘭・萊格迪・蘿拉[9]（努伊里卡詩人咖啡館）。在創始藝術總監裘伊・桑德斯（Joey Xanders）的鬼才指導下，聽到這些人對陌生人說故事實在令人激動，他們天生就會講故事，而且原本就在教室裡啟發學生。始於喬治家客廳的那場活動，每辦一次就更靠近全世界，聽眾人數也隨著每個故事增加。

　　第一次的晚會辦得不太成功，但活動結束時，每個與會者都覺得自己眼界更開闊。那就像門藝術，因為有了空間、時間，故事有顛覆性的影響。一個夜晚之後帶來許許多多個夜晚，一場運動就此展開。儘管最初幾年不太順利（喬治的帳戶幾乎歸零），直至今日，「飛蛾」的舞台上仍有當初第一晚的精神。

---

8　Melvin Estrella，美國攝影師、製片。
9　Roland Legiardi-Laura，美國導演、詩人。

## 為什麼說真實故事？

聽別人分享他們的回憶和親身經歷，會引發強大的共鳴。有些「飛蛾」的故事是講者以第一人稱講述，我們只在歷史書籍中讀過他們的經歷。薩拉・烏丁（Sala Udin）帶我們深入一九六五年的民權運動，講述了他身為「自由乘車者」[10]的故事。瑪莉—克萊爾・金博士[11]分享她如何爭取補助，繼而發現遺傳性乳癌基因（BRCA）。寇迪・阿札里博士（Dr. Kodi Azari）帶我們回顧首次進行移植人手的痛苦過程。芙蘿拉・霍格曼（Flora Hogman）講述她在大屠殺期間隱姓埋名。里克・豪克（Rick Hauck）是**挑戰者號**[12]失事後首次執行太空梭飛行任務的太空人，我們隨著他的故事一起成功登陸。

你不必上頭條新聞，也能把扣人心弦的親身經歷說得精采。伊娃・桑提亞戈（Eva Santiago）告訴我們，她如何愛上靈魂伴侶克里斯多夫（Christopher），當時他還在坐牢。金・里德（Kim Reed）分享她變性後回到蒙大拿州家鄉的心情，而她高中時曾是明星四分衛。珍妮・艾倫（Jenny Allen）說到她在接受癌症治療時戴假髮的尷尬經歷。馬文・格爾凡德（Marvin Gelfand）回憶他拿到第一張借書證之後感到多麼自由和獨立。嘉柏莉・席亞（Gabrielle Shea）講述在感恩節搞砸她為將來的公婆做起司通心粉引發的危機。我們坐在亞當・韋德（Adam Wade）的助手座，陪十幾歲的他在週五晚上帶他的姑姑與阿嬤一起兜風。

有些故事講述波瀾壯闊的歷史，將那段光陰或人們之間的互動拆解成小規模的親密場景。有些故事看似平凡（考駕照、初吻、第一次投票），講者卻能說出那一刻感受到的激動心情。在這兩種狀況下，講者的真實性

---

10 Freedom Rider，非裔美籍民權鬥士在一九六一年五月四日開始搭灰狗巴士到種族隔離問題最嚴重的南方抗議，因為南方的黑人不准和白人共乘。當時一群人跨地域、種族、職業，選擇以搭車方式挑戰種族隔離的不公，而且為了避免動亂，強調碰上爭執也不反抗。

11 Dr. Mary-Claire King，美國遺傳學家，主要貢獻為發現乳癌基因、人類與黑猩猩有百分之九十九的基因相同，以及利用 DNA 識別人權遭到侵犯的受害者。

12 Challenger，一九八六年一月二十八日，挑戰者號太空梭起飛後解體爆炸，七名太空人全部罹難。

都至關緊要。我們能夠感受，並相信故事確切發生過，傾聽的心情就不一樣。

因此**真確性**就成為「飛蛾」故事的指導方針。

> 「飛蛾」故事講者兼理事尼爾・蓋曼[13]：在這些第一人稱故事中，真實性有多重要？說謊就像玩單人遊戲還作弊：那就沒意思了。

## 當我們傾聽時

「飛蛾」走出溫馨客廳，登上世界各地的舞台，「飛蛾」幕後的創意人員傾聽台上的故事。這些故事數以萬計，而且持續增加。在這個過程當中，主辦人員原本只是為故事提供舞台、鼓勵人們講故事、告訴手機另一端的傢伙別顧著小打小鬧，直接上台，後來他們發現造就精采故事的關鍵。那些關鍵牽動聽眾的心，讓人熱血沸騰、捧腹大笑、目瞪口呆，或開始思考。有些故事打動人心，讓人覺得熟悉又陌生，而「飛蛾」已經發現箇中巧妙。

在「飛蛾」最稱絕的場次中，台上台下每個人似乎一齊屏氣凝神。每個人的思緒都隨著故事快速運轉，每分鐘的心跳都在同一個節拍上。

後來發現這種感受有科學依據，想想看我們聽到時有多興奮！神經學家烏里・哈森主導的研究[14]發現，人們聆聽、理解故事時，他們的腦波開始與講者的腦波連結或一致，科學術語就是「講者—聽者神經耦合」。磁振造影掃描講者與聽者的腦，顯然兩人大腦開始同步。講者的大腦出現活

---

13 Neil Gaiman，英國猶太裔作家，作品包括《睡魔》、《美國眾神》等。
14 作者註：「講者與聽者之間的神經耦合對成功交流有重大影響」（Speaker-listener Neural Coupling Underlies Successful Communication），Greg J. Stephens, Lauren J. Silbert 與 Uri Hasson 共同發表於《美國國家科學院刊》第一〇七卷第三十二期（二〇一〇年）的第一四二五至一四三〇頁，doi:10.1073/pnas.1008662107。

動或「發亮」，不久後，聽者的大腦也發亮。問題是聽者必須聽得入迷，還要能理解，才會有這種現象。總之，想觸發別人的腦波，你的故事必須夠**精采**。這本書會幫你點亮人們的腦子。

> 「飛蛾」講者法托・烏利（Fatou Wurie）：因為內戰，我們離開獅子山，流離失所超過十一年。母親與她的家人感情深厚，只能自己摸索著如何當個年輕的母親和妻子，因為她已經離開心之所向——她的母親、阿姨、父親、兄弟和大家庭。她會整天唱歌，或用她的母語曼德語大聲自言自語。她把我和姊姊拉到身邊，敘述她的童年。雖然我們不見得聽得懂所有細節，但看到母親講故事時神采飛揚的模樣，我們也不禁為之動容。她興奮；我們跟著興奮，她難過，我們也難過，總之就是感同身受。母親透過講述這些故事保持活力，讓她在一次又一次的失落之餘，還能撐下來——所以我才理解說故事的力量。

想想看，滿屋子的人豎起耳朵——大腦同步作業。數以百萬計的陌生人共同經歷同一個人的故事，這就是力量。在這些燈光微弱的劇院和電波中，不同信仰、不同背景的人共同傾聽，我們因而質疑起由來已久的信念——**在傾聽之前**認定的真相碎裂、垮台，或是終於堅如磐石。

你在「飛蛾」聽到認識的人，你**以為**你認識的人、或你素昧平生的人說故事。也許我們起初是陌生人，但講完故事之後，我們的距離拉近了——這才是最終目的。分享親身故事可以建立共鳴，我們聽完這麼多故事之後，更能四海之內皆兄弟。

一切就從一個故事**開始**。

# 第 2 章　不帶小抄，沒有安全網

> 講故事是神聖的事；透過說故事，死者的精神永存，生者茁壯成長；我們也藉此展現最真實的自我。講故事可以跨越種族、國界、性別、語言和權力不平等的人為界限。講故事是心靈的語言，反映我們個人、和群體的人性幅度。
>
> ——「飛蛾」講者法托・烏利

根據時代、文化的不同，說故事有許多種形式；我們在這本書將介紹所謂的「飛蛾」風格：也就是大聲分享真實的個人經歷，不帶任何小抄。

有時並不容易說服準講者上台講述他們的親身故事。「**我為什麼要這麼做？**」

我們會說，每個人都有不同的理由。對某些人，我們會說這種事情很刺激，他們終於有機會站在聚光燈下。對不情願的人，我們會說，這會幫助你探討自己的心理陰影，趕走你的心魔。這件事可以幫助你重新振作起來，可以幫助有同樣經歷、需要指引的人。你有機會改弦更張或澄清事實。可以幫助你結交朋友，或認清敵人。與其匆匆忙忙地過日子，不如停下腳步，坐下來好好想一想。

信不信由你，素未謀面的人會排隊等著聽**你**說話，聆聽那個**真實的**你。「飛蛾」成立多年以來，我們看到全球數百萬聽眾齊聚一堂，聆聽反映真實世界的個人經歷。

從你的角度感受世界，跟著你走十分鐘，聆聽你的故事，這是多麼難得的機會。

我們很早就為「飛蛾」風格的講故事方法制定並調整某些條件。雖然規則可能讓人覺得受到限制，但我們相信這些框架反而激發創造力：

「飛蛾」的故事必須屬實，並且以第一人稱大聲敘述。
「飛蛾」的故事不是透過朗讀或背誦。
「飛蛾」的故事一定要涉及情勢和某種轉變。
「飛蛾」的故事要在一定的時間內講完。

之後將深入探討這些規則的原因和實踐方法，但根據我們的經驗看來，這些規則是故事成功的基礎，這點毋庸置疑。

## 專屬於你的「飛蛾」指導

如果你曾在「飛蛾電台時間」、「飛蛾播客」或「飛蛾舞台」聽過喜歡的故事，應該知道多數講者不是單槍匹馬完成。你聽到的是合作成果。每位講者——無論是在即席發表的「故事擂台」（StorySLAM）或「飛蛾投稿熱線」上被發掘，或是你等著換機油時偶然聽到的天馬行空的故事——都會分到一個「飛蛾」指導，由這個人幫忙發掘、塑造故事，最終大聲發表。（你應該把這本書當成自己的個人指導！）

指導過程一定先從對話開始，我們在這個過程挖掘創意。也許你已經在記憶裡翻箱倒櫃，大略知道故事的雛形。你也可能完全沒有頭緒，我們就會問諸如此類的問題：

- 在你的人生中，有哪些難以忘懷的瞬間？大事小事都行。
- 你迫不及待想告訴新朋友哪些故事？哪些故事又是你的老朋友或伴侶總要求你一說再說？
- **「你最受歡迎的故事」**是什麼？

我們會傾聽你的答覆，然後提出更多問題，其中很多問題都能在這本書

中找到。我們會詢問，你在故事發生時的人生大小事。為什麼這件事對你來說意義重大？我們會詢問你的背景，以及那個特殊時刻之前的一連串脈絡。哪些事情不一樣？為什麼你印象深刻？我們會聽出你的猶豫和語焉不詳──任何可能顯示背後還有更多牽連的蛛絲馬跡。（有時那些停頓隱藏著黃金！）

有時你的答覆會提到「這是**第一次**」、「這是**最後一次**」、「這是**最糟的一次**」或「這是**最好的一次**」──我們就從這裡問下去。這次和其他次有什麼不同？

一旦選定故事，我們就會要求講者反思更大、通常也更難回答的問題。

- 對你來說，這件事到頭來帶給你什麼？
- 為什麼你覺得講這個故事很重要？
- 你如何描述故事開頭的自己，最後又有什麼改變？

你不見得立刻能答覆，這個過程可以幫助你找到答案。我們提出這些問題，幫你找到故事的方向和核心，並且對你的改變有個大概的了解，有助於確定所有故事情節。

一旦我們選定**故事**，就開始尋找最佳講述方式。我們會找出最能讓故事栩栩如生的場景和細節。我們會問：「如果這是電影，哪些畫面會讓我們目不轉睛？」我們回溯每一步，用最鮮明的色彩描述。我們常要求你「放大畫面」，審視每一個可以發揮的細節，然後選出最精采、最閃亮的部分。

接著就琢磨故事結構。這個故事還有另一個更耐人尋味、更能引起共鳴的支線故事嗎？例如艾美・畢昂可利（Amy Biancolli）講述丈夫過世，我們鼓勵她深入描述婚戒，利用戒指講述兩人共同生活的光陰，最後帶到她決定該摘下婚戒的那一刻。

在第一次通話或會面之後，我們會建構故事大綱，包含故事結構的要點，以及在不同階段需要考慮的問題。確定故事骨架之後、就開始堆砌、重建，因為我們若有新發現，大綱可能有所改變。就像買鞋，你得試穿！有時

人形立台穿起來很好看,但鞋跟對你來說可能太高,或鞋子在你走路時叩叩響,吵得你抓狂。故事就像鞋子,必須合腳。你在「試穿」時遭遇的難題和過程,會帶來莫大收穫。

一旦敲定故事結構,我們會請你大聲說出來。

「飛蛾」的指導員是講者的第一個聽眾。我們認真傾聽,誠實反應。身為指導員,我們每次傾聽都要像是頭一次,斟酌是不是有哪個環節讓人聽得一頭霧水,或哪個細節略顯累贅。哪一段是否太慢?鄰居家的公雞那段會不會太風馬牛不相干?我們記下哪些內容讓我們大笑、寒毛直豎、熱淚盈眶,哪些內容教我們毛骨悚然或驚訝得倒抽一口氣。

我們要求你說得情真意切。沒錯,我們就像心理醫生,也會問:**你有什麼感受?**畢竟你希望聽眾也能感同身受!

我們幫助講者抓住重點,儘量讓所有情節清楚明白,才有助於確定哪些細節需要保留,哪些需要刪除,哪些又要留給下一個故事。

「飛蛾」故事不可或缺的元素就是時間限制。無論是哪個活動,所有講者都要留心時間長短。就「飛蛾舞台」而言,我們的目標是將故事長度控制在十到十二分鐘之間(即席發表的「故事擂台」只有五分鐘!)我們非常重視時間限制,所以台上除了講者還有一位樂手。如果講者超過時間,樂手就會演奏一個音符,提醒時間到了。講者若超過一分鐘,就得面對樂手再次更大聲演奏的俏皮恐嚇。計時樂手讓每個講者心生恐懼!這是特意安排。在規定時間內講完故事,必須經過深思熟慮和妥善計畫。據說馬克‧吐溫打趣說過:「我沒有時間寫短信,所以我寫了一封長信。」講故事也一樣。我們必須反覆練習,才能在十分鐘之內說完,又能去蕪存菁。我們不能差遣小提琴家去府上,但我們可以提供方法,教你控制時間。

上「飛蛾」的前置作業最後一步是現場集體彩排。所有講者齊聚一堂,我們請他們逐一站起來分享自己的故事。由其他講者和飛蛾工作人員組成為數不多的聽眾,我們認真傾聽。講者藉由彩排體驗現場說故事。大家常說彩排是最困難、最令人害怕的環節,然而我們再怎麼強調這個步驟最重要,都不為過。所以你到頭來還是得找個信得過的人聽聽排練結果。你會知道哪些

段落可能牽動聽眾情緒，你可能會忘記哪些段落，或者哪些細節會讓聽眾聽得一頭霧水。最重要的是透過彩排，可以建立你的自信。

這下好了，你可能覺得，**我又沒有指導員可以幫我**。現在有了！這本書的作者**就是這些人**。我們（梅格、凱薩琳、珍妮佛、莎拉和凱特）以及「飛蛾」的藝術團隊和工作坊團隊提供指導**你自己**所需的工具。我們在書裡拆解創作過程，提出我們若與你通電話可能提出的所有問題。我們將逐步仔細引導你，並且額外提供一些小訣竅！

## 我們的遊戲規則

二〇〇一年，我們再次從尬詩擂台汲取靈感，決定提供場地、主題和主持人，開放給**任何**十個有故事的人，名字就叫「故事擂台」。我們制定簡單規則，為聽眾組成的評審設定評分規範，請有意願發表故事的講者將自己的名字放入帽子裡，看看誰有機會分享五分鐘的故事。當我們接連聆聽了數千個故事後，我們發現了其中的規律和陷阱。精采的開頭、光輝的結尾和常見的絆腳石。每一次故事擂台都是一次速成課程，我們記下哪些因素能引起迴響，哪些不會。

剛辦「故事擂台」時，我們聽過伯里斯・季馬諾夫斯基（Boris Timanovsky）在俄羅斯找祖父的墓碑；安迪・克利斯蒂（Andy Christie）從機上跳下，擋掉中年危機；費伊・連恩（Faye Lane）在德州校園劇中扮演四季豆；珍・李（Jen Lee）在中西部銷售玫琳凱（Mary Kay）產品；迪昂・弗林（Dion Flynn）在母親病危時與繼父建立深厚感情；傑洛・海斯（Jerald Hayes）差點錯過弟弟的婚禮；獨自撫養四個孩子的單親媽媽雪莉・韋佛（Sherry Weaver）跳上摩托車後座，墜入愛河。

# 飛蛾「故事擂台」

### 今晚要講故事嗎?

**必須是真人真事。**
飛蛾嚴格遵循非虛構原則。

**必須切合主題。**
你準備的故事必須切合當晚節目的主題。

**必須有情勢。**
故事要有行動,行動必然有後果。得到什麼或失去什麼?為什麼急迫?有什麼利害衝突?目標是什麼?誰或什麼事情阻礙目標的實現?從A點到B點這段旅程如何改變或塑造你?

**必須是你的故事。**
你當時在場嗎?你是「主角」之一嗎?整件事的發展與你的參與有必要關聯。不能是第三者的報導。

**最後,必須準時。**
故事全長必須是五分鐘,外加一分鐘的寬限時間。

**祝你好運!**

**我們不要**:脫口秀、重複的故事、陳腔濫調、咆哮、論述、講述方法、自白、演說、虛構情節、任何色情暴力。**(參照「禁止清單」)**

**我們想要**:引人入勝的故事。我們會因此關心你。要描繪場景。清楚陳述你的恐懼、欲望和困境。我們會因此在乎故事的結果。講述利害衝突。我們會因此為你擔心。用你獨特的觀察給我們留下深刻印象。讓我們身臨其境。最後改頭換面:是戰勝?挫敗?茫然?或受到啟發?⋯⋯**總之有所改變。**

> **關於「故事擂台」，珍妮佛說：**我們並未在上台前與這些人排練過。這是個不受控的環境。結果就像雲霄飛車：有些部分驚心動魄，有些部分急轉直下，有些部分上下顛簸，有些部分讓人昏昏欲睡，當然，還有令人驚嘆的高潮和令人嘆為觀止的失敗。不過每個故事只有短短的五分鐘時間，很快就結束，我們繼續聽下一個故事。感覺就像點唱機：下一個故事會是什麼呢？
>
> 聽眾不斷回流，某種特定的文化也漸漸成形。起初我們只是想聽故事，後來也迷上講者和聽眾之間的互動氛圍。這個社群於焉誕生。
>
> **「飛蛾」主持人、講者喬恩．古德（Jon Goode）：**故事讓朋友成為家人。

幾十年後，這些即席發表故事的活動遍布世界各地。無法預期的特質為這些夜晚帶來魔力。但是你也能想像，也有許多因素會破除魔法。

我們完全無法預料人們會在「故事擂台」講述什麼故事。陌生人的溫柔和脆弱可能令我們驚訝，也曾訝異底特律的會計行政人員怎麼沒去HBO開自己的喜劇節目，但我們也碰過非常糟糕的時刻。

打從一開始，「故事擂台」的內容就難以預料，毫無章法。因為無法選擇，不是每個故事都是我們想聽的內容。**有個新奇卻不太有趣的事實：**在這片幅員遼闊的土地，成千上萬的人願意上台，掏心掏肺地敘述無法憋到廁所的故事。從邁阿密到墨爾本，都有人講述失禁的故事（就技術性而言，這確實屬於展現「脆弱」的範疇，所以還是要脫帽致敬──或是脫褲子？──但我們衷心希望人們的故事內容可以維持在肚臍之上，講述情感或理智的脆弱，而不是臀部的問題）。

## 飛蛾「故事擂台」禁止清單

「飛蛾」的使命是推廣講故事的藝術和技巧，尊重並頌揚人類經歷的多元性和共通性。
以下是我們認為不利於這些努力的事項。
如果你的故事有這類問題，請重新思考。**我們保證你的故事會更精采！**

---

**請不要**諷刺或「解釋」不屬於你自己的文化（例如裝腔作勢地講述與你無關的社會「習俗」）。

**請不要**以他人的身分（階級、性別、種族、性取向、體型等）作為笑料……或故事情節。我們要聽的是**你的故事，你的奮鬥**。

**請不要**以他人的身分當道具或故事轉折點（如果選擇提到他人的種族、性取向、外貌或身體狀況，請確保這是故事的必要元素）。

**請不要**在故事中鼓吹令人厭惡的性挑逗。當然，切勿使用種族汙辱或仇恨言論。

---

**一如既往……**

**請不要**重複你在「飛蛾」講過的故事。
**請不要**帶小抄或道具。

---

我們做了一張「如何講故事」的海報，概述「飛蛾」故事的規範，放在台上的顯眼位置，方便講者報名前看一看。

真希望我們能告訴大家，屎尿失禁故事是「故事擂台」最糟糕的案例。可惜不然。這是即席發表。雖然多數人帶來溫暖、人性光輝、荒唐冒險和發人省思的內容，有些故事也非常可怕、麻木不仁。

我們常見到的醜惡前提就是在故事中拿另一個人當道具。我感到情緒低落、空虛和絕望，就像個正宗的窩囊廢。但我看到茱莉勇敢克服了她顯而易見的障礙，我繼而一想，茱莉的生活一團糟，好個可憐人，她卻有勇氣面對每一天。我無法想像她每天早上起床，面對鏡子裡的自己有多麼**可怕**。看到她都那麼勇敢，我就覺得好多了。茱莉，妳是我的英雄。

　　想想你是茱莉，對這個「故事」有何感想。茱莉不想成為你的英雄，也不想成為讓你自我感覺良好的對照組。沒有人願意。（況且，茱莉可能覺得幸福美滿！）

　　我們發現，有些更深層的情緒令人不安。我們要公開列出這些罪孽，某些即席發表的故事教我們失望、愕然，其中包括堂而皇之的種族、性別、能力歧視和恐同言論。各式各樣的負面情緒和歧視恐懼。我們必須要求報名的講者上台前好好審視內容。練習換位思考。

　　我們的海報寫不下**我們不想要**的元素。到頭來，我們又做了另一張海報，讓講者在報名時仔細閱讀。這才能邁向正確方向。

　　我們建議每個人（包括你！）在創作故事時考慮這些原則。

　　正如海報所言，我們頌揚人類經歷的多元性和共通性（這就在我們的任務宣言中）。我們一次又一次看到陌生人之間的共同經歷得到認可和讚美——但我們也必須知道，我們都透過自己的經歷、內心偏見、社會偏見來聆聽和講述故事。我們的背景造就我們，所以各自對故事的理解略有不同——有時甚至大相逕庭。

　　我們要尊重、推崇你的經歷，我們——你的聽眾——也必須信任你會尊重、讚揚我們的經歷。這是你身為故事講者的責任。


## 每個人都有故事——對，即使你也有

　　一九九九年，我們創立「飛蛾」說故事工作坊，走向之前沒有上台說故事的人。我們找上當地社群——護理協會、退伍軍人會館、在地圖書館等等——以小組討論方式精心打造故事。人們總說他們不相信自己有故事

可說,但幾次聚會下來,一個故事激發出另一個,最後每個人都分享自己的經歷。「飛蛾」相信每個人都有自己的故事,也樂於幫助人們找到自己的故事。

> 「飛蛾」創始成員、講者裘蒂絲・史東(Judith Stone):「飛蛾社區計畫」的講師喜歡在故事工作坊開頭就說:「分享故事是勇敢、慷慨的行為。」這兩個要素都很重要,但最讓我感動的是後者——講者給予聽眾的禮物。多虧講者的慷慨,我們聽眾幾乎每次都有幸聽得入迷,又能在故事中**找回**自我。我們找回同理心和可能性,重新回歸這個混亂、神奇、令人惱火又教人歡天喜地的社會。至少在那段時間,我們的心胸寬闊、思想開明。即使故事結束,這也是絕佳的心智練習。

多數故事都不在台上講述。也許你希望在下次高中同學會或約會時講個有趣的小故事,或激勵同事擁抱新點子。也許你想在演說、敬酒或悼詞中更正式地分享,或找到適切的話語鼓勵別人推廣某個理念。

我們用備受歡迎的真實「飛蛾」故事指點方向,教你挖掘、構建和完善故事的方法和技巧。我們將提供平時講故事派得上的用途。你以後可以用上本書教導的所有工具。「**每一個?**」對,你不止有一個工具!不要懷疑。

讀到這裡,你不見得要準備好一個故事!現在才是開始。有些人可能覺得找到故事很容易,你可能已經有底,摩拳霍霍準備投入這個過程。或許你經歷過不同凡響、或重要的歷史時刻。太好了。你一定覺得很有趣。至於其他人,**多數人**,別害怕!覺得困難重重也沒關係。**我們一定有辦法讓你們開口。**

也許你很難找到想講的故事,反覆嘗試在所難免。許多人認為自己根本沒有故事,有些人則認為自己的故事不夠重要,不值得講述——但每個人都可以講故事。你的記憶庫就像放滿食材的儲藏室。你可能還沒有食譜,但晚

**餐一定會**上桌。第一步就是認真看待自己有故事可講。無論你的人生和選擇指引你走到哪兒：只要你活著，有一口氣，你就有故事。

但請記住，這個過程不見得有連貫性；沿途都會有新發現。這本書按邏輯順序排列，但你進入下一頁之前，可能會往前翻——這都是必經（美麗）過程。

現在，打開你記憶的儲藏室。蔓越莓果醬後面最上面的架子上，看到那個大家都認得、放了十一年的沙丁魚罐頭嗎？裡面可能就有最精采的故事。

PART2

# 打造
# 你的故事

# 第 3 章 挖掘記憶

> 精心打造的故事需要深思熟慮和細心呵護,但請深呼吸,開心地迎接這個好消息!你的故事就像指紋,獨一無二。只有你能講述。
>
> ——莎拉・奧斯丁・詹尼斯(Sarah Austin Jenness)

找到你自己的故事非常辛苦,必須從你生活點滴中篩選,過濾所有的電話、鬧鐘和截止日期;整理那些合約期限和稅單;爬梳那些失戀、挫折和重大失敗;追溯那些成功出擊和狗屎運。細細回憶每件事情,試著找出最能代表你的重要時刻,或者找到你終於明白自己想成為什麼樣的人。

就像坐下來翻翻舊相冊或剪貼簿(如果沒有,可以在腦中打造。你最**希望**自己擁有哪些照片?)無論真實存在或只是你的想像,相冊中的照片和物品,都會勾起你對某些人物、地點和情景的回憶。家庭度假的明信片、第一次音樂會的票根、初吻那年夏天的照片、表姊婚禮上倒塌的帳篷、第一次見到弟弟的那天。留意奶奶家的牆紙。聞聞爐子上的味道。記得你有多討厭她做的肉丸子?這些回憶都能幫助你找到、雕琢你的故事。(對不起了,奶奶。)

也許發生了某件事情,讓你看到你的本色,那就是你要找的時刻。這些時刻改變了你的人生軌跡,或者讓你有新發現。人生多次出現轉捩點,可能是重大阻撓,可能是看起來瑣碎的選擇;總之這些轉捩點影響你,到頭來也改變了你。

> 「飛蛾」講者妮莎瑪・富蘭克林（Neshama Franklin）：我相信我們就像俄羅斯娃娃，所有經歷都還在我們的身體裡。擰開娃娃，就能看到。

回想一個生動的記憶就好。午休時間和默劇演員吵起來的那次？那年的母親節週末，教會要求你獨唱讚美詩，你卻忘了所有歌詞？或是那次你在祖母去世多年後，在她的衣櫃裡發現一個塑膠袋，裡面裝滿你小時候最愛的玩具車？

有任何點子，就去探索。別害羞。往下挖掘，你就知道要不要繼續挖。推翻故事構思有其價值，前提是你要花時間反覆推敲。腦中的故事創意只是理論，試試看大聲說出來。某些事情一說出口，往往就會發生變化。說出來之後，故事就沒那麼愚蠢或可怕了。別忘了，聽到你的經歷的人很可能會說：「嘿，我也是欸。」

尋找對你意義重大的地方、物品或友誼。也可能恰好相反：有個地方、物品、友誼差點毀了你。試著只聚焦某一刻！

想想你何時……

- 感受到一種情緒：笑得直不起腰、淚流滿面或失去理智。
- 做出你從未想過自己會做的事。
- 試圖表現你根本不具備的特質或個性。
- 發現你自己、你的環境、你的家庭或這個世界的某件事情。
- 改變了你與某人的關係──變好或變壞，只有一點轉變，或大幅改變。
- 因為自己或別人揭發某個祕密。
- 得到好處或失去你看重的東西。
- 為了正確（或錯誤）的理由，做出艱難的抉擇。
- 發現自己說：我願意！才不要！絕對不要！你絕對不敢！給我錢都不幹。這是我的莫大榮幸。

其實我們的人生由無數故事所組成。想把一生塞進一**個**故事絕對行不通。如果想在幾分鐘內講完許多年，就得把故事簡化為一系列缺乏細節的事件，而且每件事都分配到同等長度的時間，沒有情緒，也沒有意義。「飛蛾」把這種現象稱為「後來，後來，後來。」沒有太多細節的冗長清單令人厭煩。

把重點放在某段時間——無論是你青春期的某個下午，還是你四十歲生日前那一週——然後鉅細靡遺地說給我們聽。在「飛蛾」的故事工作坊，我們先找出某個場景。「如果你的一生是部電影，哪個場景讓你永生難忘？」某位勇敢的學員可能說：「六年級搬家的那一天。」

好極了！現在說個一分鐘：搬家那天是什麼日子？車子開走時，你有什麼感覺？帶我們身臨其境。你記得看到什麼、聞到什麼、摸了什麼？你聽見什麼？你記得你說了什麼？你當時想什麼？現在再講一遍，但要講三分鐘。好好拉近鏡頭，就停在那一天。

越常做這種練習，記憶就會漸漸復甦，故事的種子開始萌發。

---

**關於在社交場合挖掘故事，梅格說：** 幾年前，有位朋友邀請我去她位於曼哈頓的公寓參加非正式雞尾酒會。她說，她邀請的每個客人都與我們的家鄉阿肯色州有關聯。我到場時認出一、兩張熟面孔，其餘都是陌生人。我通常覺得這種場合讓我很不自在，既要閒聊，又要想辦法建立人脈。但女主人為晚會設計主題的天才想法，為客人製造完美的談話切入點。「你『和自然之州』有什麼關係？」每個人的答案成了自我介紹的小故事。他們在那裡上大學、為柯林頓競選團隊工作、和女主人交往過、他們曾飛到那裡去見未來的姻親。每個故事都有來龍去脈，也成為繼續交談的絕佳開場白。最棒的是我們已經有共通點。結果，這晚的雞尾酒會棒透了！你參加的活動不見得有完美主題，碰上與新朋友交談的艱鉅任務時，不妨試著想個問題，或許能

> 從他們身上引出故事。屢試不爽的「你怎麼認識主人？」就是個簡單的開始。沒有人不愛聽讚美恭維，而且好聽話往往能打破僵局。「你在哪裡長大？」或「你最期待什麼事情？」但儘量別問「你從事哪一行？」（紐約客很愛問這一題，其他城市的人就沒那麼喜歡了！）

## 你是主角

「飛蛾」的故事是個人經歷；換句話說，是**你的**故事。請不要衝動想轉述與你本人無關的故事。除非你和艾瑪阿姨一起去牙買加，或這件事直接影響你，否則請不要講這個故事。你就在現場目擊？你也吃了阿開木煮鹹魚？故事牽涉到你的成長經歷或阿姨如何疼愛你，想想故事對你個人的影響。你的確可以說說發生在別人身上的事情，只要這件事對你有所影響。

人們想說的故事往往牽涉到過世的至親好友，先前的原則同樣適用於此。如果這個人的故事與你的人生有關，而且能具體並且感性地說明，那就沒問題！但別忘了，故事需要情節。你因為叔叔愛上騎單車是好事，但這只是一個觀察，不是故事，最好把重點放在某一次單車之旅。

挖掘素材時，非比尋常的事件會從記憶中脫穎而出，留下印記。人們理所當然會從事故、天災、人害和心碎等事件汲取靈感。雖然個人苦難也可以納入故事，但它們本身無法構成一個好故事。根據我們的經驗，不要讓創傷或苦難成為**故事**，反而要當成故事的背景。故事一定不能只有「發生了一件壞事。」（現在分享一句「飛蛾」流傳的格言：**只有「痛痛」沒有「讚」？難叫聽眾有期盼**。並非所有故事都必須有圓滿結局！但請留意，不要一一列出自己的苦惱。重點就是你囉哩囉嗦抱怨某某天／某某年／某某段婚姻糟糕透頂，這算不上故事，只是一連串的牢騷——況且聽眾也不是你的心理醫生。）

## 開場

不是所有故事都是史詩陣容，也可能來自日常瑣事。例如履行義務擔任陪審員、鑰匙意外落入電梯井、撥錯電話號碼等等。

期望與現實相符時，有故事可說。有時，故事則發生在異於常理的例外狀況。

回想那些不尋常的事情：

- 在錯誤的車站或出口下車。
- 在口袋裡找到一個電話號碼。
- 與房間另一頭的人四目相交。
- 最後一杯──我發誓，最後一杯──龍舌蘭。
- 一個吻。
- 一個謊言。
- 一個承諾。
- 一次背叛。
- 意外之財。
- 捲土重來。
- 前男／女友上門。
- 最後一根稻草。

也可以這麼想：回想你打破模式或習慣的那次。和往常有什麼不一樣？不同於日常作息的那一刻可能就是你的**引發事件**（inciting incident）──揭開故事序幕的「那件事」，改變一切或誘發一連串事件的第一刻。

想想常規慣例被打破的那一刻：

- 「我向來手機不離身，**可是有一天**，我把它落在車裡⋯⋯」
- 「我總是走這條路回家，**但那一次**我決定繞道而行⋯⋯」
- 「我告訴所有人，我打死不會參加快速配對約會，**結果**⋯⋯」

意想不到的事件往往開啟一段故事的旅程，你在途中所做的選擇會帶來更大、更持久、更全面的改變。如果沒有這個「出乎意料的事情」，就不可能有後來的故事。以下是「飛蛾」講者的幾個「引發事件」：

　　我下班準備通勤回家。當我走進舊金山的灣區捷運（BART）時，一把火都上來了。因為我走路要拄拐杖，還戴著支架，可是電梯和電扶梯都故障。這表示我在辦公室坐了八個小時之後，不得不走下三層樓梯，才能走到月台。我無計可施，非走不可。我走到樓梯口，深呼吸，我才不怕樓梯哩。我把手搭上黏答答的扶手，開始下樓。

——亞倫・潘（Aaron Pang），「艱鉅的任務」（Balancing Act）

　　他們為黑人歷史月做了一個展示板，上面寫著「從奴役到書籍：黑人歷史月」，還貼著哈莉特・塔布曼[15]和克林・鮑威爾[16]的照片。我看著這個標語，環顧店內，心想其他人也看到了嗎？我開始覺得忿忿不平。這個標語傷了我的心，因為那寥寥數語就總結黑人的歷史，總結我的同胞在這個國家的歷史，那就是中央航線[17]、奴隸制，以及鮑威爾（無論這個人對你有何意義）。從奴役到書籍。「你們曾經是奴隸，現在識字了，恭喜。」我覺得不服氣，但我吵不過這個標語，只是我意識到不必由這個標語做出最後定論。於是我走去校刊辦公室，我說：「我要寫一篇社論！」他們說：「你不是負責寫影評？」我回：「我改變心意了。」

——R・艾瑞克・湯瑪斯（R. Eric Thomas），「標語、諷刺和醜聞」（A Sign, a Satire, and a Scandal）

　　一九八一年愚人節的那週打從一開始就糟透了。那個週日晚上，丈夫說他要離開我。他愛上他的研究生，隔天就要回熱帶。

——瑪莉─克萊爾・金博士（Dr. Mary-Claire King），「你能相信誰？」（Who Can You Trust）

---

15 Harriet Tubman（一八二二─一九一三），美國人，提倡廢除奴隸。出生時是黑奴，後來逃脫，救出許多奴隸。
16 Colin Powell（一九三七─二〇二一），美國史上首位任職國務卿的非裔和牙買加裔美國人。
17 Middle passage，從非洲西岸至西印度群島的航線，常用於奴隸貿易。

我十四歲時，有個意義深遠的經歷，那件事如此真實、赤裸，近乎預言，我知道這件事將改變我，影響我的一生。那時我在MTV頻道看到辣妹合唱團。

　　　　　　——大衛・蒙哥馬利（David Montgomery），「辣妹」（Spicy）


　　我走到電梯前，摁了按鈕。大家等電梯下樓到大廳時，燈滅了。我們四處張望，不知道發生什麼事情。那是九一一事件的兩年後，每個人都心驚膽跳。我們心想，這可能是另一次恐攻等等。那是二〇〇三年，大部分人都沒有手機，我也沒有。大約十分鐘後，他們說「停電了」。

　　　　　　——約翰・特托羅（John Turturro），「摸黑走路」（Stumbling in the Dark）


　　星期天，我去參加阿拉伯和南亞學生籌辦的野餐。我一到，就邂逅一個超級大帥哥。他的眼珠是美麗的綠色，就像昂貴橄欖油的顏色。現在這傢伙正跟我說話，他嘴裡念念有詞，我心裡想的卻是，拜託你是基督徒、拜託你是基督徒、拜託你是基督徒。他好像說了「普什圖人」和「巴基斯坦」，我的心往下沉。「橄欖油」是穆斯林。你們要知道，我們絕對不可以愛上穆斯林。我的意思是早在我十歲時，我就知道信奉基督教的阿拉伯女孩若愛上穆斯林，以下某件事或所有事都會發生：父母會與她脫離關係、她的母親會心臟病發作，或者有人會以清理門戶為名殺死她。我向來對父母言聽計從，想都沒想過要和穆斯林談戀愛。但他邀請我共進晚餐時，所有顧忌都被我拋諸腦後，我答應了。

　　　　　　——蘇西・阿福里迪（Suzie Afridi），「橄欖油眼睛」（Olive Oil Eyes）


　　當你開始挖掘故事種子，腦海會突然浮現各種記憶。先想想**為什麼**想起這些事情，不要立刻就認定它們無關緊要。這些時刻為何記憶猶新？

　　這時只是找題材！也許你已經選定一個，而且躍躍欲試。我們就知道你是這塊料！還沒有想法？我們才剛開始呢！

> **敬酒詞**：與傳統的第一人稱故事相比，敬酒更需要觀察力。你也在故事中，但敬酒對象才是主角。無論是好友的婚禮、九十歲奶奶的生日，還是敬愛的同事退休，想想他們如何直接影響你（以及其他人）！你可能知道他們曾觸動過哪些心靈、知道他們瘋狂的冒險經歷、見識過他們的妙語如珠和滿點活力、知道他們如何支持你和他們身邊的人。你選擇的故事和例子可以讓我們更了解你的敬酒對象。精采的敬酒詞是一份禮物，可以讓對方的存在更耀眼。

## 改──改──改──改──改變

你還記得大感震驚的那一刻嗎？你因此飽受驚嚇？發誓**絕對不再**和里卡多一起開車旅行？記得那個**靈光乍現**（Eureka）的時刻？或是更溫和的頓悟：你因此虛心受教；多年後才徹底理解原來那次這麼傷心；或是至今仍能引起你共鳴的善舉。

每個「飛蛾」故事都提到某件事讓講者的看法有所改變。挖掘故事題材時，想想你自己人生中的轉變。你如何成長、改變？回想一下，哪些事情引發改變？

你是否曾經

- 改變自己的信念？
- 突然看清楚所有事情的面貌？
- 發現自己出乎意料的堅強？
- 意識到自己大錯特錯？
- 換了新髮型之後覺得輕鬆自在？

故事結束時，你已經不是當初的你。**我以前是這樣，現在我不一樣了！**

以前大人什麼也不告訴孩子，所以你只能自己摸索。我們發現小兒麻痺就代表醫院、熱敷、痛苦的治療和鐵肺。我站在門口看著媽媽，她拿起妹妹的鞋子──她夏天穿的小涼鞋──在手裡握了一會兒。她拿著它們的模樣彷彿捧著折斷了翅膀的小鳥，然後才收進抽屜裡。她關上抽屜，我看到她眼裡噙著淚水，我就知道了。

──瑪麗・那瓦勒修女（Sister Mary Navarre），「天主教學校輟學生」（Catholic School Dropout）

回想那些讓你成長或崩潰的時刻。

我十四歲那年，突然不可救藥地愛上同班女孩。我和她從小一起上學，但我們沒有太多互動。我不知道為什麼我這麼快就有這麼強烈的感情，總之愛上就是愛上了，而且我知道她有時會去我們這條街的教堂。所以我每個星期天都走去，如果她在，我就會坐著聽完整場布道，還做筆記。如果她不在，我就和麻吉保羅到地下室打撞球。

──馬克斯・加西亞・科諾弗（Max García Conover），「孩子的宗教」（Kid Religion）

你是否曾堅信某件事情，有一天卻發現自己大錯特錯？是不是有人告訴你某件事情，結果你對所有事情有了新認識？

我有機會認識某些客戶。其中一位來了好幾年，他是開著荒原路華的心理諮商師。有一天，他來上班，他說：「約翰，我想了很久，不知道要不要告訴你，但你對我說過很多次，說你多麼受人冷落，又有多孤單。其實這其來有自，在心理健康的世界有種說法，就叫亞斯伯格綜合症候群，這是一種自閉症，你就是標準典型。」他對我說。「通常諮商師都知道不要為朋友下診斷 否則很快就沒有朋友了。」但他說：「我覺得這對你有重大意義。」他遞給我一本書，我翻開，讀到有亞斯伯格症的人，無法直視別人的眼睛。

我們會不自在,也看不懂肢體語言,我們會說出不恰當的話,因為我們不懂社交暗示。我讀了每種症狀,這就是我。在我四十歲那年,這件事改變了我的人生。

——約翰‧埃爾德‧羅賓森（John Elder Robison）,「一個完全無誤的人」
（A Complete Correct Human）

也許你終生循規蹈矩,後來覺得自己受夠了。當時發生什麼事情?你現在有什麼不同?

在她的故事「詛咒」中,黛姆‧威爾伯恩（Dame Wilburn）決定和某個朋友去找靈媒。當黛姆走進店裡時,算命師請她進去。

她盯著我說:「妳被詛咒了。妳被詛咒了!妳永遠找不到真愛。我沒見過這麼可怕的詛咒。妳整個家族都被詛咒——這是世代相傳。我很驚訝妳被詛咒得這麼厲害。」我就站在那裡。老實說,我很興奮。因為這麼多年來,我一直以為是我的問題!我話太多、太胖、是黑人等等。如果我只是遭到詛咒了呢?哈利路亞,太好了。所以問題可以解決,好,來吧。

有時改變突如其來,有時循序漸進。**「有一天,我一覺醒來,發現自己很久沒想起前男友,也不再覺得心痛。」** 探索這些事情!推測原因。你可能會找到很棒的故事。

**關於面試,凱薩琳說:** 面試時,未來雇主可能會說:「多說說你的事情!」或「你覺得工作上哪件事情,現在你會用不同方法去做。」對方就是請你講個簡短的個人故事,說明你的個性、工作倫理或解決問題的能力。請在面試前仔細檢視你的故事庫,準備好一、兩個故事。我某次去應徵電視製作人,想辦法提到我在摩洛哥遇到駱駝逃跑,卻沒弄掉昂貴攝影機（後來我拿到這份工作!）不過我最喜歡

> 的職場故事來自朋友提姆・巴特利特（Tim Bartlett）。他曾經花了一年，獨自走訪英格蘭鄉村，拍攝紀錄片。他搭公車從一個小鎮前往另一個小鎮，在拍攝的小村莊過夜。某個寒冷冬夜，他錯過前往下一個城鎮的末班車。當時他所在的村莊沒有計程車，也沒有旅館。最後，他點了一份披薩，問是否可以外送到下一個小鎮的住處，然後說：「呃⋯⋯我可以一起去嗎？」外送小弟把提姆**和**他的披薩送到下一個小鎮的旅館。這個故事說明提姆能用創意解決問題，具有冒險精神和幽默感。我肯定雇用他！沒有所謂正確的故事。所有的面試就是要確定兩件事：這個人是否具備完成工作所需的技能，以及我們是否願意與他共度每一個上班日？你選擇的故事要讓未來的新雇主認為：我希望這個人加入我的團隊。

## 抉擇，抉擇

尋找故事題材時，請回想人生的轉振點。這些時刻通常始於一個抉擇。在你決定做 X 之後，那一天（那一週、那一年、你的一生）就改變了。你曾說「好」！還是義憤填膺說「不要」?!「飛蛾」的故事都牽涉到「行動」——你做了或**沒**做的事情直接導致某件事情。想想有哪些特定時刻，你做出改變人生軌跡的抉擇。

**工作方面的抉擇：**
辭職。
開除某人。
轉行。
重返校園。
表示意見或暫時抽身。

**友情方面的抉擇：**
由朋友轉為戀人。
敞開心胸，結交朋友。
拒人於千里之外。
承認心生嫉妒或起好勝心。
發現需要改變的互動。

**戀情方面的抉擇：**
開始約會。
進展到下一個階段。
分手又和好。
重新劃清界線。
到頭來還是得分手。

**居家方面的抉擇：**
搬到遙遠的新地方。
找到新鄰居或選擇離開舊鄰居。
告別兒時的家。
邀請別人住進來，或是把他們攆出去。
撩起袖子，來一次徹頭徹尾的大掃除。

**家庭方面的抉擇：**
成家，或增加新成員。
與家庭決裂。
與家人重歸於好。
借錢或不借。
捨棄或重新回歸從小就信奉的宗教。

> 「飛蛾」創辦人喬治・道斯・格林：我確信，每個好故事都取決於某個抉擇。有時可能牽涉到許多抉擇：收回意見、加重決心、改變方向、其他人的選擇、你對這些選擇的回應。但故事的核心永遠只有**一個關鍵抉擇**。在最震撼人心的故事中，你的抉擇肯定很艱難。（有些聽眾會同意你的選擇，有些人則覺得震驚！）優秀的故事講者很快就明白，**發生了**什麼事情沒那麼重要：聽眾真正想知道的是，你**決定如何因應**。我常聽人講述可怕的車禍故事，多半也覺得有點乏味。但有一次某人告訴我，他在冰面上滑行很久，翻過一座橋，掉進一條小河。汽車完全沒頂，但車窗緊閉，空氣充足──因此他得做出選擇。應該降下車窗，讓河水沖進車內，但他就可以設法逃生，或是在封閉的氣泡中等待救援？故事馬上就充滿張力。**抉擇**。

　　考慮可能的故事題材時，你必須回想自己當時的心態。現在看來微不足道的抉擇，在當時可能會覺得舉足輕重，好比穿什麼衣服參加學校舞會，或請假去看辣妹合唱團的演唱會。身為成年人，我們知道讓九歲的孩子嘗試駕駛將近一百公斤的機車是個糟糕的主意。但如果你是勇於冒險的九歲孩童，你**當然**知道自己能夠駕馭！從這兩個角度聽故事都很有意思。那個九歲的自己還在你心裡。讓她說吧！

　　你的每個抉擇都會改變人生方向。正如彼得・普林格（Peter Pringle）的故事，這些決定可能大如搬到另一個洲陸，也可能小到轉換視角。

　　我們最初是透過「清白專案」[18]認識彼得，他的「飛蛾」故事「彷彿我不在現場」（As If I Was Not There），講述他因未曾犯下的罪行遭到單獨監禁。他被關在狹小的牢房裡，失去人身自由，然而故事卻探討施為力

---

18 Innocence Project，美、加、英國、澳洲和紐西蘭的非營利法律組織，利用基因鑑定方法證明被錯判有罪的人的清白，並改革刑事司法系統，調查並宣傳出現冤獄的原因，避免將來出現不公。

（agency）[19]。

當我聽到獄卒討論他們在執行我的刑罰所扮演的角色，聽到當局說我的刑罰牽涉到他們，我就清楚知道我即將面臨死刑。我儘量讓自己遠離這一切，儘量抑制自己的憤怒……我確定他們能對我做的最大傷害就是殺了我，但在他們動手之前，我還是獨立自主。雖然他們可以囚禁我的身體，卻無法囚禁我的思想、心靈和精神。因此，我決定活在自己的思想、心靈、精神領域中。在那間死囚牢房，在我周圍那片極小的空間中，我有了自己的避難所。我學會幾乎可以徹底忽略周遭所有事情。

西碧兒・喬丹・漢普頓（Sybil Jordan Hampton）博士在「當一名步兵」（Being a Foot Soldier）中，描述她第一線面對一九五九年小岩城中央高中取消種族隔離，當時她只有十五歲。她是畢業班五百四十四人中唯一的黑人學生。畢業時，她確信自己再也不會回去：

我心想：「我不會想念任何人。對我來說，這一段已經結束。我要繼續我的人生，不會再回到這棟大樓，我確信這輩子都不會再見到這些人。」後來有人邀請我參加一九八二年的畢業二十週年紀念活動。我決定回去，因為我必須知道老家有什麼改變，倘若真有任何變化。

記住：**不行動**也是一種選擇。許多「飛蛾」故事的主題就是不行動的決定。在重要時刻愣住了，什麼都沒做？或你選擇隱而不宣？或決定跳過那個創新突破？

---

19 指人類進行選擇和以選擇來影響世界的能力。

> **莎拉**：承認自己**不**採取行動很罕見，也能構成一個非常有力的故事。我永遠不會忘記梅根‧麥克納利（Megan McNally）在西雅圖「故事擂台」的內容。梅根說她決定將孩子送人領養時，她與祖母之間的親密關係變得很緊繃。事後，她和祖母從未談論過這個決定。那個故事是「未說出口的話」（Things Left Unsaid）。

女兒滿十八歲，並在臉書找到我，我在員工會議上提起這件事，但我沒告訴奶奶。幾年後，當我知道她大學畢業、搬到紐約並墜入愛河，我也沒告訴奶奶。我去探望祖母許多次，每次都下定決心要告訴她第一個曾孫女的事。我想說，我曾經那麼害怕，不知道自己是否鑄下大錯；我想說，離開女兒，我再也無法以自己為榮；我想告訴她，女兒沒有我也茁壯長大；最重要的是，我多麼後悔沒把這些事情告訴奶奶。然而你拖延做一件事的時間越久，就越難執行。在奶奶餘生最後幾年，我和她常聊天。我們無話不談，只有一件事除外。她中風時，我坐在她身邊，我知道這是最後機會。我說：「奶奶，妳還記得我有個小女兒，但我把她送給別人領養嗎？」我從沒想過她會說「不記得」。她隔天過世，我再也來不及說了。

梅根決定不與奶奶討論她的女兒，直到為時已晚，她才願意改變。梅根不採取行動揭露了更大、而且不可逆轉的真相。這是她人生中最深刻的故事，而我們，西雅圖的聽眾，有幸一起見證。在飛蛾電台節目播出她的故事之前，我聯繫她，問了幾個問題。梅根告訴我們，她多年來一直生活在遺憾之中。她說：「我後悔當初不去理解我的傷慟。我後悔我從未尋求協助。我後悔自己讓恐懼戰勝愛。我好怕別人知道我有多傷心，也不敢知道自己究竟對我愛的人造成多大傷害。對於奶奶，我後悔自己從未鼓起勇氣提起這件事，從未找她聊聊心裡話。現在我再也沒有機會了。真的，太晚了。」

回想那個眾所周知的人生岔路，想想那條人跡罕至的路。你決定是否採取行動——結果那個抉擇帶你走到哪裡？

## 尋找痛苦

我們最大的錯誤往往就是最引人入勝的故事，人們會要求你說了又說，或者讓你登場之前就聲名大噪：「天哪！**你就是**那個在屋頂派對摔落天窗的人！我聽過那個瘋狂夜晚！」有時，這種名聲更像臭名昭彰，但故事講得好的好處，就是你能把最尷尬的一刻講成你引以為傲的功績。「哎呀，我不小心發性愛簡訊給拉比（猶太教經師）了」可能會成為你在派對最受歡迎的故事！

人人都會犯錯。分享我們的小失誤和大挫敗可以提醒人們：沒關係，孰能無過。這些思慮欠周的失誤是學習和成長的機會，讓我們變得更好，有時也讓我們別把自己看得太重要，老實說，有些錯誤好笑至極。

回想某件事就讓你覺得尷尬？擔心？羞愧？（「我才不要，別人會怎麼看我？」）**想一想**！至少探索一下！你不願分享的故事可能**正是**你要找的題材。坦誠面對自己，會有什麼損失呢？

> 「飛蛾」主持人兼講者麥克·畢比利亞（Mike Birbiglia）：這麼多年下來，我發現，如果講述某個故事讓你非常不自在，那就對了。如果你接下來多次想放棄，就知道找對方向了。

人們通常想講述自己臉上添光的故事，但聽在別人耳裡，可能覺得講者自我感覺良好，或老王賣瓜。「我仰臥推舉自己的體重／拿到皮博迪獎[20]／揚帆渡過某片海域／成功完成十六小時手術／背下整首協奏曲」。非凡成就

---

20 Peabody，以美國商人與慈善家喬治·福斯特·皮博迪命名，旨在表彰電視、廣播及網絡媒體中最有影響力、最具啟發性和最令人振奮的故事。

可能是故事**背景**，卻不是故事**本身**。講述人生各大功績，很容易讓聽眾不耐煩。你只是**對**他們說話，而不是邀請他們體驗你的人生。

我們都有這種經驗，餐桌上某人自以為魅力十足，但我們離席之後都覺得如釋重負。慶祝成功沒問題，但若能告訴我們，你如何跌跌撞撞一路走來，你的成功會更有意思。這件事對你有什麼好處？沒完成又會如何？如果背後有個故事，就是你付出哪些努力才有今天、你有什麼感想，原因又是什麼。

我們與錢傑列・庫曼尼卡合作「我遇見勞倫斯・費許朋那兩次」的故事時，希望他談談一九九〇年代成為嘻哈明星的經歷，談談他年紀輕輕就找到夢想工作，後來眼睜睜看著一切消失的心情。

錢傑列不想自吹自擂或自以為是，但是要談知名歌手的過去，又很難避開這些事情！因此我們決定從尷尬的場景說起，講述他在樂團解散後被迫接受某份工作卻又搞砸。

我說「我的工作」時，你們要知道這是臨時工。因為這是臨時工，你們要知道，我今天的表現決定我明天是否還有這個飯碗。所以當我走進老闆辦公室，她是這麼說的：「嗨，錢傑列。昨天我請你訂兩百張『奇異果女孩[21]感恩節特輯 DVD』，但你做的 Excel 試算表卻訂購更多張。」「哦，多幾張？」「你訂了一百萬張『奇異果女孩感恩節特輯 DVD』，你能解釋一下嗎？」可以：我根本不會用微軟Excel試算表。我為了拿下這份工作，謊稱我有這項技能。

我們在他運氣不好、工作砸鍋的時候認識他，所以後來聽到他搭私人飛機、在門票搶購一空的舞台上表演時，我們已經站在他這一邊。

另一個音樂界的例子是羅珊・凱許[22]。在「直到真正的你出現」（Until the Real You Shows Up）中，大可講述她眾多暢銷歌曲。她卻選擇那張毫無熱門單曲的專輯：

---

21 Gilmore Girls，美國華納兄弟電視網在二〇〇〇年代著名的喜劇影集。
22 Rosanne Cash（一九五五—），美國創作歌手兼作家，知名鄉村樂手強尼・凱許的女兒。

我在錄音室，等著唱片公司老闆第一次聽。我很得意。他走進來，坐在錄音室控台前，我們從頭放到尾，他一句話也沒說。我心想，「這張專輯美得讓他無言以對，他驚呆了。」最後一個音符都聽不見之後，他轉頭對我說：「這張專輯推不動。妳在想什麼？」

> **凱特談媽媽友**：生下兒子幾週後，我去參加網路上找到的聚會，因為我急於認識其他新手父母。我們在啤酒屋灑滿陽光的一隅見面，大家一邊喝水，一邊閒聊，互相展示自己的寶寶。我當時正處在人生重大轉變的關鍵時刻，睡眠不足，情緒高亢，但每個人都在談論「最愛的產品」，我卻對哺乳枕沒興趣，我覺得格格不入。後來沒多久，有位媽媽用電郵發她家寶寶吐奶的照片。原來我們兒子出生日期只隔一天，於是我們開始碰面，主要只是目瞪口呆傾聽彼此初為人母的負面情緒——我們的恐懼、失敗、做錯的每件事情，以及事後的滿腔怒火。某次寶寶聚會結束之後，她傳簡訊來：「之前我還沒跟妳這麼臭味相投，直到今天妳講完之後火大地對空踢腿。」幾天後，我們趁著還沒日落，帶寶寶去遊樂場。她遞來一罐小小的嬰兒食品，裡面盛滿紅酒。「乾杯，」她說。「當媽很難。」的確。正是因為我們誠實分享殘酷真相，我才覺得自己不孤單。後來我一直費心尋找這種交流，打造家人般的社群，幫助我成為更好的家長。

　　即使是真實世界的英雄到「飛蛾」講故事，揭示自己較不英勇的那面，最能引起聽眾共鳴，反而不是講述如何拯救世界。

　　太空人邁克‧馬西米諾[23]開始創作「眺望地球」（A View of the Earth）的故事時，他說：「我可以說我弄壞哈伯望遠鏡的事情。」**什麼?!太好了，拜託你！**當年邁克獲派執行太空任務，負責修復故障的哈伯望遠鏡。他和其他太空人花了好幾年為這次任務做準備——受訓了解維修的每個步驟，預先

---

23 Michael Massimino（一九六二—），美國工程師、太空人，兩度執行維修太空望遠鏡的任務。

擬定面對各種可能問題的計畫，說他們花了納稅人幾百萬美元也不誇張。經過多年訓練，邁克終於上了太空梭，漂浮在太空中，離那架著名望遠鏡只有咫尺之遙，身上帶著各種可靠的工具。他開始拆卸保護望遠鏡的面板，就是這時候砸鍋──螺絲崩牙了，他無法取出來。拆面板本來很容易，以至於他們根本沒考慮過可能出問題。他們受訓多年學習修理望遠鏡，現在卻辦不到，因為螺絲給他轉到崩牙了。這本來是小問題，卻威脅到整趟任務。他漂在太空時，思考自己的失誤可能引致的後果。

我無法接觸到故障的電源，所以今天無法修好望遠鏡，所有絕頂聰明的科學家都無法找到其他星球上的生命，而這全都要歸咎於我。我可以預見他們以後在科學書籍中會怎麼寫，這件事永遠會記在我頭上。我的孩子、孫子將在課堂上讀到：「我們本來會知道其他星球有沒有生命體，可惜蓋比和丹尼爾的老爸⋯⋯」──我的孩子會飽受創傷──「可惜蓋比和丹尼爾的老爸弄壞哈伯太空望遠鏡，所以我們永遠不知道了。」

我們多數人可能永遠不會被美國國家航空暨太空總署送上外太空。但是聽到有人花大把時間準備重要大事，卻因為一件小事全盤皆輸，好比螺絲崩牙，每個人都會心有戚戚焉吧？

以下有雷：邁克最後想出解決辦法，哈伯望遠鏡的維修工作大功告成──幸好化險為夷！總之，故事的引子來自一個小失誤。

說到底就是示弱。當人們願意分享自己不甚美好的一面，旁人也會得到安慰，聽眾彷彿得到放鬆心情的許可。說故事不是要比輸贏，也不是為了讓人刮目相看──**我不完美，所以你不完美也沒關係**。當一個人願意示弱時，聽眾就會向他靠攏，彼此之間形成一種默契。這是一種信任。**這個人夠信任我，願意承認他們砸鍋或搞錯**。這種信任才能開啟同理心，才能造就難忘的說故事活動。現在說這句話，幾乎是陳腔濫調（謝謝妳，布芮尼・布朗[24]）

---

24 Brené Brown（一九六五─），休士頓大學社會工作研究院的研究教授，致力於研究人們的脆弱、勇氣、價值感以及自卑感，並著述成書《脆弱的力量》。

（真的，謝謝，妳很聰明），但示弱就是力量，尤其講故事的時候。我們分享自己的故事，就是敞開心房，有機會彼此心意相通。

## 指導員的提醒

- 你的故事很多！從哪裡開始呢？回想人生中絕對不會忘記的時刻——那些改變你的大、小事。如果你有一絲一毫的故事題材靈感，不要急著否定。仔細想想。為什麼這一刻讓你難以忘懷？

- 想想你鄭重考慮，做出大、小決定的時刻。你決定做或不做，後來有什麼結果？

- 想想這個故事對你個人的影響。如果你提到發生在別人身上的事，別忘了這件事必須對你有直接影響，否則那個人才應該來講這個故事。

- 你還記得哪件事情出了嚴重差錯嗎？你如何恢復正常？你學到什麼？不要害怕深究那些令人不自在的事情，別怕分享自己沒那麼光彩的一面。我們最大的錯誤往往帶來精采的故事！這些失誤讓我們更有人性，示弱也會讓你與聽眾心意相通。

- 記住，不要讓創傷或掙扎成為故事主角，要當成故事的背景。故事不要只停留在「發生了一件壞事」。

- 引發這個故事的因素是什麼？也許是你打破某種模式，或中斷日常慣例。發生了什麼事情以致有所變動？

- 想想把你推開或拉回預計方向的事情。那一刻如何改變你？

| 第 4 章 | 基礎 | |
|---|---|---|

期待完美，無法讓誠實和同理心蓬勃發展。

——梅格・鮑爾斯[25]

一旦故事創意萌芽，就該開始施工。你不需要建照或安全帽，但需要籠統的藍圖。你的故事必須有堅實的基礎，而基礎有絕大部分來自故事對你的意義。

「飛蛾」指導員與講者合作的第一步就是傾聽⋯⋯然後提出開放性的問題。大問題。小問題。許許多多的問題。在傾聽過程中，我們深入挖掘，找出關聯、模式和主題。你的人生有眾多故事，為什麼這個故事能引起你的共鳴？你為什麼在意？你為何念念不忘？對你有什麼或大或小的影響？回答這些問題之後，你就開始找出故事中的情勢（stakes）。

> **莎拉談第一次對談**：儘管我已經指導過數百個故事，但身為指導員，與可能的講者初次通電話之前，我的心還是怦怦跳。剛開始建構故事可能令人害怕，但總不能不開始。

## 情勢

你**覺得**有百利無一害，或有百害無一利的時刻就有情勢。你可能為自己

---
25 Meg Bowels，「飛蛾電台節目」主持人。

的性命奮戰，也可能驚恐地發現——**糟糕**——你睡過頭了，可能搭不到飛機去參加妹妹的婚禮。

情勢由你這位講故事的人——而不是你的母親、手足或朋友——來定義，來自你想要／需要／非有不可／不能沒有**或**極力想避免的事物。有些情勢似乎普世皆然：「我**不**想從這個恐怖懸崖掉下去。」但**所有**情勢都針對個人。對某人而言，情勢可能是「我**必須**去這個可怕懸崖邊自拍，向卡洛斯證明我有冒險精神，而且**沒有他，我也過得很好**」。你的情勢呼應你的內心深處，你身為講故事的人，就有義務讓我們理解你的原因。有時，情勢來自較小、較狹義的情境，好比「我一定要從這台××○○的自動售貨機拿回我花錢買的椒鹽卷餅，就算我得打翻機器或打破玻璃。來吧，叫警衛！**最好有辦法阻止我！**」在你理智時，可能吃掉薯片就算了，但在你這個故事裡，要麼吃椒鹽卷餅，要麼就是世界末日。這是原則問題！

情勢為故事帶來急迫感和活力，製造張力，聽眾因此覺得興奮或害怕，也因此有理由和你一起身歷其境。明確的情勢勾勒出**你**介意的原因，所以**我們**知道我們為何應該關心。

在「決鬥」（The Duel）中，長期擔任「飛蛾」講者和主持人的強納森‧艾姆斯（Jonathan Ames）講述英勇擊劍比賽時，明確說明情勢何在。

就讀普林斯頓大二時，我接受訓練有個祕密目標，就是擊敗哥倫比亞大學頭號西洋劍士羅伯特‧惠特森（Robert Whitson）。我對戰羅伯特‧惠特森的紀錄是零比十三。我從高中起就常和他比劃，曾在青少年奧運碰上他，惠特森總是贏我。他在某次派對冷落我，更是在我的傷口上撒鹽。他在紐約找了旅居美國的俄羅斯教練，他有過人的技巧，他很勢利，動作複雜精巧，總之整個人的看法觀點都與我恰好相反，而且我總是輸給他。所以我二年級的祕密目標就是打敗羅伯特‧惠特森。

況且強納森想支持他心愛的教練，所以情勢更急迫了。

我的教練也超級希望我贏，因為他的妻子離開他，去和哥大的教練同居——她大概特別喜歡擊劍手吧——所以他格外希望我贏。我們兩人都想復仇。

在「脫鉤」（Unhooked）中，納森・英格蘭德（Nathan Englander）是年輕旅客，蘇聯解體後，他在東歐被趕下火車：

我很害怕，因為這個地方會生吞活剝猶太人。那道牆會在一天內倒塌，也會在一天內重建。這麼多年來，半個世界都被困在這堵牆後面。我心想，「我們究竟做了什麼？」

聽眾知道這些確切情勢之後，不由得就會支持你，為你加油，為你喝采。創作故事時，一定要不斷自問：**有哪些情勢？**找出你覺得自己有所收穫，或有所損失的時刻。

> **梅格談餐桌閒聊**：大家常覺得在餐會閒聊是一大難題。如果你是主人，恐怕有義務炒熱氣氛。不過這不表示你得成為焦點，向賓客講述最近的度假趣事。訣竅有時就在於引起關注，刺激客人開口。參加多倫多電影節時，我受邀與昆汀・塔倫提諾（Quentin Tarantino）共進晚餐。在座多數人都不認識彼此，昆汀為了打破僵局，請每個人輪流講自己最愛的笑話。老實說，在這種傳奇導演面前表演有點可怕，但反而促進大家的感情，因為我們都不太有自信。有些笑話超冷，有些令人捧腹大笑！但好笑與否不重要，因為這件事改變了餐桌上的互動，我們突然成了朋友。在桌上提出問題也許很有意思：你有什麼不為人知的才能？你的名字有什麼由來？說說你挑戰極限的經歷。用來探索故事的問題也可以用來炒熱對話氣氛。

## 想要什麼，原因為何

你往往會在你想要的事物和不利的因素之間掙扎。問問自己：我**最**想要的是什麼？誰或什麼事情給我難題？唯有講者清楚自己想要什麼、原因又是什麼，故事才更有說服力。

> 我是長期記憶方面的專家。我對解剖學和生理學瞭若指掌，卻無法治癒父親的記憶問題。
> ——溫蒂・鈴木博士（Dr. Wendy Suzuki），「說我愛你」（Saying I Love You）

情勢需要緊張感。故事的哪個段落具備緊張感？

- 一個需要解決的問題。
- 一個艱難的抉擇。
- 一個需要回答的問題。
- 一個你試圖刨根究底的謎團。
- 一件意想不到的事情。

緊張感讓聽眾坐立不安。聽眾想知道：**接下來會發生什麼事情？他們會還是不會？最後如何收尾？**

> 當時我十二歲，住在第三個寄養家庭，第一個養父剛打來。他說他聽到我母親的事了，他很難過。他不知道，沒人告訴我她死了。
> ——山繆・詹姆斯（Samuel James），「珍妮」（Jenny）

探討那一刻如何挑戰，如何危及你的成功機會、你的人身安全、你的純真、你的信仰——你在生理／心理方面又如何面對這種挑戰，最終有所得或有所失。面臨危險的是你的幸福人生、無憂無慮的世界觀，還是你的穩定生活？要讓聽眾知道你看重什麼。

> 我是華盛頓特區警校第一個變性人，我的人生道路自然有所不同。我必須卓越絕倫。我必須無可挑剔，因為別人會以我設下的標準評斷往後每個變性人。
>
> ——摩根・吉文斯（Morgan Givens），「警校」（Police Academy）

有了情勢，故事不再只是一長串發生過的事件，或一系列的審慎想法。情勢讓聽眾知道你為何想講這個故事，最終也能支持整個故事的發展。

很多故事都是不同版本的SNAFU：「正常情況：一切都搞砸了」。（Situation Normal, All Fudged Up）。穿過森林去外婆家不算故事，是論述摘花和孫子的義務。加了大野狼，我們瞬間就有了情勢！有危險、障礙、敵人、需要克服的難關。

> 一道火焰突然撲進房間，從我們頭頂往下面牆壁延燒。所有東西都著火，溫度迅速升高，逼得我不得不跪下來。我轉身，以為可以循著原路出去，但出口也燒了起來。我甚至看不到跟著我進來的另一個消防弟兄，我知道情況很糟，恐怕得穿過整個房子才出得去。
>
> ——希瓦德・詹森（Sivad Johnson），「勇敢去做或英勇赴死」（To Bravely Do or Bravely Die）

也許你有悲慘的機場故事，結果就是你搞丟行李。好，可是每天都有人弄丟行李，多一個你又如何？如果你說行李箱裡有唯一一張祖母的照片，你瞬間賦予故事更高的情勢。我們明白這件事不只是造成不便，你的悲慘經驗不只是「一件倒楣鳥事」。

也許你開頭先描述你收拾行李的場景，然後提到你把過世祖母的照片放進行李內袋，當初就是她老人家養大你，而且很疼你（你出門旅行一定帶著）。接著講述這段悲慘經歷，當你說到櫃檯告知行李不見時，我們腦海立刻浮現那張照片放在夾層的畫面──那是你唯一的照片──突然間，聽眾就有理由關心你掉了行李（不會只覺得「哦，好慘／真糟糕／煩死了」。）

透過鋪陳那張照片的細節，你為故事增添意義。聽眾自然感同身受，他們會想起自己類似的經歷，對你產生同理心。

　　在「你見過他了嗎？」（Have You Met Him Yet？）故事中，前白宮職員大衛・利特（David Litt）的任務很簡單，就是把耳機交給……前總統歐巴馬。

　　我把手伸進口袋，掏出一團毛球般的線。我不知道這是怎麼回事，大概等候時太擔心，把這東西弄得一團糟。現在我不知道該怎麼辦，只能把整坨線交給美國總統。如果你曾在白宮工作，就會聽過：「世上沒有比總統的時間更寶貴的資產。」我一直覺得這句話是陳腔濫調，直到……我看到歐巴馬……在那三十秒鐘……試圖解開耳機……而且從頭到尾盯著我看。

　　看似瑣碎的時刻或簡單的命運轉折也會放大情勢，例如錯過車站下車、拐錯彎、晚餐座位被安排在過去某個熟人旁邊；有些突如其來的事情會帶來考驗。

　　我剛搬到紐約。沒有工作。沒有任何朋友。我還搞不清楚要做什麼，但我有很多衣服要洗。所以我為了去樓下的洗衣房，整天搭電梯上上下下。有一天，我又搭電梯上樓，一邊把鑰匙套在手指上晃啊晃，結果就像變魔術，鑰匙竟然掉到電梯門和電梯之間的井道。我聽到鑰匙順著電梯井「哐噹哐噹」，一路落到井底。我愣住了，心想：「天哪，我沒有錢包，沒有電話，沒有鑰匙。而且我誰也不認識。」我在飛機上認識一個很友善的女孩，但我背不起她的電話號碼。我不認識鄰居，沒穿胸罩，也沒穿鞋，而且我好餓。我不知道該怎麼辦。

　　——伊莎貝爾・拉斐爾（Isabelle Raphael），「赤腳城市」（Shoeless and the City）

## 內在情勢 VS. 外界情勢

　　有些故事探討的是內在情勢，也就是你的內心世界：**我會永遠覺得孤單嗎？我有能力通過考試嗎？我夠堅強可以原諒母親嗎？**有些故事則涉及外界

的情勢：熊、查帳員、暴躁鄰居。許多精采故事則是兩者兼具。

情勢由故事脈絡定義。當時的人生處於哪個階段？即將高中畢業？婚姻觸礁？當時你的人生發生哪些事情卻因為這一刻改變（或可能改變）？你以前覺得什麼事情是理所當然？你在哪些事情上花費太多精力？把你當時的想法告訴聽眾——你覺得自己會失去什麼，或可能得到什麼。什麼因素讓一切岌岌可危？

凱倫‧達芬（Karen Duffin）的「講稿撰寫人的哀歌」（The Speechwriter's Lament）中，凱倫以她選擇的每個細節巧妙營造出故事情勢。她首先介紹她的工作，讓我們了解她的背景，了解萬一有個行差踏錯，她將失去什麼。

我曾為一家大公司執行長撰寫講稿多年。擔任講稿撰寫人不只要能妙筆生花，還得當個專業的好朋友。你必須有辦法完成他們講到一半的句子，說出他們的心聲。你們花很多時間待在一起，經常一起旅行，你學到如何用他們的語氣說話。如果你碰巧請得起講稿撰寫人，你恐怕很忙。我們可能會在一週內去四、五個國家。一坐上飛機，我就會說：「我們要去哪兒？要去沙烏地阿拉伯？」我便調出所有資料，教他怎麼用阿拉伯語打招呼。所以他非常信任我可以正確發音，告訴他該國生產毛額等等的資料。你需要花好幾年的時間建立這種信任。有人做不來不是因為缺乏才能，而是缺乏建立這種關係的能力。

凱倫已經大略介紹她所看重的事情。她描述的信任就是她可能失去的事物。然後她告訴我們，她在年度股東大會前一晚和老闆一起準備講稿。（情勢更緊迫了！）

我讓他下車，我說：「我明天早上六點來接你，我們一起排練，你一定會講得很棒。」

我回家，完成稿子，傳給製作人，就去睡了。以防萬一，我設了六個鬧鐘，預計清晨五點起床。隔天早上醒來時卻沒聽到鬧鐘，這很奇怪，因為向

來都是鬧鐘叫醒我。陽光透過窗戶照進來，我心想，「這也太怪了，我在加州，又不是阿拉斯加，為何一早就有陽光？」這時如果是電影，就是聽眾尖叫的那一刻。「完了！」我在腦中尖叫，「完了！」我以慢動作從床上一躍而起，屁滾尿流地抓起手機，當時已經七點半，他上台的時間是早上八點。

多虧她之前提供故事背景，這時我們**和她一起**感受到後果（情勢）。她即將失去的不只是工作，還有老闆的信任。

我的手機大概收到二十二條簡訊，四則語音留言，有些是他發的。他真的是世上最好的男人，所以這件事更糟糕。因為他就像個不生氣的父親，只是對你失望。他說：「嗨，凱倫。現在是六點零四分，也可能是六點十二分？我猜妳大概車子拋錨？我自己開車去吧。」我收到六則這種語音留言。我打了電話 [給公關處長]，她說：「沒關係。我很高興妳還活著，因為早上約翰非得終止排練，告訴大家，『我非常非常抱歉今天狀態這麼不好，還這麼慌張，因為我手下某個公關員工可能過世了。我不知道她在哪裡。』」

他非常信任她，所以他覺得她沒出現的唯一理由就是**她一定死了**。
她終於趕到現場時已經遲到幾小時，她的描述如下：

他們每個人對我的職涯都至關緊要，都是公司的高階主管、公關部門的人，總之所有人都在場。想像你最狼狽不堪的模樣，這就是我職業生涯最丟臉的一次。大家都知道了，因為他們起初以為我掛了。現在他們知道我還活著，我只是睡過頭，就像個十七歲小鬼。

這個故事的絕妙之處就是凱倫鋪陳情勢的方式。每多加一個細節，情勢隨之變化、轉折，更上一層樓。那就像雲霄飛車，車子越爬越高；你在軌道上**一格一格**往上爬。她創造、把玩聽眾感受到的緊張氣氛，並且利用這種緊張氣氛堆疊我們的情緒，直到我們最後發現發生了什麼事情。

如果她沒成功打造這些情勢，這個故事就只是沒聽到鬧鐘，睡過頭——說到底就是這樣——但情勢讓我們對結局產生興趣。

你為自己的故事打造情勢時，怎麼做才能讓聽眾知道你看重什麼？你能不能透過動機揭露更深層的想法？

缺乏情勢的故事沒有張力，也沒有預期效果。找到某個瞬間——獨一無二又關乎個人的細節——幫助聽眾和你一起感同身受。你希望他們站在你這邊，為你加油！

> **提出新點子**：以前沒人相信我們會在口袋裡放著電腦，現在我們拍照可以加上彩虹濾鏡，還能和老友克勞德進行FaceTime視訊通話。如果**你就是**那個具備下一個偉大創意的人呢？你如何說服股東相信你？講講你意識到這個想法聰明絕頂的那一刻，儘管沒有人相信這個點子。用你的故事勾勒出你的想法出現之前的世界，引導他們了解你如何恍然大悟，以及這個點子又將如何改變一切，所以你今天才要介紹給大家。你的故事可以成為示意圖，激勵大家對你的創意興奮不已。

## 軼事 VS. 故事

人們往往把**軼事**和**故事**當成同義詞，其實兩者大不相同。**軼事**是以有趣的方式簡短描述真實事件或人物。故事不僅是一連串事件，還牽涉到過程。如果你不想要或不需要任何事物，那就不是故事。一個好的故事有所堆疊進展。到最後，事情發生了本質的變化。那件事產生持久影響。你無法回到過去。你無法回到沒有看到之前。發生後就回不去了。因為那件事，你成了另一個人。

趣聞軼事可能有戲劇性或娛樂性的細節，卻往往缺乏真正的深度。這些軼事值得挖掘，因為如果深入探索，這些經常被提起的事情可能有更深層的意義。許多深受喜愛的「飛蛾」故事就從這裡開始！

艾莉・李（Ellie Lee）上大學時，父親的雜貨店──新英格蘭地區最大的亞洲超市──被燒成灰燼。這起駭人事件有許多細節令人難忘：其中一項就是波士頓市政府一週前在當地施工，卻忘記重新打開消防栓，所以沒有水可以滅火。以下就是她最初告訴我們的內容，後來都被寫進她的故事「一種智慧」（A Kind of Wisdom）：

糟透了。他們想從十條街之外的消防栓抽水，更糟的還在後頭，火勢竄進巷弄，隔壁建築物著火了。頂樓非法藏匿的煙火占地一萬平方呎……那一刻很超現實，因為炸開的煙花就像慶祝大典。

艾莉深入探索，發現這件事改變她對父親的看法。以前她認為父親可笑荒謬（這是許多青少年對父母的看法），這場火災卻讓她對父親有了新的認識。

我記得我看到三位老婦人在哭。於是我走過去對她們說：「沒事吧？妳們為什麼哭？」有位女士看著我，又看看我爸爸被燒毀的店面，淚眼婆娑地指著那裡說：「現在我們沒有家了，教我們去哪兒呢？」那是我人生的轉捩點，我從沒用這種角度想過父親的商店，以為那只是他養家餬口的方法，其實他是服務更廣大的社群。

艾莉的故事包括煙火爆炸的軼事，還蘊含有關家庭、尊敬和社群的更豐富、更深層的內容。最好的故事不僅是**發生過的**事實，我們聽眾希望身歷其境，**了解你**。

好比你在機場拿錯袋子，想辦法物歸原主很辛苦。又或者你在公車上坐在某人旁邊，對方竟然是你過世父親最好的兒時小友。故事有開頭、中間和結尾，哪些元素更重要呢？動作、人物、場景──以上皆備，**只少了這一切的意義；你講述這個故事的原因**。

我們向親朋好友反覆講述的故事往往只是有趣或好玩（「說說彩排餐會一塌糊塗的故事！」），當我們退一步多想想，更大的主題就會浮現（「新

郎、新娘很緊張,因為兩個南轅北轍的家庭要碰面」)。為什麼講者反覆分享這個故事?是不是有更深層的原因?只要稍加探索,往往能從中挖掘一些意義,所以你才覺得重要,才會反覆提到(「糟糕透頂的彩排餐會牽起兩個家庭」)。

我們不只探討「發生」在你身上的「這件事」,還要深入挖掘,找到這件事如何影響你、為何對你如此重要的根源。

> **不要捨棄你的軼事**:有時耐人尋味或栩栩如生的軼事可以建構成更大的故事,有時不做任何變動就夠完美了。在一般場合例如候診室、公司野餐或家長會,你可能沒時間構思完整的故事,沒有重大情勢,也沒有柔情又值得深思的結局。如果在飛往洛杉磯的航班上,泰・迪哥斯[26]可憐你和你哭鬧的寶寶,還說「交給我」,然後在兩分鐘內哄他入睡——故事就說到這兒!你可以就此打住,沒必要再多說你當時多不信任自己可以養育孩子。這些社交互動和對話通常都很短,沒有人有機會連續說上五分鐘。但是這些短暫的時刻會帶來影響、建立情感交流,讓別人有機會分享他們的經驗。一則軼事引發另一則,進而孕育一連串的故事,也許還會帶來新朋友、職場人脈和新戀情。

## 大意義小故事

有時小故事與大事件相關,繼而激發講者有所改變。當時看似微不足道的小事就會昇華成更有意義的故事。我們對此有個簡稱——就是「大意義小故事」。

在「黏土頭像」(Head of Clay)中,傑伊・馬特爾(Jay Martel)必須

---

[26] Taye Diggs,美國男演員、歌手,作品包括《復仇追緝令》等。

想辦法處理母親給他的笨重醜雕像。故事背後隱含更深層的情感，因為那尊雕像是傑伊自己十幾歲時的頭像。雖然他不想要那尊雕像，但父母兩人各自搬到小公寓都沒地方放置，這件事最讓他受傷。如果他不拿走，他們會把頭像扔到路邊嗎？

伊斯梅爾・比亞（Ishmael Beah）的「不尋常的日常」（Unusual Normality） 是他藉由同學愛玩的漆彈融入新學校。然而他的同學不知道伊斯梅爾是難民，曾經上過戰場當過娃娃兵。「玩」打仗與他的親身經歷截然不同，卻給他機會體驗純真的童年。

> **資深製作人蘇珊娜・羅斯特（Suzanne Rust）談「大意義小故事」的起源**：某次節目主題是婦女和女孩的故事，瑪姬・揚特吉斯（Mmaki Jantjies）講述「會見納爾遜・曼德拉」（Meeting Nelson Mandela），描述自己十四歲在南非讀書的故事。

上中學之後，我一直不太有自信。我不相信自己，也不覺得能對世界做出什麼貢獻。儘管媽媽不斷說：「瑪姬，我相信妳。」「瑪姬，教育很重要。」「瑪姬，繼續努力。總有一天，妳會懂。」我記得開學第一天，瘦弱的我穿著寬鬆制服，裙子長過膝蓋。我還記得我看著其他女生──她們媽媽都同意修改制服，改成符合她們瘦小身材的合身尺寸。而且她們也留著時髦的髮型。

瑪姬的媽媽在當地報紙看到徵文比賽，鼓勵女兒參加。題目是「假如我能當個一天的國王或王后」。因為母親沒提到任何獎項，瑪姬不甘不願地寫完，寄出去，就把這件事拋諸腦後。幾週之後，她被叫進校長辦公室。

我去了校長辦公室，妙了，校長見到我很激動。他說我在作文比賽中得獎，獎品有一項就是有人會帶我去南非首都普勒托利亞參加頒獎典禮。原來

那次作文比賽有獎品啊！總之，我匆匆趕回家，告訴父母、家人。我們都很高興，很興奮。隨後，我和媽媽被帶到普勒托利亞豪華的五星級飯店。一到飯店，就有人簡報頒獎典禮的流程。對方還通知我們，獎勵還包括我們可以會見伊莉莎白女王和曼德拉總統！

瑪姬的故事之所以特別，不僅是因為她能見到這些大人物，這件事還改變了她對自己的看法。

我抬頭張望。其他入選者都穿著寬鬆制服，紮著傳統的髮辮。穿著寬大制服，梳著傳統髮辮的我也跟著排隊。我耐心佇立等候。伊莉莎白女王沿著隊伍前進，向每位入選人打招呼，最後走到我面前。我伸出手，行了屈膝禮，我們聊到領袖風範以及我當時對領袖風範的看法。她離開之後，我的心臟怦怦跳，我好激動。當我聽到曼德拉的聲音越來越接近，這個多年來代表自由的聲音即將來到我的面前。我一抬頭，眼前就聳立著高大的身影，正是曼德拉。那一刻，我想起母親的話，「我對妳有信心。總有一天，妳會懂。專心求學吧。」我站在那裡，知道自己可以為這個世界帶來許多貢獻。儘管我穿著寬鬆的制服，儘管我梳著傳統的髮辮，我還是站在曼德拉面前，就因為我有自己的意見。

初次聽到瑪姬的故事，我就覺得這是「大意義小故事」。理論上，女學生贏了作文比賽可能沒什麼，然而這個故事與世上更重大的事情相關，激發講者有所改變，因而有了更重大的意義。於是「大意義小故事」就成了「飛蛾」的獨特風格。

（不過要提醒大家：只是偶遇名人算不上「大意義小故事」。你碰上碧昂絲是很酷，但除了激動得頭暈目眩之外，這件事真的改變你或你的人生方向嗎？）

## 找到你的敘事弧

「飛蛾」的故事涉及改變和進化。改變就是結構框架，可以幫助你建構故事的敘事弧（arc）。簡而言之，敘事弧就是：剛開始時你是什麼樣的人，結束時你又變成什麼模樣？故事中的事件如何影響你的人生？為什麼那個結果對你別具意義？

如果你講的是你的鑰匙落進電梯井，以後你就會把鑰匙放在口袋裡收好嗎？如果講的是經過恐怖的彩排餐會讓兩家人更了解彼此，之後參加家庭聚會是否比較沒那麼不安？

「飛蛾」每個故事都見證了講者的轉變。這些改變可能是：

與體能有關（身材走樣→現在跑馬拉松）
與境況有關（婚姻一敗塗地→現在離了婚，逍遙自在）
與情緒有關（每天都擔心受怕→現在開心迎接每一天）
與行為有關（熱愛培根→素食者）
與態度有關（痛恨狗→現在養了三隻）

這些改變就是故事的情勢。可能是你有所發現，也可能改掉習慣，總之問問自己：我們為什麼要關心你這個改變？**你**又為什麼在乎？（也許那些狗狗填補空虛的心靈？）

> **莎拉**：如果沒有發生任何變化，你分享的就只是扼要重述，或是說服力十足的辯論總結。故事圍繞著改變而展開。

建構故事最有成就感的一點，就是明白那件事情帶給你的意義。故事提到的事件（情節）和故事的真正**意義**並不相同。身為講者，我們知道這些關

鍵時刻如何持續影響、改變我們。

菲絲・薩莉（Faith Salie）的故事講述她挑選出席離婚訴訟的衣服，情感核心問題則是希望前夫最後一次看到真正的她。

尼可希・蘇克拉（Nikesh Shukla）分享他在母親過世後學習烹飪鷹嘴豆馬薩拉（chana masala）和扁豆糊咖哩飯（dal bhat），但就更深層的意義而言，重現這些菜色是為了喚起他對母親的記憶，讓自己覺得更親近她。

德子・羅斯特（Noriko Rosted）幫心愛貓咪史賓瑟挑選寵物保姆，其實故事是關於她與年少的鄰居竟然合得來。

你任由自己回顧過去這些經驗，就會開始看到其間的模式和主題。講故事的人常說：「我從來沒想到自己有這一面。」透過真正審視你的人生，你開始了解許多事情的脈絡，在故事中找到意義。

> **「飛蛾」指導員蜜雪兒・雅洛斯基（Michelle Jalowski）**：聽到講者打給我說：「我想起來了！」我就覺得開心。他們思考故事中的經歷時，突然想到某一點，因而改變觀點，帶來另一層新看法。
>
> **凱特談論敬酒詞**：「飛蛾」的故事繞著改變而展開，敬酒詞可能不是。父親排隊打算參加我們的「故事擂台」，我走過去，他面帶微笑，自豪地告訴我，他要把自己的名字丟進帽子，上台講述他幾個月前在我的婚禮上說的敬酒詞。他知道他講得很棒，全場聽得如痴如醉，還有人落淚。有位朋友非常感動，聽完之後甚至得藉口離席，到外面走走，重新振作。他對我的父愛從敬酒詞一開始就很明顯──接下來也沒有任何改變。他一分一秒都不曾懷疑！我直視他的眼睛：

> 「爸爸，你的敬酒詞很完美，但如果要在『故事擂台』上發表……有些地方要請你注意。」敬酒不需要敘事弧，就能得到滿堂彩。敬酒詞要有祝賀意味、要簡短，要具備豐富的活潑場景。（下次參加「故事擂台」，再擔心敘事弧吧！）

## 你的一句話

這時你已經開始找素材。你想到要講哪些事情，大略明白這其中的情勢，內心深處知道故事中的事情帶來**某些**改變。建構故事之前，接下來就是嘗試將這個故事濃縮成**一句話**。

你這個故事的預告片是什麼？

你選定的句子就是路線圖。這個句子不需要出現在實際故事中——沒必要從既定前提說起。（拜託不要！）只要把這個句子當成幫助故事發展，並且找到故事重心的路徑。你可以不時回來審視**這句話**，排除可能分散注意力或導致故事偏離軌道的細節。

我們看看本章稍早談到的艾莉・李的故事「一種智慧」的「一句話」。

發生重大事故之後，我才領悟到父親在社區所扮演的重要角色。

這句話就包含故事情節**以及**敘事弧。

- 社區發生事故（就是波士頓華埠最嚴重的五級火警）。
- 艾莉的父親在社區中具有重要地位。
- 發生極度嚴重火警，她才明白父親的重要性。
- 艾莉透過社區居民的視角看待父親時，對他的尊重和欽佩才提高到全新層次。

就算這個句子只更動一個字，故事都會大不相同。「一句話」就是你的**鏡頭**。同一件事可以衍生出許多不同的故事，但是知道這個版本的大意，你的故事就有重點。好比故事說的是參加豪華除夕派對，如果主軸是你面對人群的恐懼，而不是發現你的約會對象是一生摯愛，那麼你決定強調的細節也有所不同。

> **凱薩琳**：我指導的講者說完故事之後，有時梅格會問（可能是當下或稍後），「你會用哪句話描述故事大意？」我每次聽到都心一沉，因為我知道這表示講者想要傳達的內容已經模糊不清。我向來害怕聽到這個問題，雖然找到答案一定（毫無例外！）會讓故事更動人。

請記住，「飛蛾」的故事是關於你自己，所以你只能採用**你的**觀點。選擇**這個**版本的故事要採取什麼角度，請問問自己：

- 這個故事是關於你與自己的拉鋸嗎——心理的掙扎（例如意識到並且承認你對推特上癮）？
- 是關於你以及你與另一個人的關係嗎（例如發現兒子刻意不告訴妳即將當祖母）？
- 是關於你與周遭的世界嗎（例如你拄拐杖、戴支架，卻得在交通尖峰時段通勤）？

儘早確定故事的真正內容，可以幫忙選定最能完善故事的細節和時刻。我們稍後在編輯過程中，會重新審視你的**一句話**，到時就有助於你篩選哪些細節可以撐起故事，哪些只會分散注意力。現在先把這句話當成故事藍圖，以後經常拿出來參考。

## 指導員的提醒

- 問問自己：故事的情勢是什麼？你覺得會失去或得到什麼？你最想要／需要／非有不可／沒有就活不下去的是什麼？請記住，故事的情勢告訴我們，**你**為何在乎，**我們**才明白我們為何應該關心。

- 你的故事是否超越軼事範圍？你可能有戲劇性的細節或一連串耐人尋味的事件，此外還要有更深入的意義！問問自己，這一刻為何持續影響你，你才能把軼事轉化成故事。

- 你的故事敘事弧是什麼？起初你是怎麼樣的人，最後又變成什麼模樣？你如何改變？因為故事中的事件，你的人生有何轉變？

- 對你而言，這個故事到頭來有何意義？如何濃縮成一句話？請記住，類似的事件可以說成不同的故事——總結成一句話，你就能專注、清楚知道如何打造你想說的故事。

| 第 5 章 | 素材 |

> 初次與新講者會談時,我會問上幾十個問題。我們討論他們可能想講的故事,而且我要聽到每個細節。我有時把這個過程稱為「把他們包包裡的東西全倒在床上」。我們把所有東西篩選一遍,再決定哪些要保留,哪些要扔掉。
>
> ——凱薩琳・伯恩斯

持續建構故事的過程需要補給品。好消息是你什麼都不缺,只是需要在記憶這片美麗的掩埋場尋找碎片。拿出金屬探測器吧,我們要挖寶,不過一路會挖出許多硬幣和瓶蓋。

## 故事的跳板

你可能知道故事從哪兒開始,在哪兒結束。但兩點之間有無數選擇,究竟需要哪些關鍵的故事拼圖才能循線前進?試著列出簡報,其中不僅包括具體的時刻,還要有能通往故事高潮和結局的背景故事和重要的想法、體悟。

切記:「飛蛾」的故事**並非**全是情節(發生了這件事,然後,**這件事**竟然會發生?);「飛蛾」的故事一定是行動和反思相互交錯。行動可能是某個特定片刻(或場景),也可能是一連串的瞬間。反思可能是對當下事件的反應(也就是想法和心情),也可能是幫助我們更理解行動和相關情勢的來龍去脈。

上述每一項都可能是故事的跳板。這個概念有點類似大綱,每一步都對敘事流暢度很重要。遺漏任何一個,故事就很難跟上。

你是否曾經聽完故事之後心想：**慢著，怎麼會發展到那個地步？**某個細節似乎突然變得至關緊要，你卻聽得很迷糊？這很有可能是講者漏掉一個故事步驟。如果故事的開頭是你人在底特律，身無分文，下一個場景，你卻突然在巴黎買起昂貴香水，聽眾就會一頭霧水。你不能漏掉的場景如下：女友說參觀巴黎鐵塔是她的夢之後，你竟然意外領到一大筆退稅。

　　分享故事時，講者就像駕駛人，我們聽眾則坐在助手座。你清楚自己要開去哪裡，何時該轉彎。有些房子只是你拐彎前經過，有些房子則會讓你放慢車速，停下來介紹，也許說說只有住在那棟房子的人看到真正的你。

　　你不需要逐字逐句介紹每一步或沿途每個轉彎。抄捷徑也可以！你可以告訴我們行駛的過程，不必說明你上車、把鑰匙插進點火器、發動引擎、打倒檔、駛出車道。你只需要想好重要步驟，帶我們了解你的故事。我們**需要**知道哪些資訊才能綜觀全局呢？

　　以潔姬・安德魯斯（Jackie Andrews）的「飼養場的小牛」（Feedlot Calves）為例，故事講述安德魯斯十六歲懷孕，生活拮据，但在眾人幫助下成功量入為出。故事的開端可能如下：

- 潔姬的開場是在家裡的餐廳，她把懷孕的消息告訴父母，而且表明想留下孩子。
- 接下來轉場到醫院，潔姬第一次抱著剛出生的女兒，意識到自己有多愛她，下定決心兩母女一定要一起闖出一片天。
- 她向我們說明日常生活，她一邊照顧女兒，一邊成功兼顧高中學業、家務和溫蒂速食店的工作。
- 她解釋自己照顧女兒的能力受到挑戰，因為開始陸續收到醫院帳單。「溫蒂」的薪水根本無法支付這些費用，她不得不想辦法另尋其他資源。
- 她提供來龍去脈和背景故事，說明她由格外獨立的父親養大，爸爸不准她向外界求助。
- 她接著介紹父親的詳細計畫：從飼養場搶救新生小牛，養大再到拍賣會出售（包括飼養場如何運作的重要背景資訊）。

- 她告訴我們，農場爆發危機，牲口價格暴跌（提高故事情勢的重要背景資訊）。
- 最後，她帶我們到愁雲慘霧的拍賣現場。當潔姬的父親向其他農人講述女兒千辛萬苦就是為了支付帳單，他們深受感動。儘管他們自己的日子也不好過，還是出高價競標，潔姬也賺到她需要的金額。
- 結局就是潔姬有辦法支付全部帳單，並且始終深自感謝同心協力支持她的眾人。

把所有跳板都照順序排好之後，也許你會發現可以刪除幾個。有時你需要綜觀全局，才能發現通往目的地的捷徑。你往往可以在不影響故事的前提之下，從一個情節跳到另一個情節。我們不需要看到你量麵粉、攪麵糊，把蛋糕從烤箱裡拿出來就對了。

之後的章節將討論你可以使用的各種結構，現在你才剛開始建構故事，只需要找出重要的資訊。故事的哪些部分必須具備特寫細節，哪些部分可以濃縮？

「飛蛾」的故事中，講者利用三個要素讓我們從頭聽到尾：

1. **場景**：說明故事中既引人入勝又至關緊要的部分。故事的高潮幾乎一定是某個場景。
2. **概述**：交代時序，連結下一步（「三週後」、「經過反覆試驗」、「我拿到碩士學位，終於準備就緒」、「有了兩個孩子、背了一間房貸⋯⋯」）。
3. **反思**：分享你的感受和見解，談談你學到什麼、得到什麼結論、推斷出什麼、決定改變什麼，或接受了什麼。

在前述的潔姬的故事中，令人惴惴不安的第一幕鋪陳出底下的故事。

一九七九年，我站在內布拉斯加州西部農舍的餐廳裡哭泣。我告訴爸爸媽媽，我懷孕了。

她的開場讓我們身歷其境,而且一開始就說明故事的情勢。她接著簡述父親的反應,迅速帶我們進入下一個場景。

是父親把我的女兒抱到我的床邊,放在我的懷裡,他說:「潔姬,這是妳的女兒,妳要盡妳所能照顧她。但無論妳再努力,在她身上一定會犯錯。」他說:「我們都一樣,但只要妳愛她,讓她知道妳有多愛她,她就會原諒妳。」

她回想自己的心情。

愛這個孩子很容易。從抱起她的那一刻起,我愛她就勝過愛自己的性命。我知道我們母女一定會一起闖出一片天。

接著概述生下女兒之後的日子。

我每天早上起床做家事,然後參加樂隊團練、上學。放學就飛奔回家看她,再去「溫蒂」上班。晚上回家做完家務,開始做作業。我還學著抱小寶寶入睡。日子並不容易,但我勉強能應付,直到醫院帳單陸續寄來,而且金額龐大。

她提供故事的來龍去脈,以及自己的成長背景。

我父親愛民主、愛孩子,尊重用雙手努力謀生的人。但他憎恨資本主義,不信任體制,瞧不起浪費成性的社會。所以他說我們要依賴農場謀生,生活所需都取自農場。如果農場無法生產,我們就以物易物。

她還安插簡短的一幕以資說明。

我依然清楚記得父親手裡拿著雜貨店後面垃圾桶撿來的腐爛水果,他會

說：「潔姬，妳看。這個梨子還有四分之三完好，卻被扔掉。」他切掉腐爛的部分，我們就吃掉。這就是他對這個世界的看法。

她繼續說，提到拯救新生小牛、養大並拍賣的計畫，解釋飼養場的運作方式。她還穿插了一些場景，說明他們如何將計畫付諸實行，其間遇到哪些障礙，包括一九八〇年的農場危機。

然後，潔姬以牲口拍賣會當成落幕場景，先前她的父親已經與其他農民分享她的故事，他們當中有許多人都過得非常拮据。

拍賣開始了，一群又一群的牛穿過拍賣場，價格低到幾乎是半買半送。我覺得胃部一陣緊縮，因為命運正向我走來。我的牛群進入競標圈，農人開始喊價，價錢越喊越高，彷彿我要賣的是得獎種牛。價格遠遠超出牛隻的價值，那些農民用這種方法表示他們讚賞我試圖自力更生、繳付帳單。他們的認可來自早被農場危機掏空的錢包，他們不是用盈餘贊助我，是拿真心對待我。最後的款項足以讓我全額支付醫院帳單。

最後，她自己進行總結，也分享她回首過去這段經歷的反思。

幾個星期後，我高中畢業，我和女兒離開內布拉斯加州西部，繼續攻讀學士學位。我加入軍隊，因為「沙漠風暴」的表現榮獲銅星勳章。我得以周遊世界，見識了許多壯觀景象，但我內心有一部分從未離開過內布拉斯加州西部。那些賜予我人生機會的農民，我的心永遠與他們同在。

身為講者，如何使用場景、概述和反思都由你負責。你開著遊覽車穿過你的故事，你選擇「乘客」看到的場景——哪裡只要開車經過，哪裡又要停車仔細看。如果你的故事是關於你申請法官助理的夢幻工作，也許不必提到父母經營小丑學校。如果對你的故事有意義，也許這**正是**你停下巴士，請大家下車仔細觀賞的地點。「我會用手走路，卻不知道如何打一條不會噴水的領帶。」

**莎拉談求職面試的故事**：父親的工作是高階主管，他推崇用講故事的方式串連履歷上的簡歷。他說：「當你看自己的簡歷時，你在每個職位學到什麼，繼而帶到下一個職位？你職涯的敘事弧是什麼？為什麼這個新工作是正確的下一步？」好比說：你可能曾是低音管演奏家，後來成了指揮家，最終通過面試，成為音樂教育家，因為你想鼓勵更多年輕人加入音樂事業。你可能不知道自己的職涯將通往何方，但當你回顧所有不同的工作，一定會找出關聯。你從某次經歷學到什麼，因此更知道自己下一個目標？

「飛蛾」的執行助理兼辦公室行政人員崔維斯・考克森（Travis Coxson）應徵這份工作時，已經在百老匯巡演中擔任多年的舞台經理。我們擔心他懷念到處出差的時光，但他在面試中告訴我們，新冠肺炎逼得劇院休業，他突然可以長時間待在家裡。他發現自己喜歡和多年伴侶共度寧靜的早晨，以前的臨時居所也成為住家。他漸漸習慣規律的生活，發現自己感覺更踏實。他想轉個方向，想辦法利用自己籌辦舞台劇巡演的組織能力，又不必出差奔波。他的故事引起我們的共鳴，我們便把這份工作交給他。如果能將工作變動轉化成互有關聯的故事跳板，每份工作就有其獨特意義。把至今為止的職涯當成更大的故事來敘述，可以讓未來的雇主印象深刻，讓他們更認識你，知道你為何是該職位的最佳人選。

## 找到場景

找到合適場景，可以讓故事栩栩如生。從電影的角度來看，這些場景會是什麼樣的短片呢？在腦中重構，再生動地講述，我們就能和你一起看到、一起體驗。

在「我危險的愛美任務」（My Dangerous Beauty Mission）中，艾絲特・恩古比（Esther Ngumbi）描述熟悉的成長儀式：穿耳洞。

我在肯亞村落長大，那裡沒有沃爾瑪或Claire's飾品商店，所以我只能用老派的方法打耳洞。我鎖好房門，拿著針和線，把鏡子靠在牆上，才能看清楚自己的動作。我開始推針，覺得疼痛，但我想像中變美的艾絲特足以壓抑那種痛楚。喔，我的初吻，我第一個男朋友！一分鐘之後，針穿過耳垂。我把線打結，再把這個過程重複一次。我又開始推針。似乎過了一百萬年，終於穿好第二個耳洞。我長嘆一口氣，花了一分鐘欣賞美麗的自己。

她帶著我們進入這幕詳細解說的場景，讓聽眾感受到那種痛楚，以及自己親力親為的喜悅。

在「糟透了」（This is Going to Suck）中，馬修．狄克斯（Matthew Dicks）講述自己車禍差點沒命之後被送進急診室。

有個護士過來問我的電話號碼，我把父母的號碼告訴她，又給她麥當勞的電話，因為我那天晚上值班。她不當一回事，但我說：「一定要打，少了我，得來速沒辦法營業，他們必須找人代班。」願上帝保佑她，她的確打給麥當勞。至於我爸媽，他們沒來。後來我才知道，他們聽說我的情況穩定，就先去看車子。我正在等外科醫生，因為那天是十二月二十三日，很難找到醫生，我覺得很孤獨。結果我沒落單，因為她打電話通知麥當勞，那些人又打給其他人，所以候診室擠滿十六、十七和十八歲的孩子。他們把我的病床推到急診室另一側，然後開門，我的朋友一個個輪流站到門邊，向我揮手、豎起兩隻大拇指，還說蠢話逗我笑。

馬修大可說：「我的父母沒來，所以同事和同學成了我沒有血緣的家人。」結果他讓我們和他一起體驗頓悟這一點的美妙之處。

琳恩．佛格森（Lynn Ferguson）在她的「佛格斯之前」（Before Fergus）中，講述她和丈夫永生難忘的外賣晚餐經驗。

我們回家，丈夫決定點外賣。我突然想驗孕，結果是陽性。我丈夫拿著牛皮紙袋進來，迎接他的是那句不朽的名言：「放下咖哩，親愛的，我有件大事要告訴你！」

琳恩用這個簡單場景強調改變家庭命運的那一刻。

崔娜・蜜雪兒・羅賓森（Trina Michelle Robinson）在她的「青銅碑」（Cast in Bronze）講述她研究祖先，後來又前往肯塔基州尋根的場景。

車子終於抵達我的祖先遭到奴役的農場。我們下車，四周是茂盛的野花和高聳的草叢。史考特（我們的導遊）開始指給我看，例如當初主屋的位置、當地特有的草種和花草樹木，我才知道先人當時看到的景色。那裡有美麗的古老橡樹、櫻桃樹和秋麒麟。當時是秋天，花草沒那麼蓊鬱，但在陽光照射下，景色依舊如此明媚。我好氣，因為那裡怎麼值得擁有這片美景？

崔娜的場景讓我們身歷其境。這些場景帶我們進入故事，讓我們親身體驗。我們可以想像陽光照在秋麒麟上，更能了解她面對外在美景時，內心與醜惡歷史的掙扎。哪些跳板可以用場景說明？也許可以從人生中格外開心的一刻，或收到驚喜消息的那刻說起——例如你發現自己買的刮刮樂中獎的那一天。就從那刻開始描述當下的情景：

- 你當時身在何處？
- 是否總在同一天去同一家店買刮刮樂？
- 當時你獨自一人或和朋友一道？
- 你馬上就相信？還是請人看過再告訴你這是真的？
- 你被嚇得目瞪口呆，還是興奮地手舞足蹈？
- 接下來發生了什麼？

……諸如此類，以此類推。

## 留點空間給那一刻

場景可以從流動的時刻取材,也就是故事中發生某些事情時,你可以放慢腳步,探究這些時刻。如果你的故事從辭職開始,不要只說你不幹了。告訴我們,你當時人在哪裡——是焦慮不安地坐在老闆辦公室,還是在剛噴出覆盆子醬的優格販賣機旁抓狂。當時有電話鈴聲嗎?有個孩子站在旁邊笑得停不下來?接下來發生什麼事情?你說話吞吞吐吐?還是脫下沾滿紫紅色優格的圍裙,扔在地上,氣急敗壞地離開?

在「里奇市溜冰者」(Rich City Skater)中,雅各比・柯克倫(Jacoby Cochran)帶我們一窺他在一九九〇年代競爭激烈的滑輪比賽的片刻:

如果你從沒溜過滑輪,可能不知道「全美派對」好比滑輪界的葛萊美獎。全美最頂尖的滑輪選手齊聚一堂,炫耀他們的動作、音樂和風格。當時正在唱名,所以每個城市都有代表上台。德州的人跳〈慢走〉(Slow Walk)、底特律的人表演〈舞廳〉(The Ballroom),肯塔基的代表瘋狂玩拋跳。從加州到紐約市到佛羅里達,所有人都有自己獨特的風格,現場人山人海。經典老歌放得震天價響,與音樂節奏同步的燈光閃耀刺眼,噴霧機嗡嗡作響。這時靈魂樂教父詹姆士・布朗(James Brown)的歌曲響起,一聽到〈復仇〉前奏中的那聲「嗚——」就知道芝加哥代表要上場了。

在「一個士兵的故事」(A Soldier's Story)中,退伍軍人雷・克里斯汀(Ray Christian)用幾個令人心神不安的場景,講述他如何面對創傷後壓力症候群,我們看到他易怒、困惑,甚至產生幻覺。他分享以下這一段:

我發現自己來到商場,我坐在長椅上,試圖釐清思緒。有位中年婦女走來,身邊帶著年邁體弱的母親。她對母親說:「媽,我得去趟洗手間。妳坐在這裡,在我回來之前哪兒也別去,好嗎?」然後就離開了。這位老太太一直盯著我看,我努力望向其他地方。她還是盯著我,然後慢慢把顫抖、虛弱、老邁的手移到我旁邊,握住我的手。我哭了出來。

她女兒回來，看到這一幕：

「媽媽，妳做什麼？妳不能隨便碰別人。先生，你沒事吧？」我說：「我沒事。」她媽媽抬頭說：「他需要我握著他。」
我需要她握著我。

在故事前半段，雷敘述他反覆無常的行為。我們聽到他因為陌生人的舉動得到安慰，就知道他再也不能忽視創傷後壓力症候群的跡象了。也就在這一刻，他認清這一點。

場景**顯示**重要的時刻，而不是簡單傳達事實。露比・庫柏（Ruby Cooper）在她的「柯克的聖誕禮物」（Kirk's Christmas Gift）中做到這一點，故事探討她與兒子的關係。

她可以說：我的兒子很有魅力。

但她讓我們自己看到：我第一次帶他上學時，他七歲。我推著坐在輪椅上的他走過走廊，他喊著：「嗨！我是柯克。嗨！我是柯克。」還一邊揮手，彷彿他正在參加競選。

她本來可以說：我很難拒絕我的兒子。

但她卻讓我們看到：那年他掉牙，我說：「事情是這樣的。我們把你的牙齒放在枕頭下，然後牙仙會拿錢來換。」他說：「不對，我的牙仙會送派。」我說：「不，不。牙仙不送派，牙仙是背著一袋硬幣的小精靈。」他說：「不對，我的牙仙會送派。」我說：「好吧……什麼樣的派？」「巧克力派。」第二天早上，牙齒不見了，有個盒子裝著巧克力派，由附近糕餅店的仙子送來。

柯克發號施令，露比無力反抗，這個場景描繪出稍後將提到的母子關係。

　　在「肖尼族永不放棄」（Shawnees Never Quit）中，亞利斯泰・班恩（Alistair Bane）講述他應要求在教堂唱聖歌。

> 我轉向風琴司琴，她正在耐心等待。我說，「請彈〈麥可，把你的船划上岸〉，謝謝妳。」她微笑點頭，「選得好。」音樂響起，到了我覺得應該有歌詞的段落，便唱了起來。「麥可，把你的船划上岸，哈利路亞，麥可，把你的船划上岸……」當我唱到第二次哈利路亞時，我意識到這是我唯一記得的歌詞，但肖尼族[27]從不輕言放棄。我認為同一首歌可以有不同版本，就像歌詞不斷重複的混音舞曲。我閉上眼睛，因為有時最好別看到聽眾。我站在台上唱歌時，有大把時間思考存在主義的問題，好比麥可是誰？為什麼上帝要他划船上岸？最後我第十六次唱同一句歌詞，我停下來。司琴還搞不清楚狀況，繼續演奏了一分鐘，等她發現我終於唱完，她也突然停下來。大家鴉雀無聲，我就在那片沉默中走回座位。我開始跨過朋友的膝蓋，當我們四目相對，他說：「你喔。」

　　亞利斯泰的故事場景描述他為了討主人高興，被迫在教會表演。他分享內心想法時，特地放慢故事節奏，從而營造出他在講壇所感受到的緊張、焦慮和恐懼。亞歷斯泰利用這個方法，不僅顯露自己的脆弱，還幫助聽眾**切身感受**同樣的擔憂。

　　有些故事可能有很多場景，有些故事只有兩、三個比較詳細、有影響力的場景。通常整個故事只有一個**重大場景**（或「主要事件」），故事高潮就在其中。沒有這一幕**就**沒有故事。

　　在詹姆斯・布拉利（James Braly）的「最後一張全家福」（One Last Family Photo），一家人齊聚妹妹凱西的病床前。他們在臨終關懷室見證凱

---

27 Shawnee，北美洲原住民，原居住俄亥俄河谷。

西的婚禮時，故事進入高潮。

父親站起來。護士進來，確認凱西不是遭到脅迫。史蒂夫走到角落，牽起凱西的手，牧師翻開聖經，開始快速地說：「親愛的各位我們聚集在這裡是為了讓這一男一女結為神聖的夫妻」──模樣彷彿是拍賣官。因為他必須趕在凱西睡著之前講完。

凱西說：「我願意。」我爸爸望向史蒂夫，兩人握手。

媽媽說：「恭喜，」然後給他一個瘦骨嶙峋又骨質疏鬆的擁抱。我打開香檳，倒進飲水機的紙杯。

大家對新人敬酒時，有人說：「給孩子們拍張照吧？」

我走到角落，站在凱西床榻的一邊，哥哥和姊姊站在另一邊，我們擺好姿勢拍照。我們對面是一張巨幅照片，那是二十年前在姊姊柯琳的婚禮拍攝，姿勢一模一樣，也是我們四人唯一的合照。柯琳拿去放大，貼在凱西牆壁上，製造家的氣氛。

我盯著看我們以前的模樣，一邊為我們最後一張照片擺姿勢。爸媽在一旁看著，就我記憶所及，這是我們全家第一次，可能也是最後一次齊聚一堂，因為臨終的凱西告訴我們，放手是多麼艱難，又可以是多麼美好。

> **慶生**：瑪麗·多莫（Mary Domo）是「飛蛾」早期的志工，她辦了五十歲的慶生會，要求客人準備兩分鐘的「飛蛾」故事，主題是瑪麗。瑪麗交遊廣闊，朋友眾多：她在紐澤西州霍博肯的同事、東村的鄰居、工作上的朋友、「飛蛾」的朋友、火人祭[28]的朋友，她的用意就是請每位嘉賓分享故事，主題就是「那就是瑪麗」。每個人只有

---

28 Burning Man，在美國內華達州沙漠的一年一度活動，始於勞動節前一個週六，為期九天，名字由來源自焚燒巨大人形木像的儀式。以獨樹一幟的信念與出格不羈的藝術氛圍，吸引全球的目光。

一分鐘描述一個場景，說明她的奇特天才。這些小故事就像素昧平生的客人彼此之間的破冰話題。瑪麗因此覺得被愛、得到讚揚、**受人理解**。客人也覺得因此更投緣。

世界另一端奈洛比的恩姆巴卡西（Embakasi）社區，有位十八歲的壽星女孩要求每位成年來賓講述自己十八歲的難忘故事。女孩的祖父母以及所有到場嘉賓都分享了自己的故事。最精采的莫過於奶奶分享她的丈夫（女孩的祖父）如何教她開車。當時在場的「飛蛾」指導員茉琳・阿瑪卡班（Maureen Amakabane）說：「那個故事好美。爺爺說，他會在明年的慶生會講述他的版本！我們都笑了。我的小女兒也在場，我們不僅對鄰居這一家有更深的了解，女兒還問明年慶生會能不能也比照辦理。」

## 退出場景前

建構場景時，請確保你從當事人的角度描述。你必須是主動參與，而不是被動旁觀，而且避免加入後見之明。就讓那一刻按照當時發生的方式進行。

考慮以下兩者的差別：

走進房間時，我很害怕，因為我聽到聲音。

和

打開房門時，角落傳來低吼，我的心跳加速！

你的敘述方法就像此時正在目睹那一刻。

如果某個細節或場景令人意外，不要爆雷，毀了驚喜！請讓我們有幸與

你一起感受。拿掉「最不可思議的事情發生了」這類開場白，設定期望值反而減分。請忍住，不要告訴聽眾該怎麼想、該有什麼心情，讓他們自己做結論。

如果你的故事平淡無奇，或者你發現聽眾開始放空（也可能是你恍神！），請另外找個更引人入勝的場景。

## 細節

人造奶油的牌子、收音機裡的歌曲、毯子的質地、門框上殘留的犯罪現場膠布殘膠、赤腳踩在青苔上的感覺──諸如此類的細節能讓場景從黑白變彩色。這些細節讓故事生動、真實、具體，往往是最精采的部分。信不信由你，即使是最模糊的細節也能讓你的故事**更**能引起共鳴。細節能放大那一瞬間、營造情感、增加張力，最終支撐起故事的情勢和敘事弧。細節讓聽眾對你的故事難以忘懷。

> **梅格**：我經常告訴大家，要放大故事──看看你可以利用的所有細節和瞬間。第一步是評估你擁有的全部素材，然後決定哪些細節可以支援你要講述的故事。

在李藍・梅爾文（Leland Melvin）的「沉默的時刻」（A Moment of Silence），他講述到達國際太空站之後，指揮官邀請他去俄羅斯段用餐的故事。她請他帶脫水蔬菜，他們負責提供肉類。他對那晚的描述如下：

我聞到加熱肉類的味道。我們曾經對抗的敵國，俄羅斯和德國，如今一起分享他們的薏仁牛肉湯和我們的杏仁四季豆。太空站的時速是一萬七千五百哩，每九十分鐘繞地球一圈，每四十五分鐘就看到一次日出、日

091

落，我們在這樣的環境下剝著麵包，我想著現在與我共事，並且能讓我託付性命的人。他們有非裔美國人、亞裔美國人、法國人、德國人、俄羅斯人，國際太空站第一位女性指揮官。大家一起剝麵包，把漂浮的食物送到對方嘴裡，我們還一邊聽著莎黛（Sade）的〈調情聖手〉（Smooth Operator）。

細節的具體化讓場景栩栩如生。與其說**外面下著雨**，不如敘述雨點打在屋頂上的聲音，或是擋住去路的水坑。

在崔莎・米契・柯本（Trisha Mitchell Coburn）的「梅西小姐」（Miss Macy）中，她是這麼描述她從南方小城故鄉到大城市的旅程：

梅西小姐和我帶著吉寶蜂蜜酒（Drambuie）和裝滿南方炸雞的牛皮紙袋跳上開往紐約的火車。三十個小時後，我們走進華爾道夫飯店。我們從未見過這種地方，彷彿是電影的場景。人們的腔調和長相都不一樣，我們的客房與我在阿拉巴馬臥室的煤渣牆更是大不相同。

從任何（或全部）感官汲取這些細節。在情感和身體上，某些事情有什麼感覺？當時是否聞到甜味或聽到古怪的口哨聲？是否有人說了一句讓你無法忘懷的話？當時腦中是否閃過什麼念頭？

在翔恩・李奧納多（Shaun Leonardo）的「征服者」（El Conquistador）中，他描繪摔角選手第一晚上場的心情。

夜幕降臨，這是臨時搭建的競技場，擂台搖搖晃晃，前面擺了摺疊椅，墨西哥街頭樂隊的演奏震天價響，令人熱血沸騰。他們喊著我的名字，我覺得全身血液彷彿都被抽光。但我振作起來，打起精神，穿著白、金相間的服裝出場，好一個披著十四呎長絲絨斗篷的白馬王子。我站上擂台，氣勢如虹，然後被打得東倒西歪。

> **指導員裘蒂・鮑威爾（Jodi Powell）**：我們常常忘記內心的自我對話。聽到你對其他人大聲說的話很重要，我們知道你此刻對自己說的話也同樣重要，甚至更重要。

黑人馮斯華・克萊蒙斯[29]在飛蛾電台節目說故事時，帶我們回顧《羅傑斯先生的鄰居》[30]，節目中有個經典畫面是在非裔美國人民權運動[31]甚囂塵上時所拍攝，當時克萊蒙斯和白人弗雷德・羅傑斯一起把腳泡在充氣泳池裡。

我脫掉靴子，放好襪子，我們真的把腳放進同一個池子。光想到這個畫面要傳達的意義，我就不寒而慄。他也很關心，所以閒聊了幾句。我們一起把腳放進水裡，他拿著水管，放了一些水。同樣地，你會再次想到員警用水管噴倒民眾的情景。但我們在這裡，就只是一對用水管沖濕雙腳的朋友。

有些事件或狀況是許多人都曾有過的經歷：墜入愛河、失去摯愛、被診斷出癌症、出櫃、孩子出生。對每個人而言，這些故事中的許多「跳板」都一樣。找到細節，讓這些生活經歷**獨一無二、專屬於你**，就是我們要面對的挑戰。

「飛蛾」講者珍妮・德拉奧（Jeni De La O）描述她與丈夫的初吻，以及「我們接吻了」，想想兩者之間有何不同。

---

29 Franois Clemmons，美國演員、歌手、作家，在那部電視劇中飾演警官。
30 Mister Rogers' Neighborhood，半小時的美國兒童教育節目，播出時間為一九六八至二〇〇一年。由 Fred Rogers 創作並主持。
31 Civil rights movement，非裔美國人為爭取與白人同等地位而發起的非暴力抗議行動，始於一九五四年，終於一九六八年。

那是我的腳趾都有感覺的吻。至今我的腳趾依然能感受那個吻。

很多人都經歷過在車上的痛苦時刻，但在「我胳膊上那個東西」（That Thing on My Arm）中，帕德瑪・拉克希米（Padma Lakshmi）帶我們與她共同坐在母親車上吃午餐，接著一起體驗車子被撞上。

我正在吃飯。突然聽到「砰」一聲！我抬頭，還記得盤子飛起來⋯⋯到處都是黃色米飯，就像彩紙。米飯落下來時，我只看到美麗、清澄的藍天。沒有雲彩，沒有車子，前面沒有馬路、沒有樹，什麼都沒有。只有一望無際的美麗藍天和漫天飛舞的黃色米粒。然後，我又突然聽到另一聲「砰」。接著就是一片靜止。

深入探索你找到的場景時，細節可能會一一浮現，也許很有趣，也能為你的故事帶來更大的意義。一九八六年穿了整年的網球鞋可能透露你年輕時是個什麼樣的人；雜貨店農產區裡那個笑得不可自抑的人，可能說明你認為周遭的人的舉止都很不尋常。

妲努西雅・崔維諾（Danusia Trevino）在「有罪」（Guilty）中告訴我們，她如何不想被選為陪審員：

我準備更衣去參加陪審員遴選。我把頭髮梳成刺蝟頭，確保別人清楚看到我的蝙蝠紋身。我穿上機車靴、破洞牛仔褲，T恤上寫著「我想成為你的狗」。

這些講者都使用特定的細節，讓場景活靈活現。下次你說故事時試試看。與其說「我對那次會面很緊張」，不如分享你走進老闆辦公室要求加薪時，耳機正播放哪些音樂才能為你打氣。讓我們為你加油，讓你得到應得的R-E-S-P-E-C-T！

> **「飛蛾」創辦人喬治‧道斯‧格林談「掩埋的寶藏」**：講者會使用一種魔法，就是我所謂的「掩埋的寶藏」。在你講故事的頭一、兩分鐘，你會提到某個小細節——通常是實物、有神奇魔力：「那就是威爾金叔叔帶我們去康尼島的那天。我們都坐了雲霄飛車和摩天輪，然後擠進照相亭拍了好幾張照片。總共拍四張，每張拍攝前，威爾金叔叔都會叫我們擺個姿勢。他會說：『驚喜！』我們就努力表現出驚喜的模樣。『生氣！難過！興高采烈！』」
>
> 然後繼續說下去，但你把那個細節藏起來。忘掉它，不管它。等到快講完故事，再拿出來。
>
> 「……然後員警把威爾金叔叔破破爛爛的皮夾遞給我。我翻了一下，有一張十二年前的健身房會員卡、過期的駕照，沒了——除了一張摺得像卡片的長方形物品。我打開來看，是一長串的四張快照組合。我們四個擺出『驚喜、生氣、難過、興高采烈。』」
>
> 聽眾已經完全忘記了那張照片——直到你在這個全新的內容再提起。因為他們已經知道相關人物，這張照片——「埋藏的寶藏」——就有了新意義。如果你能靈活運用這個手法，這一招就令人震撼又動容。

## 細節塑造人物

在描述故事其他人時，儘量尋找更能突出他的個性的細節。在「GFD」[32]中，有個小細節最能說明蜜凱拉‧布萊（Micaela Blei）的同學：

> 她很愛塗口紅，我則是塗護唇膏。所以她一定比我瞭，對吧？而且她對高中一年級一點也不緊張。

---

[32] 其實就是德國民俗舞蹈（German Folk Dancing）的簡稱。

在「演奏」（The Gig）中，克里斯汀・麥克布萊[33]憶及初次見到傳奇音樂家佛瑞迪・賀巴德[34]。

佛瑞迪・賀巴德活力十足，非常有男子氣概，有種黑幫老大的神氣。他不只是個優秀的音樂家，還非常戲劇化，不參加排練，不參加試音，只出席正式演出。我在更衣室裡，害怕又緊張。卡爾說：「佛瑞迪，這是克里斯汀・麥克布萊。」當時我十七歲，佛瑞迪看了我一眼，說，「很高興認識你。」之後我們就上台演奏，能夠近距離聽他吹小號，我差點心臟病發。我心想，「天啊，我可是和佛瑞迪・賀巴德一起演奏，太扯了。」

許多故事都提到有趣的家庭成員。瓊・茱麗葉・巴克（Joan Juliet Buck）在她的「骨灰和鮭魚」（Ashes and Salmon）中沒說「我的叔叔很古怪」，而是引用了叔叔唐的話。

「我帶著妳祖母的骨灰去坎城下葬時，剛好有人給我一條燻鮭魚，想幫我打打氣。我沒放進託運行李箱，直接把燻鮭魚放在手提行李，妳祖母的骨灰就裝在泛美航空公司淡藍色的盥洗包裡。我把兩樣都放在座位上方，我們在尼斯降落之後，我拿了燻鮭魚，卻落掉妳的祖母。」

安德魯・所羅門（Andrew Solomon）在「大都會博物館、佛里蘭夫人和我」（The Met, Mrs. Vreeland, and Me）講述他為《時尚》雜誌傳奇總編黛安娜・佛里蘭[35]工作的故事。所羅門不直接說她對時尚固執己見，只提供下列敘述：

---

33 Christian McBride（一九七二一），美國爵士樂貝斯手、作曲家和編曲家，八度榮獲葛萊美獎。
34 Freddie Hubbard（一九三八一二〇〇八），美國爵士小號手。
35 Diana Vreeland（一九〇三一一九八九）法國時尚編輯、策展顧問。以鮮明大膽的風格聞名。因為堅持大膽奢華的風格與創意，需要花費許多資源，被迫離開雜誌社。一九七二年開始擔任大都會藝術博物館服裝部的特別顧問，推動時尚服裝成為大都會博物館的策展主題。

我們穿過大都會博物館的大廳。她把爪子般的小手搭在我的胳膊上，對我說：「小夥子，等一下。你看看前後左右，想想這些人都曾走進商店，儘管有那麼多衣服可買，他們卻選擇了現在身上這套衣服。」

我們請卡爾・班克斯（Carl Banks）在「過橋」（Over the Bridge）中更仔細描述自殺過世的雙胞胎妹妹。由於時間有限，他只能用幾句話傳達，卻得從一生的記憶中取材。

他是這麼說的：

她是了不起的視覺藝術家。她是無怨無悔的激進分子，有點偏向無政府主義，但她心腸很軟，而且非常敏感。

他本來可以說到這裡就打住，但他選擇補充以下這個耐人尋味的細節：

她曾經在六旗魔術山樂園為遊客畫人像漫畫，她很敏感，根本無法靠這件事賺錢。她總是把畫送給別人，要不就覺得自己畫得不夠好，要不就覺得畫太好，應該免費送人。

之前對妹妹的簡述說得很好，但六旗魔術山樂園的細節又把她勾勒得更生動。
這是與聽眾建立情感交流、吸引他們注意的另一種方法。因為這個細節，我們感覺跟這對兄妹又更親近了。

**珍妮佛談剪綵敬酒詞**：有時候，你可能不是為某人敬酒，而是祝賀某個地方或某件事，好比醫院擴建、新成立的分公司或新品牌。這時可能就是祝賀負責的團隊。團隊的「個性」是什麼？（不妥協、勤

> 奮、超級有創意、所向無敵、令人膽顫心驚！）那種「個性」又如何體現？介紹團隊如何成軍，又是如何建立共同目標。切記，祝詞內容聚焦於這項事業的**原因**：「現在我們可以治癒更多人／服務更多客戶／銷售更多產品。」有時這個過程有清楚的敘事弧。你可以提到發展過程：從種子到植物，從藍圖到實體。記得要囊括過程中的挑戰，有溝壑才能讓山岳更高聳，敬酒詞就是攻頂之後的慶祝活動。

### 細節過多的危險

細節可以增添色彩，但要適可而止！過多細節會分散聽眾的注意力，消耗他們的精神。如果你鉅細靡遺敘述與故事其他環節無關的細節（例如你岔開話題，講起艾爾舅舅，但他又與故事沒有特別關聯），就會讓人困惑。只要細節引起聽眾的疑問，或者讓聽眾恍神，他們就會一邊聽故事，一邊試著在腦中找出問題的解答。你就沒機會得到他們的共鳴。

這就好比壁爐上放了太多花瓶──其他花瓶爭奇鬥豔時，你無法好好欣賞其中一個的美。有時指導故事時，我們會說：「聽眾不知道該看哪裡。」挑選幾個真正能發光、能博取注意的細節，其他細節就留到其他故事，放在合適的地方發揮應有的作用。你有講不完的故事，這些細節一定會派上用場。

至於斟酌某個細節是否有關聯，請回到故事的**一句話**。如果故事的一句話摘要是：**這是一個關於狗狗找到家的故事**，除非貓的細節能直接佐證狗的故事，否則請別讓貓攪和進來。

以下是其他需要避免的**細節陷阱**：

- **過多的具體日期**。大多日期讓故事感覺冗長又乏味。聽眾可能會認為這些日期很重要，想到要記下來就覺得無奈。二〇〇九年三月九日，我做了這件事；二〇一〇年九月二十一日，我做了這件事；然後二〇二一年十一月二十四日……日期真的重要嗎？其中一個是關鍵嗎？不要一遍又一遍地告訴

我們時間或具體日期，除非那個日期攸關故事發展。

- **太多的名字和人物**。知道你有二十三個堂、表兄弟姊妹就夠了，我們不需要知道他們所有人的名字和年紀。某人是關鍵人物時，才需要說出他的名字。一旦你提到某人的名字，聽眾就會認為他們需要記住這個人，因為他們是不可或缺的人物。就算某人**是**核心人物，有時為了簡單起見，也可以用他們的身分稱呼（例如「我的牙醫」，而不是「南西」）。任何人物在故事中都要具備重要目的。

- **太多生動的細節**。如果不是故事最終目的，就不要描寫血淋淋的傷口細節（或浪漫邂逅的親密細節）。有時，人們會添加自認酷炫或駭人的細節，到頭來只是分散聽眾的注意力。講者繼續說下去，聽眾還在回想你無端勾勒的畫面。你選擇的細節一定要能支持故事，而不是搶走故事本身的風頭。

- **牴觸故事的矛盾細節**。情況往往很複雜，但你的故事一定要合情合理。如果你的故事講述令尊冒著暴風雪，開車四小時來接你離開糟糕透頂的約會，提到他在高中論文剽竊《羅密歐與茱麗葉》就沒有意義。我們只需要了解他的個性，因為這點與你的故事相關。

- **誤導人的細節**。除非有水管即將爆裂，否則不必提到你叔叔剛從水電職校畢業。如果你太強調某個細節，聽眾就會緊抓著這個細節不放，你之後再也沒提到會讓他們感到失望。**水電工怎麼了？**

- **質疑自己故事中的細節**。說「我不記得爭吵的細節」，或「我**可能**開車去學校」等，會讓聽眾懷疑你對其他事情的記憶是否正確。最好說：「上課前，我們總是吵吵鬧鬧！」加入你**確實**記得的細節，而不是指出你不記得的細節。就多數狀況而言，你記得的細節就足以推動故事的發展。

- **利用細節算舊帳**。這不是磨刀霍霍的時候。我們發現，講者分享故事，說某人──前男友、朋友、父母──的壞話時，聽眾可能因此提高防備心，因為人類的天性就是保護無法捍衛自己的人。你的鄰居可能是混蛋，但除非我們了解並關心**你**，否則我們可能質疑你講這個故事的動機。重要的是，你要

先向聽眾展示**你自己**，博取他們的信任，當你提到這個討厭鬼時，他們才會堅定地站在你這邊。

## 細節的真相

在每集飛蛾電台節目的結尾，我們都會聽到製作人傑伊・艾里森（Jay Allison）說：「『飛蛾』的故事個個屬實，來自講者的記憶，經過講者確認。」記憶並不完美，有時記憶與實際發展有所出入。請把「飛蛾」故事當成講者用某件事的情感經驗所製成的時間膠囊藝術品。

> 「飛蛾」講者佛里梅特・葛伯格（Frimet Goldberger）：故事不是一成不變，它們會成長，萎縮，一端往外伸展，一端向內收縮。故事和人一樣，也會演變──我們自己的故事也會，應該說我們自己的故事尤其會。記憶不可靠，我們往往根據現在的感知當成記憶根據。所以人人的故事都不是一成不變。

我們不可能以科學般的精準度記住我們的經歷。故事依靠的是記憶，而不是法院書記官，而且我們很少能倒帶。記憶有很多漏洞，並不完美，可能深受內在偏見的影響。我們所看到的真相，以及我們所講述的真相，受到我們成長以來每段經歷所影響。

> 「飛蛾」講者暨神經學家溫蒂・鈴木博士：記憶彌足珍貴，因為它是我們的鷹架，並且定義我們個人的歷史。然而，我們的記憶不是YouTube影片，無法精確記錄下我們的一舉一動。相反地，我們的記憶不可靠、不準確，而且每回憶一次都可能有出入。

進一步深究，深深刻在你腦海的細節和畫面可能是保護無辜者，可能是為新仇舊恨煽風點火，也可能因為懷舊而受到蒙蔽。

　　在你考量、建構故事時，要承認你對這些事件的記憶**並非全貌**。這段經歷留下永恆印記，但你每次回憶，只是回憶那段記憶。細節必然有所改變，有些細節可能會消失，有些沉睡已久的細節也可能重見天日。

　　事件發生時，我們常常會有複雜又矛盾的看法。我們很少只感受一種情緒。多重真相可能同時存在，你可以在一個故事中承認兩種或三種（甚至更多！）。

　　你可能對救生艇心存感激，但也可能懷抱不滿。例如你以為自己其實沒溺水，不需要救生艇，希望證明自己有多強壯，但同時你也為自己不必費力脫困感到如釋重負。一切就取決於故事的要旨。這與你的敘事弧有關嗎？有時，這種複雜多面性本身**就是**故事。矛盾可以當成故事的重點，否則最好不要提起。

---

**TMI（過多資訊）**：在社交場合透露太多資訊會讓人不舒服。請三思而後行，不要在故事中加入一長串私密困擾，例如你出恭的慘烈狀況，或寵物悲劇三部曲（天啊，我好想念毛毛）。請注意你所分享的內容以及這些故事的主題。如果有太多分散注意力的細節和題外話，你的鄰居、家長會的成員或約會對象可能很困惑：這個人到底想說什麼？重點是什麼？

**凱薩琳**：某次相親，對方第一分鐘就說他幾小時前剛被開除。這個開頭已經夠糟糕，他又告訴我之所以被解雇，是因為他「脾氣暴躁、懶惰、愛抱怨」。我當然不急著跟他第二次約會嘍。

**莎拉**：幾年前，初次約會的男伴正經八百地敘述他最愛的假期。他意外發現自己去了天體度假村，他白天在那裡打排球（！）晚上去度假村的夜店，店裡的服裝要求是「只能穿運動外套」。他說，起初覺得這個度假村很奇怪，但他很快愛上那裡。故事講到結

> 尾，他深情看著我，問：「這會是妳有興趣的事情嗎？」他刻意用故事說明他的喜好，就是測試我是否也有同樣的興趣。但是──我很尊重天體主義者──我客氣地否認。我喜歡他的故事，但我們合不來。我倒是很難忘記他。

## 要考慮的事實

・**我們的記憶有缺陷（充其量）**。如果你不確切記得某些細節呢？**那天是星期三還是星期五？我當時是八歲還是九歲？他叫喬還是約翰？我是提出離婚之前還是之後收到媽媽的問候包裹？**這時候就要選擇**最有可能屬實**的細節。如果細節與事實不符，是否會影響故事最重要的真相呢？

・**現實生活很混亂**。週二，你確信自己戀愛。週三，你認定這段戀情不可能走得下去，但到了週五，你就訂婚了。你想講述的故事需要提到星期三嗎？沒有這一天的動搖，故事還能成立嗎？如果週三這個小插曲無關緊要，那就不要提，否則只會讓聽眾感到困惑。

・**簡化事實**。如果簡化之後的敘述不會扭曲事實，就可以簡單敘述。如果故事細節囊括眾多不同地點、時間，你可以濃縮成單一場景或地點。例如你的故事提到上教會發生某事，幾天後查經班又有一件事，然後下一次上教會又發生另一件事。出於藝術目的，你絕對可以把所有事情都簡化到**某次上教堂聚會**，以免造成混亂。

・**加以編輯，好讓真相更清晰**。你可能會發現，省略一個人物或精簡事件會讓故事更容易理解。我們需要知道計程車司機聽到整段對話嗎？這個角色會再次出現？他只會登場一次？把人們歸類分組，而不是逐一列出，就能減少混亂：**我的劇院技術人員，會計部的每個人**。或是重新安排一連串事件的先

後順序，甚至可剪掉一大段，丟在剪接室（你從前岳父那裡偷了車子落跑也許很有趣，但如果時間不多，說你開車落跑就行了）。

• **面對、承擔。**反省**你自己**扮演什麼角色，也是故事是否夠信實的原因之一。你做了什麼或沒做什麼，才讓你陷入這種困境？艾瑟姨媽在家人團圓時發脾氣？你有沒有漏掉你二十歲那年開車輾過她腳的那段？展現誠實、受傷的自己，通常能博得信任，讓我們願意為你加油。

• **這種觀點有任何可能嗎？**很難相信你能鉅細靡遺記住你四歲、昏迷或睡著時發生的事情。不要把你在娘胎裡的所思所想當成故事起頭，會讓你的可信度大打折扣。

• **只說自己的經歷和感受。**如果你說某人認為你這樣、那樣等等，聽眾就很難投入故事。他們會停止聆聽，質疑你的假設是否合理。**你怎麼知道他們想什麼？**為了不偏離主題，請說你知道的真實情況：「約翰看著我，我馬上擔心起他認為我是傻瓜」可能更精確。

> **梅格：**某次某個講者說另一個人覺得他很糟糕，我說，**他們告訴你的？**他說，**不是。**我就問他從哪兒聽來，他說，**沒有人告訴我，我只是覺得他們就是這麼想。**所以我說，好，那就這麼說。那是你的感覺，不要將假設當成事實陳述！

「飛蛾」的故事並非虛構，也許更重要的事實是，人類很聰明。當我們認真傾聽時——就像飛蛾投入的聽眾——一旦察覺講者撒謊，就會立刻從故事中抽離。在電影和文學作品中，這種情況有時被稱為「不可靠的敘述者」，這個人以第一人稱說話，對事件的描述似乎經過扭曲、不值得信賴，或是值得懷疑。

只要運用得當，細節不僅能讓故事變得耐人尋味，還能變得驚心動魄、驚險刺激、豐富幽默、多采多姿。細節不只從感官層面吸引聽眾，還能向我們**展示**真實的你，了解你的經歷。

故事是虛擬實境的原版——而且不必動用頭戴式眼鏡。

> **莎拉談家庭故事和藝術目的**：我的祖母哈麗特很會講故事，但事件順序常常略有出入。我會說：「奶奶，我當時和妳在一起，事情才不是妳說的那樣。」她會皺皺鼻子，手指著我說：「我知道，**我加了點料。**」講故事時，有些事情順序可能經過調動。如果這些五彩繽紛的細節得到熱烈迴響，在你說了又說之後，故事越來越大，最後成了不可思議的故事，即使確切發生過也讓人覺得荒誕不經。你可以像哈麗特奶奶一樣為自己的故事加點料，但情節必須是你的親身經歷。即使你往前快轉、省略一個節拍，或稍微調整先後順序，故事的本質依舊屬實。

## 背景故事

當你碰上某件事情，你**忍不住**打電話與朋友分享，請記住，朋友對你知之甚詳——你的背景、觀點，你們共同的經歷——這些資訊都會影響他們對故事的理解。聽眾只知道你提供的背景故事，除非你很有名——即使你很出名，聽眾也對你和你的內心世界一無所知。饒舌歌手代表達瑞爾・DMC・麥克丹尼爾斯（Darryl "DMC" McDaniels）講述「天使」（Angel）時，我們必須知道，他與Run-DMC進行世界巡演時，一直飽受抑鬱症的折磨，而且不久前才發現自己是養子。聽眾必須了解這些資訊，才能充分理解他的故事。

你有無窮無盡的背景故事，祕訣在於找出哪些背景有關聯。講述遭到開除的故事時，很難想像你**不提及**被解雇三十七次的非凡經歷，我們總不可能

聽你從童年送報經驗細數到大企業上班的所有經歷。大部分人本能鎖定最重大、最大膽或最離奇的解雇經驗，但有時最無足輕重的經驗最有影響力，例如你被辭退，不能再擔任孩子小聯盟球隊的商品管理員。也許被辭退不能當義工，比之前任何事情更能說明你的性格和心理狀態。

背景故事可以隨時加入，也可以穿插其中，不必從背景開始交代。一開始就說明**所有**背景故事會讓人聽得疲乏，通常也很無聊。然而聽眾也不想一開始就聽得一頭霧水，他們希望**進入故事**！提供背景就像提供邀請。背景奠定基礎，聽眾才能得到需要的來龍去脈，才能感同身受，理解你的遭遇。

判定如何分配聽眾需要知道的背景故事，也要決定何時分配。有時，你可以在關鍵時刻之前分享背景故事，才能讓聽眾細細品嘗那一刻。有時，先描繪場景，再回頭透露之前的重要背景。好比說：「有人在教堂停車場超我曾祖母的車時，我很擔心。我應該倒帶告訴你們，她一九四四年因為在公共場所說髒話被捕，後來付了三十五美元的保釋金才獲釋。」

在文恩·夏布里（Vin Shambry）的「戶外營地」（Outdoor Camp），他一開頭就說他們母子兩人加妹妹過得很苦，不得不住在大樹下，他還自認是一家之主。接著說到波特蘭每個小六生期盼了小學整整六年的一週：就是與老師、教練在樹林裡的小木屋共度七天。因為我們已經了解文恩的家庭狀況，聽到他描述床鋪、三餐以及單純當個孩子的快樂，我們也為他開心。他不需要提供兩種生活大不相同的大量細節⋯⋯我們也都瞭然於心。

> 我只有兩條褲子和兩條內褲，也沒有錢去自助洗衣。事實上，我甚至不知道是否有自助洗衣店。我去問輔導員。他告訴我，他們會幫我洗衣服、烘衣服，我不需要擔心這件事，在河裡跑跑跳跳也沒關係。我覺得受到照顧。在戶外學校，我無憂無慮。

因為我們了解文恩的背景，更能領略他開心的營地經歷。因為他一開始就說他們一家關係緊密，我們也理解他的故事結局，就是他雖然喜歡露營，但也擔心自己不在，家裡是否安好。

每個故事都不一樣！想想看如何妥善安排你的故事的細節——如果其他方法都失敗，寧可讓聽眾**了解情況**，也不要什麼都不說！

> **認識你：**約會時，如果你只準備了一個「精選」小故事該怎麼辦？有沒有什麼故事可以讓人放鬆心情、展現你的幽默感或冒險精神？我們不是建議你在遇見未來的靈魂伴侶之前過度排練，但為了平撫緊張情緒，你可以準備一、兩個故事。當時覺得意義重大的小決定可能是約會的好故事。想想你曾經做過哪些選擇，才有今天的你。你決定和西洋棋社團的同學一起吃午餐的心路歷程？逐字抄襲克里夫學習指南（CliffsNotes）被逮到？你在鄰居葬禮講冷笑話，結果對方家人很喜歡，因為他們需要好好笑一笑？或是你試圖搭便車的那次？還是領養狗狗法希的故事？你是否連夜從陶斯（Taos）開回巴爾的摩，只能靠重複大聲播放九〇年代流行歌曲才撐過來？小故事可以讓約會新對象（或新朋友！）稍稍了解你。故事激發對談，鼓勵你的對象提問並分享他們的故事。

## 故事鋪陳和收尾

這時就像搭雲霄飛車，聽眾會隨著你所營造的緊張感不斷往上升。你描述了場景、背景故事，場子越來越熱，劇情越來越緊張。但這一切通往何方？最後，可能也是最重要的部分就是故事的高潮：「主要事件」！整個故事都是為了這一刻，我們也是因為這個原因才坐立不安。

## 我們需要一個結局

在故事主要事件中，你直接面對惡龍。這個場景就是能量轉移；故事在這裡拐最後一個彎，你的結局也顯而易見。你達成某件事情，獲得某種見

解，可能贏得或失去你一開始設定的目標。我們現在明白，故事結尾的你與我們剛開始認識的你已經有所不同。

在大衛‧蒙哥馬利的「辣妹」中，大衛破碎的自信不斷累積，直到最後終於見到「高貴辣妹」維多利亞‧貝克漢，也就是以冰山美人形象出名的成員。

我還搞不清楚狀況，就被推到強光下，現在偶像離我不到一公尺，她尖叫：「天哪，是你！」她見到我似乎真的很興奮。她參加這些活動，會坐在小桌子旁，對任何人或任何事情都無動於衷。如果你想拍照，身體就得靠到桌子另一端，從側面跟她合拍一張拍立得。她問我到底看了多少場演出，我拿出二十二張票根的證據，她才相信。她從座位上站起來，牽起我的手，把我拉到紅毯上，說：「你太棒了，我們一定要合照。」我開心爆了。一切突然明朗。大衛，你知道嗎？你不是最好死了算了。在辣妹樂團的世界之外，你可能也很特別。

想一想你要如何說明你碰到什麼改變。故事怎麼收尾？你最後得償所願嗎？或者你──我們無所畏懼的主角──又回到原點，準備重新開始？

在「有罪」的結尾，其他陪審員親切地向妲努西雅‧崔維諾解釋。

他們有十一人，每個人都來跟我談。他們並未說我錯了，而是說他們理解我的想法，但他們不認為檢方會無的放矢。最後還是無法說服我，他們就請那位老紳士來跟我談。他坐在我對面，非常溫柔地說：「也許有一天，你深愛的人會碰到這種狀況。他們看似犯了罪，其實無辜；所有人都是清白的，除非超出合理懷疑而被證實有罪的這條法律能拯救他們。法律並不完美，但我們今天在這個法庭就得遵守這部法律。所以請妳想一想。」他們竟然為這件事投入這麼多心思，因此我改變投票結果。

當初妲努西雅認為陪審團的工作毫無意義，而且受到操弄。後來其他陪審員的道德觀改變她的想法，她以前可是認為他們「古板」又心胸狹隘。最後她對這個制度，尤其是陪審團同事產生新敬意。

在喬治‧隆巴迪醫生的（Dr. George Lombardi）「印度行」（Mission to India）中，結局發生在他為德蕾莎修女開刀時，就在那奇特又崇高的一刻。

我說：「我們取出心律調節器吧。」他們看著我說：「你要拿出來，就得自己取出來。」我說：「我沒做過這種事情。」我找來護理長和皮優導管組（basic tray），幫病患做好術前準備。心律調節器的盒子很容易取出，但是那根電線，那根在她右心室待了幾個月的電線，拴得緊緊，動也不動。我扭來轉去，做了各種細微的動作。這東西卡住了，我開始冒汗，眼鏡起霧。聽說如果用力拉扯，就會在心室上留下一個洞，血液會流進胸腔，病患幾分鐘內就會死亡。在這個超現實的時刻，我向德蕾莎修女祈禱，為德蕾莎修女本人祈福，導管鬆開了！我把它取出來。我用導管尖端進行細菌培養，證明這個心律調節器就是害她發炎的原因。她好多了，也退燒了。她終於醒轉。幾天後，她已經可以坐在椅子上吃飯。

隆巴迪醫生描述為德蕾莎修女的心臟開刀時的緊張感，讓我們一起體驗這個關鍵時刻的情勢。取出電線後，他進行了最後試驗，證實他最初的診斷。隨著德蕾莎修女退燒，我們也如釋重負，故事自然而然來到尾聲。請注意：這個高潮通常出現在故事的結尾，但也可以另外作安排。故事這些跳板如何編排，完全取決於你。

~~然後我才發現~~（對，這是故意劃掉。）

按照故事發展得出結論，並不表示你應該說：「然後我才發現⋯⋯」無論如何，請避免說到這句話。人們通常會以「然後我才發現」或「那一刻」，暗示故事的變化。雖然對於我們這些講者而言是理所當然，但是人生中的重大時刻往往不會立即改變我們。有時是激發改變的催化劑，是骨牌陣仗當中的第一張。我們可能事後才意識到某次經歷的重要性。

其實你當下可能**沒**意識到。你需要多年的靜坐、令人不愉快的表親身

亡、離婚，才**真正**恍然大悟。從自行車遭竊說起是個好開頭，但是硬把當時沒想到的啟示塞進去，只是糟蹋你的故事。想些有效又真誠的措辭。「我接受多年的心理諮商，經歷兩次失戀，才⋯⋯」、「有時真不知道那是不是⋯⋯」這麼說更真實，甚至可能更有趣！

　　妙嚕：你可以丟掉「然後我才發現」或「在那一刻」，故事依然精采！

　　醫生說我需要移植腎臟時，我男友立即自願捐腎。這一刻，我才發現他愛我。他如此愛我，竟然願意不顧危險。

　　我們攻頂之後，我可以看到幾哩遠。我並不害怕。突然間我發現，在登山途中，我已經一一擺脫了恐懼。

　　或者可以用更多篇幅描述你的轉變。額外的細節就像螢光筆。稍微打點事情發生的那一刻，塗點睫毛膏或打個領結。

　　我很緊張，但我告訴他，我要搬出去。

　　或是：

　　我猶豫不決，不知道要不要讓他知道我要搬出去。每個週末，我都會偷偷搬一箱最珍貴的物品到倉庫。我付了搬家貨車的頭款，確定搬家日期，才有勇氣告訴他。如果計畫不牢靠，或還沒執行，他也許有辦法說服我放棄。

　　都是同一件事，只不過後者經過精心打扮。它引導聽眾：看這邊！
　　對現在的你而言，有時故事中的變化感覺並不真實。「那是很久以前，我變了。後來又發生了許多事情！以前我醒著就只想在網球場上打敗自以為是的尤蘭達，現在不同了。」你可能早進入另一個階段（我們希望如此），甚至都不記得尤蘭達。但那段時間可能還是有個精采故事！讓自己回到那段

時光,也許換個角度就知道你當時為何如此看重那件事。你已經成熟、長大,但你對電玩和打敗尤蘭達的熱情可以繼續燃燒。(放馬過來吧,尤蘭達!)

故事可以停在你在特定時刻的感受。我們的人生會經歷許多改變,一個故事結束,另一個故事又展開。

現在的你,就是集過去每個故事之大成。

> **申請大學和補助金的個人故事**:「飛蛾全球社群計畫」的畢業生兼講師坎蒂・恩維嘉(Kendi Ntwiga)講述她如何遭到當地學童欺負,但夜以繼日努力取得高分,最終成為村裡的英雄。她用這個故事為她的組織爭取每一項補助金,該組織鼓勵年輕女子進入STEM[36]領域。這個故事幫助潛在的贊助人了解她的動力,了解她對下一代的承諾。她說:「有鑑於現在申請人數眾多,一開始就講述個人故事,有助於你脫穎而出並入選。」艾莎・羅德里格茲(Aisha Rodriguez)、蒂亞薇安・華特斯(Diavian Walters)和無數「飛蛾」高中研討會的畢業生都用他們的「飛蛾」故事申請大學,藉此展示他們的個性和世界觀。能否成功申請上大學的結果牽連廣大,請告訴心儀的學校,你在人生另一個領域曾經面臨的情勢,最後又是如何克服難關!

---

36 科學 Science、技術 Technology、工程 Engineering 及數學 Mathematics 四大領域的縮寫。

## 指導員的提醒

- 確定建構故事發展需要哪些重要資訊。建立故事每個跳板的簡報。哪些是場景,哪些會成為概述或反思?整個故事的主旨是什麼?最後如何解決?切記,不必仔細描述每一項——你可以跳過幾個!

- 一旦確定哪些跳板可能成為故事場景,就決定如何將它們以電影方式呈現。說出來,我們才能一起看到畫面,身歷其境。有些故事可能有許多小場景,有些可能只有二到三個,不要忘了,故事的鋪陳往往只是為了一個關鍵場景。

- 確保自己置身當下,以當事人的角度描述場景。帶領聽眾一一經歷那些事件,就像當時你自己親身經歷。避免從事後諸葛的角度敘述。

- 哪些細節會讓場景(以及整個故事)令人難忘,而且專屬於你?從你的感官描述。選擇具體細節突出重要時刻,營造感情,在故事中製造緊張感,但不要加入太多分散注意力或太過寫實的細節,以免聽眾感到困惑。如有任何疑問,重新檢視你的**一句話**,確定這些細節是否支撐故事的發展。

- 為了讓聽眾理解故事背景,是否需要插入或穿插重要的來龍去脈?

- 敘事弧如何收尾?你要如何說明故事如何改變你?可以**告訴我們**,現在的你和故事開頭的你有何不同嗎?

# 第 6 章 放大情感

> 你沒有感覺，聽眾也不會有感覺。
>
> ——珍妮佛・希克森（Jenifer Hixson）

我們是有情感的動物。我們會懷念人、地方，感懷童年。我們在婚禮上哭泣，因為驚喜而狂歡。我們熱烈追愛，也哀悼傷慟。除了深富說服力和無形的故事構造，**情感**是聯繫講者和聽眾的膠水。

情感是我們的共通之處。傾聽沒有感情的故事，就像聽大聲朗讀的說明書。

你的故事探討人類都有的情感，只是用你獨特的方式講述。聽眾會知道你願意坦露心聲。

> 「飛蛾」財務總監瑪麗娜・庫魯茲（Marina Klutse）：每一段旅程都獨一無二。我們的故事獨特、複雜、略有出入，但我們往往能從他人的反思找到一部分的自己。

深淺不一的情感為所有事情增添色彩。就拿簡單的句子為例：「我希望他過來。」現在，請依據你當時的心情思考這句話：暴躁、悲觀、懷疑、痛苦、羞愧、欣喜、振奮、專注、準備妥當、開心、焦慮、驚愕、憤怒、疲累、沮喪、自信、崩潰、精神百倍、倍感珍惜……等等。我們所有最愛的故事都能讓聽眾感受到眾多情緒。

> 「飛蛾」講者阿方索・拉卡約（Alfonso Lacayo）：我參加過「飛蛾」第一屆高中故事擂台，聽到同齡人的經歷，讓我對事物有了不同的看法。你永遠不知道別人的經歷，不知道他們可能有什麼痛苦，又如何從痛苦中成長茁壯。

加深情感，就能讓人們體驗你的遭遇。他們可能靜靜發揮同理心，也可能對聽到的內容呈現生理反應——他們可能不寒而慄、流淚或哄堂大笑。透過分享你過去的感受，就是與聽眾建立當下的情感交流。

即使是某種情緒的簡單描述，也能讓聽者會心一笑。

> 大約兩小時後，我的室友回來。喜樂是很難界定的概念，但你一看到就知道。我在室友的眼裡看到喜樂，這傢伙顯然對某件事情感到興奮。
> ——阿肖克・拉馬蘇布拉馬尼安（Ashok Ramasubramanian），「喜樂」（Joy）

沒有情感就不可能有情勢。危在旦夕的事情與你的情緒息息相關：尷尬、欣喜、恐懼。讓我們**感受**你當時的心情。

佛里梅特・葛伯格（Frimet Goldberger）在「我的捲毛鬢角白馬王子」（My Knight in Shining Side-curls）中，談到她第一次去佛州水上樂園遊玩，她提供以下細節，她在那裡打破猶太教養的端莊矜持：

> 那是個陰天，天氣悶熱，我第一人穿冰衣。我戴著長及下巴的假髮，用洋基隊遮陽帽固定。我們穿過樂園，我跟在丈夫後面，目不轉睛地盯著一群膚色健美的比基尼美女。我的胳膊交替地擺在胸前、大腿、膝蓋或手肘，最後我意識到自己幾乎是赤身裸體，我恍惚又害羞地遊蕩。我的不安如此明顯，不斷提醒我正在犯下滔天大罪。我覺得周圍的人都看得出我有多羞愧。

佛里梅特描述她在這一刻感覺多脆弱，將我們領入緊張氣氛中。每一次遮掩身體徒勞無功，我們都能感受到她的羞愧和尷尬。

在「靜靜的火焰」（Quiet Fire）中，菲麗絲・鮑德溫（Phyllis Bowdwin）遭到街頭藝人襲擊，最後震驚地走開。

> 我剛剛在街上被陌生男人遮住眼睛、霸凌，他還在其他陌生人的贊同下公然侵犯我。一想到我沒辦法保護或捍衛自己，我就覺得弱小無助，甚至想哭。

菲麗絲分享她的情緒。我們和她一起陷入絕望，所以她最終策畫復仇、付諸行動，才教人格外心滿意足。聽眾的喜悅之情溢於言表，因為那個默劇演員活該！故事最後讓人覺得大快人心。

雖然少有聽眾遭到默劇演員欺負，但大家都了解被羞辱到無法動彈的感覺。聽眾也許從未報仇討回正義，但他們看到惡霸罪有應得，也知道那種心情有多痛快。

場景有助於探索自己的情緒。當你積極回憶你所描述的那一刻，聽眾可以從你的用詞遣字和聲音聽出你的心情。

講者允許自己脆弱，承認自己的缺點和焦慮，展示自己不太光彩的一面，就能讓聽眾看到自己。以瑪莎・魯伊茲—佩里拉（Martha Ruiz-Perilla）的「敵對的力量」（Opposing Forces）為例。身為牙科學生的瑪莎被迫在槍口下進行複雜手術。

> 當時我渾身發抖。我大概知道該進行的程序。我在書上和口腔病理學課的巨幅幻燈片中看過。但我從來沒做過，這真的是第一次。但我知道，如果我切錯位置，碰到面部該區域的神經，可能會導致這個孩子半邊臉終生面癱。我還知道，如果感染繼續惡化，這個孩子可能因為敗血症過世。我也知道，軍隊若得知醫院有叛軍，隨時可能衝進來。到時雙方交火，等到中午，我就會成為傷亡人員。

這一段的情緒也提高故事情勢。聽眾能感受到緊張的氣氛,也能體會危險何在。

那個一直拿槍指著我的指揮官打破沉默,他說:「快好了,mi hijo(兒子)。」我嚇呆了,那時我才發現,我懷裡抱的是誰的孩子,他是指揮官的兒子,我不能搞砸了,我必須把這件事做好。如果這孩子惡化或死了,這傢伙一定會回來找我,我非常確定。

描述事物的外觀或聲音是一回事,但是當你用情緒強調,你就帶領我們體驗你當時的真實感受。**否則**,聽眾可能會誤解你的真實經歷。想想這個句子,「我簽了離婚協議書。」也許你很高興:終於自由了!如果你不分享情緒,聽眾可能以為你大受打擊。

丹麥的科學家進行研究,探討聽故事如何影響聽眾的情緒和生理反應,尤其是描述情緒的段落。刊載於二〇一一年十月的《神經影像》[37]期刊的研究結果顯示,聽眾的心跳可能加快;他們可能會有表情反應、瞪大眼睛或眨眼次數增加;手心甚至可能出汗。這些現象都顯示聽眾對故事投入感情。

> **莎拉談約會:**第一次約會時,我和對方聊到我們的工作,他說他小時候的夢想是成為消防員。隨著年齡增長,每個人都勸他打消念頭,於是他上了大學,成了工程師。他的父母以他為榮!但日子一天天過去,他內心深處知道自己做錯選擇。他將近三十歲時,辭去工程師的工作,告訴家人,他通過公務員考試,申請到消防學院,他

---

[37] 作者註:「傾聽故事情緒張力強的段落時,杏仁核和心率變異反應」(Amygdala and Heart Rate Variability Responses from Listening to Emotionally Intense Parts of a Story),Mikkel Wallentin、Andreas Højlund Nielsen、Peter Vuust、Anders Dohn、Andreas Roepstorff 與 Torben Ellegaard Lund 共同發表於《神經影像》(Neuroimage)期刊第五十八卷第三期(二〇一一年十月)的第九六三至九七三頁,doi:10.1016/j.neuroimage.2011.06.077。

> 們並不認同。他們提醒他這份工作的危險，但他認為當消防員是他的天命。他說他全心投入辛苦的訓練，畢業後光榮進入紐約消防隊。他說，無論如何，他都不會放棄這份工作。現在最支持他的人就是他的爸媽——而且他是終生紐約消防隊員。後來他第二次約我出去。（我**當然**答應，拜託，這個故事太令人感動了！）約會時，說說你自己的事情。邀請別人進入你的內心世界。簡短的個人故事可以舒緩緊張情緒，幫助可能對象更親近你。

我們有許多人以為掩飾情緒是生存技能。人們說：「忍住，不要亮出底牌，不要示弱。」然而對講述故事而言，將全部情緒攤在桌上，最有力量！

> **「飛蛾」講者亞利斯泰・班恩**：如果講故事讓我覺得脆弱，那是因為我展露真實的自我，敘述某個人生階段的經歷。我展露真我，聽眾才會產生共鳴。如果我有所保留，我和聽眾就有距離。如果創作故事時，我覺得安全，講起來很自在，我就知道探索得不夠深入。

講故事時哭泣、發抖、哇哇叫、大發雷霆或高唱哈利路亞都沒問題。其實我們通常不鼓勵你唱歌，但如果你真的喜歡高唱哈利路亞，適度、恰到好處的哈利路亞也無傷大雅。（不建議初學者，而且麻煩了，每個故事只能喊一次。）

## 幽默

講故事時，幽默是既誘人又棘手的力量。幽默可以放大感情，也能推開感情。

人們常用幽默保護自己，以免感到脆弱。他們會在緊張時刻加入笑話，聽眾突然不知道該作何感想。到頭來可能是推開聽眾，而不是拉近距離。幽默可能逗得我們發笑，但可能是因為困惑又不自在。問問你自己：我的笑話與故事發展密不可分嗎？我是否有所逃避？是否干擾聽眾（和我自己）遠離更宏觀的真相？

多年來，我們聽過許多傷心和悲痛的故事。有時講者會說：「真希望我的故事風趣幽默，我怕害大家難過。」

我們懂！笑聲代表得到肯定。為人們帶來歡樂，讓大家開懷大笑很令人開心。

但你不能強加笑料。硬把笑話塞進悲傷的故事可行不通。

許多故事都有不同程度的幽默，即使是悲傷或不幸的故事，因為人生古怪又充滿意外。幽默可以是你所記得的細節、你的觀察以及這一切的荒謬之處。

我們碰上滑稽的事情會大笑，緊張或壓力太大，我們也會笑。笑聲可能來自不可置信，來自憤怒，來自同仇敵愾，甚至來自悲傷。笑可以釋放壓力，無可忍受的事情突然變得比較好過。有些事情太糟糕，你不得不笑——**我真的在挑選母親棺材時收到停車罰單？**

（本書作者進行非正式、不科學的普查，結果證明，我們每個人都能想起最親的家人的葬禮或臨終前的搞笑事件。五個人當中就有五個。事實不會說謊。即使最悲傷的日子，也有輕鬆的時刻。）

在安卓莉雅・金・科利爾（Andrea King Collier）的「見過邁爾斯」（Meeting Miles）中，她敘述自己得知驚人消息的反應，就是兒子剛當上父親，而且完全沒向她提起。

聽到這個消息，你會怎麼做？去塔吉特百貨……因為你可以在「塔吉特」解決很多狗屁倒灶的問題。

你可能會發現，過去某件嚴肅又重要的事情，甚至在當時給你帶來壓

力，卻在你拉開距離之後，成了爆笑故事。

比如蜜雪兒・墨菲（Michelle Murphy）的「你知道你買這個給誰嗎？」（Do You Know Who You're Buying This For?），故事描述電話詐騙案件，對方則佯稱是聯邦探員。

這位「聯邦探員」告訴我，有一部登記在我名下的車輛在德州失竊。有個女人失蹤，車子撞毀，車上發現失蹤女子的血跡和八磅古柯鹼。我心想，「ＸＸＯＯ哩！」我十年沒去過德州。我妹是住在那裡，但我絕對不可能殺了她，狂吸相當一個寶寶體重的古柯鹼，那不是我的風格，這件事讓我很難過，我開始哭，心想，「太扯了。不是我，靠，不是我幹的。」

他們說：「好，第一，妳必須完全照辦，不能告訴任何人，因為這是聯邦等級案件，我們不想牽扯到州政府。」首先，什麼鬼？第二，我已經用Slack（即時通訊軟體）跟八個同事說「我正在接受聯邦調查。」他們這麼說，我心想，「好好好，從現在開始，我不會再犯法，我會保密。」我爸甚至下樓問，「妳跟誰說話？」我說：「走開啦，爸！這是聯邦調查案件！」我可是很嚴肅。

在「好消息與壞消息」（Good News Versus Bad）中，愛琳・巴克（Erin Barker）在十二歲的家變中找到幽默。

因為我和爸爸關係很好，我知道冰淇淋背後的意義。每次爸爸有壞消息，都帶我們出去吃冰淇淋。這是他的一貫作風，千萬別跟我爸去「酷聖石」，絕對不要去。除非你想知道外公得了癌症，或者你的狗安樂死，或你的保姆因為偷你媽的珠寶被開除，總之，別去就對了。

不是每個人都天生幽默。當你無意中發現自己故事中的「笑點」時，也許你會大吃一驚。幽默體現在細節或反應的情緒中。幾乎一定真實、自然地融入其中。你的故事要遵循你平時的談話風格和節奏。

我們看過搞笑博得滿堂彩，也看到過搞笑撞得滿頭包。我們無法教你如何搞笑，但我們**可以**幫你釐清如何（以及是否！）運用幽默，以及何時又該不惜一切代價避開。

> **可以說的敬酒詞**：如果你被選中在席間敬酒，每個人都知道你與敬酒對象有關聯。說說對方可能不為人知的可愛之處，你敘述的細節可以讓此人更活靈活現，你可能提醒大家他們進了那球，籃球賽才能延長；感謝他們堅持讓你向右滑，留下養蜂人；或是深情地透露，妹妹三歲時有兩個月都堅稱自己是貓咪。
>
> **不能說的敬酒詞**：這時不適合一一列舉對方的缺點。溫和的揶揄可能沒問題，提啦啦隊表演失敗的舊帳可能很搞笑。但這也**可能**揭開尚未完全癒合的傷口。（別惹啦啦隊，他們可是能把人舉起來！）如果你要吐槽，也要說得逗趣，而不是大酸特酸。是啦，你弟向你媽告發你倒車撞到鄰居的車，你很氣他害你被禁足，不能演出高三舞台劇《瘋狂理髮師》。也許你會把這些事情寫進伴郎致辭。一般而言，如果你被選中敬酒，你可能很愛新郎（即使你仍然想刮他的鬍子）。你可能會酸他幾句，或分享你們兩人鬥嘴的故事，但多數祝詞還是一連串溫馨的故事。

## 哏在哪裡？

我們在現實人生可能都有這種經驗，要拉攏別人站到你這邊，最簡單的方法就是幽自己一默。這表示你信任聽眾，還能營造親密感。

> 「飛蛾」講者崔莎・米契・柯本：那是二〇一二年，德州奧斯汀派拉蒙劇院的活動門票全數賣出。這是我第一次參加「飛蛾舞台」，

> 我是最後一個上台。我很焦慮,甚至問指導員,能不能讓我排在最前面,我就不必等到最後。等待名字被叫到時,我有種靈魂出竅的感覺。主持人介紹我出場,我起身走向舞台。我必須爬上六個台階,卻在第三階絆倒。我的手向前伸,在臉貼地撲倒之前煞住。我聽到聽眾席一片驚呼,我站起來,轉身面對聽眾,腦中有個聲音說:**敬禮**。我彎腰鞠躬,全場爆發熱烈掌聲。他們開始叫好、歡呼。我站在舞台講述我的故事,在場每個人彷彿都是我最要好的朋友。

在「醜髮型」中,阿方索・拉卡約對聽眾說話的口氣,就像大家都是朋友。隨著故事的發展,他讓我們一窺他的內心世界。

表哥開始幫我剪頭髮,旁邊沒有鏡子。你上理髮店,店裡會有大鏡子。你理髮時,就可以抬頭看。我喜歡,很好看。當時旁邊沒鏡子,表哥大概剪了二十五到三十分鐘,他突然停下,對自己的成果感到自豪。他說:「靠,好了,包在我身上啦,小兄弟。」他跟我擊掌。我站起來,心想,「好,可以上學了。」

但我知道不對勁,因為我一踏進屋裡,另一個和我年齡相仿的表親看著我,然後開始歇斯底里大笑,滿地打滾。我喜歡玩笑,我也想知道什麼事情那麼好笑。於是我去廁所照鏡子,簡直不敢相信自己的眼睛。我的新髮際線很高,前額閃閃發亮,就像擋風玻璃。如果你仔細看,還能看到你自己。太扯了,我的額頭閃閃發亮。

事後回想,有時最脆弱的時刻,其實有許多笑點。在「也許」(Maybe)中,潔西卡・李・威廉森(Jessica Lee Williamson)本來要演唱音樂劇《安妮》(Annie)的歌曲,她幫助我們笑著聽她敘述那起超糟事件。

三年級時，我決定在學校才藝發表會演唱〈也許〉。上台的那一刻，我發現自己也在思考某些「也許」。我主動要求對著幾百人獨唱之前，也許應該好好想過。也許主動要求對著幾百人獨唱之前，應該費心背好歌詞。我一生看過這部電影五、六遍，竟然以為這就夠了。所以我只關注唱這首歌時的感受。我只問重要問題，例如「我應該戴鬈鬆假髮，還是剛燙的短髮就可以？」播音系統放出這首歌曲的伴奏版。每當下一句歌詞響起，我都會深呼吸，鼓起勇氣，彷彿就要開口，以為自己可以振作起來。各位，我一句也沒唱。我就站在那裡哭了兩分半鐘，聽眾只能默默驚恐地看著我。

這不代表你非把自己當笑點不可。承認自己的缺點或一次的失誤，是引起共鳴的方法——誠實描繪你有趣的那一面，坦率面對完整的你。有時，甚至會讓人充滿自信。在「現代家庭」（Modern Family）中，莎拉・巴倫（Sara Barron）不知道自己是否應該對丈夫的前妻更寬容。

但我最糟糕的那一面……其實我只有這一面……真心希望她快滾。

但是俏皮的自嘲不是用別人攻擊你的言論或觀點貶損自己，兩者之間僅有一線之隔。如果某件事情導致你遭人鎖定或霸凌，你為了保護自己，輕描淡寫，反而會傷害你和其他有類似經歷的人。

漢娜・蓋茲比[38]在「網飛」創新的特別節目《最後一擊》說：「你知道對邊緣人而言，自貶是什麼意思嗎？那不是謙虛，是恥辱。」

幽默應該來自於坦率，在你的經歷和聽眾之間搭起橋梁。如果你發現自己分享私事是為了逗聽眾發笑，或是你其實不覺得自己分享的事情很好笑，那就換個方法。你的故事應該與聽眾建立連結，但絕對不能以犧牲你自己為代價。

---

38 Hannah Gadsby，澳洲脫口秀諧星。

## 好個角色

如果運用得當,幽默可以展現你的觀點,深度刻畫故事中的人物。布萊恩・芬克斯坦(Brian Finkelstein)在「破碎的心」(Broken Heart)中說:

我高中之後就沒做過體檢,大概有二十五、三十年了,因為奶奶總說:「不要看醫生,因為他們會發現問題,然後你就死翹翹。」這個想法很瘋癲,但是……奶奶活到九十九歲。

為了展現人物的複雜性,你可以選擇同時以嚴肅和輕鬆的細節刻畫這個人。比如提格・諾塔羅(Tig Notaro)的「R2你在哪裡?」(R2 Where Are You)。

小時候,我會把房間弄得一團糟,就像其他同齡孩子一樣……我必須在限定時間內整理完,瑞克(我的繼父)會進來,把沒收好的玩具丟進大垃圾袋,然後鎖進後車廂。我就得做家事賺錢,把玩具買回來。我知道,聽起來很嚴格,的確也是。但是老實說,這些玩具的標價很公道。星際大戰千年鷹號(Millennium Falcon)、特技演員「埃維爾・克尼維爾」(Evel Knievel)發條玩具,還有絨毛猴子,每個只要五分錢就能買回來。非常合理。

瑞克並不殘忍,所以提格的詼諧讓聽眾鬆一口氣,讓我們開懷大笑。
也可以看看妲拉・克蘭西(Tara Clancy)在「月亮和星星的談話」(The Moon and Stars Talks)中揶揄家人。

我是第五代土生土長的紐約人。這一點固然很酷,但也有缺點。我想過,當初有許多家庭也在紐約登陸,但多數家庭到了某個階段,即使衣衫襤褸,也會繼續向西開拓。但我的祖先下了船,走兩步,覺得「這裡夠好了」,然後哪裡也不去。總之,對我們家而言,紐澤西就代表新大陸。

這段幽默的話清楚點明，雖然妲拉與家人的關係可能很複雜，她也深愛他們。

在菲爾‧布蘭奇（Phill Branch）的「如果西裝合身」（If the Suit Fits）當中，他為畢業舞會準備過了頭，還幫女伴設計相搭配的服裝。雖然他把當時的狀況說得很逗趣，卻揉合了青春期各種複雜情緒。他以成年人的視角，幽默描述年輕的自己。

我為了幫女伴選定造型，翻遍當時所有熱門時尚刊物。我看了西爾斯百貨、斯皮格爾（Spiegel）、ＪＣ潘尼（JCPenney）的目錄，最後決定讓她穿上魚尾裙洋裝，衣服上還要有我西裝的材料，因為我的西裝是基底。她的上半身會有粉紅蕾絲花邊，一定棒呆。我不會畫畫，也不會縫紉，只能拿著塗鴉去找我的裁縫，也就是我朋友的媽媽。我說「妳做得出來嗎？」她說：「當然，只要給我布料和你看上的材料，我一個禮拜就做得出來。」我說：「好極了。」計畫就此敲定。

我沒想到舞伴會不接受我設計的畢業舞會禮服，而且黛娜一點都不開心，所以就甩了我。

聽眾上一秒還和講者一起開懷大笑，下一秒就能感同身受，這個過程很痛快。如果你收聽菲爾的故事，可以聽到全場聽眾聽到分手時，一起發出同情的「啊」。他繼續說：

我不能說我十六歲還沒出櫃，因為我並未意識到自己是同性戀。顯然我是百分之百的同性戀，以致完全沒想到，為舞伴設計在燈光下閃爍粉紅光澤的白色緞面禮服，就是我的出櫃成年禮。

黛娜當我女友的那一整年，我很開心。我可以加入男生的行列，擁有其他男生所擁有的東西，擁有同樣的未來，以後或許也能結婚，過著同樣的人生。我覺得自信滿點，因為我從未有過這種感覺。她甩了我之後，我也同樣覺得強大，因為分手就確定我心裡開始醞釀的感覺，我果然有毛病，我很難過。但我有五十碼綢緞，總得有人穿。

> **關於在晚宴結交新朋友，凱特說**：大學畢業後，我搬進羅德島紐波特維多利亞式大宅的閣樓，我和其他受雇扮演一八九一年亞斯特[39]家族的演員住在一起。我們著迷於研究維多利亞時代的生活，那個時代最討我們喜歡的傳統就是「轉桌」。正式晚宴的座位安排非常講究。同時赴宴的夫妻永遠不會坐在一起，賓客只能與鄰座交談，這道菜和左手邊聊天，下一道菜就換右手邊，來回輪流攀談，直到甜點上桌。漫長的晚宴結束之後，主人希望每位客人都能交到兩個新朋友（或者得到更多收穫！）。這種晚會教人期待。下次參加餐會，不妨學學亞斯特夫人。叫車回家途中再和室友聊天，席間就從陌生人身上挖掘新故事吧。

## 心痛也要微笑

戲劇面具體現喜劇和悲劇，原因其來有自。笑聲帶來歡樂，也能打破情緒高漲或恐懼驚怖時的緊張氣氛。假設你剛鼓起勇氣要告訴孩子，你的癌症復發了，聽眾想到你的孩子會傷心欲絕，就覺得害怕。就在你準備開口時，鄰居家的狗開始對著月亮嗥叫，導致其他鄰居的狗也開始狂吠，最後一大群狗狗瘋狂大合唱，整整三分鐘都沒停，你們每個人都忍不住大笑。這是悲劇場景中的歡樂時刻，複雜卻動人，也讓人更堅韌。

> **丹尼爾・特賓（Daniel Turpin）**：幽默是心裡的救生筏。推理和理性帶我們前進的距離有限。你可以用頭腦理解、原諒或抑制行為。但是少了幽默，我不確定你能否走出悲劇。

---

39 Astor，亞斯特家族在十九、二十世紀在美、英的商業、社會和政治領域取得顯著成就。

有時，講故事的人和聽眾都要在痛苦或懸疑之下喘口氣，這時幽默就像減壓閥。這些時刻無法憑空捏造。我們永遠不會建議講者：「在那場驚心動魄的追逐情節中，安插一個椒鹽脆餅的笑話如何？」絕對不可能，但我們和講者討論情緒飽滿的故事時，他們會分享意想不到的細節，逗得我們哈哈大笑。

　　在「好與壞」（The Good and the Bad）中，丹尼爾・特賓描述了與竊賊發生驚險口角之後的餘波。

　　我拿起電話，撥了911。我走到門口，看到超現實的畫面，這個男人跑過我的院子，這個男人威脅我的生命安全，還傷害我的母親，我覺得我能抓住他，我比他跑得快。但我知道他有槍，所以我告訴了警方，我描述他的長相和穿著，還描述了他藏在樹叢後方的車。看著他開走時，我做出另一個決定，我要追上去。我跳上卡車，衝出車道，警方還在線上。後來電話突然斷了……因為那是室內電話。

　　他的故事也包括這個愚蠢又意外的細節，經過緊張的段落之後，我們感受到笑聲帶來的輕鬆。幽默是故事的本質——是真實發生過的事情，日後回顧，只覺得令人發噱。這個細節也透露，儘管情勢緊張，他們母子最後應該沒事。

　　共同歡笑的時刻就像講者送給聽眾的禮物，為雙方建立情誼。幽默就像你的悉心照顧，讓他們在情緒激動之餘暫時鬆口氣。

　　在「領頭狼」（The Alpha Wolf）中，伊莉莎白・吉伯特（Elizabeth Gilbert）在她的伴侶蕾雅（Rayya）臨終床榻前，與蕾雅兩位前妻相聚。

　　我們來到臥室，吉吉放了肅穆的音樂，史黛西點了蠟燭，我們三人躺在床上，用身體環抱著她。只要她還能聽到，我們輪流說出她該知道的事情。我們說我們愛她，說她多麼不可思議，說她的一生是多麼燦爛、豐富，說我們愛過她、被她愛過，再也不一樣，說她以她的力量堅強了我們的心志，說我們會永遠愛她，說我們會永遠提起她的名字，永不停歇。接著，一片寂

靜，宇宙某個遙遠未知之處似乎開了一扇門，有一條無窮無盡的河流淌入我們身邊，我們可以感覺到，那流水緩緩將她帶走。這時蕾雅睜開眼睛：「靠，妳們在幹麼？」我們說：「沒事沒事。」她問：「怎麼回事？」我說：「絕對不是來陪妳走完最後一段，不是。」我們擦掉眼裡的薄霧。她說：「寶貝，史黛西和吉吉為什麼在我們床上？」我說：「沒有啊，她們剛好⋯⋯送信過來。」

伊莉莎白領我們深入這一刻，我們幾乎和她一起屏住呼吸，蕾雅說話時，我們（和伊莉莎白）有機會喘息，稍微放鬆，再迎向蕾雅不可避免的死亡。否則我們很難長時間忍受這種緊張氣氛。

## 製造笑料可能有害無益

故事中的幽默絕不能讓人覺得勉強、做作或生硬。你是身臨其境，還是**刻意精雕細琢**？聽眾可以察覺兩者的差別。

如果你發現自己添加的細節只是笑話，無法讓我們深入了解人物、地點，也不能推動故事的發展，你很可能就過度設計故事不需要的題材。即使是頂尖諧星也得學習這一課。

> **關於與諧星迪昂・弗林（Dion Flynn）合作，珍妮佛說**：即使是經驗豐富的「飛蛾」主持人，也會忍不住加入太多笑料。迪昂・弗林在他模仿歐巴馬的故事中安插許多笑話，我建議刪掉幾個，不是因為不好笑，而是因為太多了。有些笑話可以輔佐故事，有些則讓人分心。講到一半時，迪昂先撇開故事，示範他如何模仿歐巴馬的聲音。超級耍寶，而且有關聯。如果有趣的離題笑料太多，不是讓故事這輛車的輪胎漏氣，就是讓聽眾迷失方向。我們現場彩排時，

> 迪昂決定試講我建議他刪掉的笑話。現場鴉雀無聲。不過他有一點值得稱讚，他講完之後說：「這個笑話不成功，我要刪掉！」（反而引得全場大笑。）乍聽之下好像不可能，有時笑話少一點，到頭來更有趣。

喜劇演員對「飛蛾」愛恨交加，因為這種表演形式對他們是一大挑戰。搞笑藝人習慣用笑聲衡量成功與否。很難說服他們相信放棄一些笑話，故事就有所**改進**。

多年前，某次「飛蛾舞台」剛好有許多諧星和編劇參加，指導員給講者的筆記幾乎**都是**他們應該刪掉的笑話。喜劇演員**最**看重的是笑話，**其次**才是故事情節。

> 「飛蛾」主持兼講者麥克・畢比利亞：我們會刪掉笑話，丟在剪接室，即使是我們喜歡的精采笑料，因為笑話必須與故事相關。如果笑話有助於故事發展，那就像是最幸福的婚姻，否則就是彆扭的戀情。

對喜劇演員而言，學著愛上沉默又是另一個障礙。他們必須大幅調整心態，因為這些人透過每分鐘的笑聲精進自己的技藝。

> 「飛蛾」主持兼講者哈桑・明哈吉（Hasan Minhaj）：這麼多年來，我一直表演脫口秀。我就是在「飛蛾」學會欣賞靜默。表演喜劇時，注意力放在鋪陳和笑點，但在「飛蛾」，我可以開始談論其他強大的情感：愛、痛苦、悔恨、屈辱。你能把聽眾帶到多高，就能把他們拖到多低。

聽故事的聽眾可以一起默默傾聽，也能一道開懷大笑，兩種情況都非常親密。當你學會在故事沉重段落理解現場氣氛時，就能憑直覺感受。這是一種有力的寂靜，我們後來稱之為「聽眾湊近的聲音」。

## 如何不搞砸笑點

考慮故事中的笑料時，需要注意以下幾點：

- **笑話不要講太快**……你開玩笑時，聽眾會做出反應（希望！）。給他們反應的時間，不要急。如果你滔滔不絕，不稍微停頓（人們一緊張就有這個傾向），聽眾就聽不懂你說什麼。如果一直這樣下去，聽眾會擔心他們錯過更多段落，就會減少笑聲，以免錯過**你說的話**。

- **……即使是意想不到的笑聲**……聽眾的笑聲可能出現在故事任何段落，有時在你意想不到之處聽到笑聲，會讓你大吃一驚。試著享受驚喜，暫停一下再說下去。

- **……沒聽到笑聲，也不要沮喪**。你認為好笑的句子可能不會引起笑聲。我們見過講者說重複的故事時，因為講到某句話或某個笑話，期待得到回應，否則就驚慌失措。當他們停下來，等待笑聲卻落空，那種痛苦可想而知！聽眾對不同事物有不同反應，如果你期待的笑聲沒出現，別害怕──聽眾可能聽得入神，迫不及待想知道結局。跟隨故事節拍講下去就好。最好每次講故事都感受現場氣氛，享受當晚聽眾的真實反應。誰曉得你會在何時、何地得到回應？這些故事自有其生命，每次講述都會有點不同。

**全場鬧哄哄時敬酒**：敬酒通常在婚禮和慶生會等活動進行，賓客可能已經幾杯黃湯下肚。此外還有其他干擾因素，例如美食、餐具鏗

> 鏘聲、聊天閒談、附道具的照相亭、小丑、日落時分的天際線美景等等。不要太在意！你可能會聽到笑聲、看到淚水，也可能被蹣跚學步的孩子搶風頭，就因為她決定在那一刻**討厭自己的褲襪**。無論如何，你敬酒的對象都在傾聽。儘管繼續講，而且要發自內心分享。最重要的是讓親愛的敬酒對象覺得受到讚美、關注。

## 準備好講自己的故事了嗎？

作為指導員，有一部分的職責就是幫助人們判定，他們的心理是否準備好講述自己的故事，又該何時講。有時，故事顯然急於傳開，講者也有能力進行必要的探索，繼而講出這個故事。但是將真實生活轉化為藝術可能很棘手，有時，講者還**沒有**準備好。

除了心理準備之外，如果故事尚未落幕，可能也難以找到故事的主旨。無論是徹底改變職業跑道，或挺過龍捲風浩劫，都需要時間深入了解這等人生大事。當你還在消化這些經歷（或身陷其中！），看法就會過於狹隘。等待時間流逝很重要，尤其是對較為嚴肅的故事而言。我們開玩笑說，事關死亡至少等十年，離婚至少等五年，這只是半開玩笑（不過有位心理學家說，現實可能恰好相反，因為離婚顯然比死亡帶來更大創傷！）

> 「似曾相識又一次」（Déjà Vu, Again）：凱薩琳談論與蔻兒・卡茲丁（Cole Kazdin）合作：二〇〇六年，蔻兒・卡茲丁提到她因為意外摔倒，頭受重傷，醒來後失憶。她的故事引人入勝，有生動的場景和緊張的細節，但我們一直苦思如何收尾。演出當晚，她在舞台上光彩照人，從頭到尾照顧她的忠實男友在前排對她燦爛微笑。但當我們事後聽錄音，總覺得哪裡不對勁，卻又說不出所以然。以下是她原本收場的片段：

最後，我確實恢復了。我的腦子恢復正常。背部的椎間盤突出讓我永遠忘不了這起事故，但我的頭傷好了。我找回童年記憶，找回情緒，幾乎又回到事故發生前的我：就是和亞當交往的素食作家。但我不禁要問：這就是最核心的我嗎？

不久後，她和男友分手，搬到洛杉磯。最後，蔻兒和我重新審視這個故事。原來，事故發生當下，蔻兒和男友其實已經分手。她受傷之後，他衝回她的身邊，兩人重修舊好。起初一切都很順利，但隨著失憶症慢慢緩解，他們之間的關係再次變得緊張。到頭來，他們⋯⋯又⋯⋯分手，原因和第一次一模一樣。蔻兒卻覺得自由暢快，這表示意外發生之後，她某些根本的想法仍然完好無損。**這層**領悟成為故事的新結局。

我大概花了半年才痊癒，記憶慢慢恢復。我一定完全康復了，因為發生意外的幾個月後，我和亞當又分手。只是這次，我先前就料到，因為我們以前分手過。找回自己之後，我發現一切都沒變，但這次，我感到很欣慰，因為這表示我終於了解自己，可以向前邁進了。即使少了記憶，我依然是我。

在第一個版本，蔻兒並未意識到，其實她的故事尚未結束。更新、更真實的結局改變故事發展，也改變了她的看法。

## 傷疤 VS. 傷口

在公共廣播節目《談存在》（我們非常喜歡並強烈推薦！）中，「飛蛾」講者克麗絲特・蒂比（Krista Tippett）問革新派的路德教會牧師娜迪雅・博爾茲—韋伯（Nadia Bolz-Weber，她也是「飛蛾」講者），她如何知道個人軼事或故事可以寫入布道講詞。娜迪雅回答，她一定用「自己的傷疤，而非傷口來布道」。我們初次聽到就覺得醍醐灌頂，現在這句話已經成為我們的風格，因為講故事也是同樣的道理。

有些故事涉及駭人事件和創傷。講者嘗試分享細節之前，一定要完成部分的療癒過程。艾德・賈瓦根（Ed Gavagan）是成功的木匠，某晚在紐約市遭人刺傷，被丟在路邊等死。他的復原之路不僅關係到身體，整個人生都被打亂。遇刺多年後，他在「殺不死我的」（Whatever Doesn't Kill Me）故事中說：

我坐在那兒，想著那起事件帶給我的感受，意識到自己再也回不去了。以前那個人、那份事業，那個人生消失了。沒有了。我以前從來不相信我失去了。我一直以為我要努力變回當初那個人，後來想想，我發現我必須嘗試新東西。這層體悟讓我覺得自由多了。

只有在拉開距離，消化事件過後，艾德才能得到他故事中所描述的視角。奧菲拉・艾森伯格（Ophira Eisenberg）的「意外」（The Accident）開場就描述某個少年闖紅燈，撞上奧菲拉媽媽的車，害死她旁邊的好友雅德莉安。多年後，她找到某封信，這個故事才結束。

我拉開抽屜，一封信映入眼簾，是雅德莉安的爸爸寫給我媽媽。這封信是在車禍發生一週後所寫，就在葬禮之後。我想都沒想過會舉辦葬禮，因為當時我正在動手術，所有人的注意力都在我身上。這是我第一次想到這件事。
他在信中說，發生這件事，他不怪我媽，那是上帝想帶走雅德莉安，他的家人為我們祈禱，希望我早日康復。
我從未想過我母親的心情，因為她從未讓我看到她的痛苦和脆弱。我無法想像她有多愧疚、自責，她擔起照顧別人孩子的責任，最後卻出了嚴重差錯。總之她只對我表現出關愛。
我並不堅強，我的父母才堅強，因為他們小心翼翼地扶養我，讓我過得像個正常的十六歲孩子。而雅德莉安永遠沒有機會過十六歲。看著她哀傷的父親的字跡，我深受打擊。有生以來，我第一次坐在餐桌邊痛哭。
奧菲拉八歲時經歷那場事故，十六歲得到更深的理解，三十多歲才生動

地描述這個故事。有時,事件需要許多年,才能消化處理。

我們要求講者回到某段時光,在腦中回想當時的情景,分享記憶**當中**的故事。警告諸位:回憶創傷可能帶來莫大情緒波動。有一位講者的童年經歷特別艱辛,她排練完故事之後得睡上一覺,才能讓大腦平靜。重新經歷這些緊張時刻可能很難熬,但是選擇永遠操之在你。

## 我怎麼知道?

你可能想知道:我準備妥當嗎?我們可能永遠沒有機會與你合作(雖然我們希望有機會!),這麼多年下來,我們注意到有些「訊息」可能會導致你「按下暫停」。

指導令人沮喪的故事時,我們會注意是否有任何跡象顯示講者依舊承受劇痛:他們的草稿遲交,最後一刻才重新安排討論日期。在某些極端案例中,講者可能會陷入某個栩栩如生的場景。探索故事途中,他們會陷入創傷,一旦停止講述,可能一臉茫然。這些跡象顯示,他們還在自己的故事裡,還沒準備好當眾敘述。

強烈的情緒並不妨礙你講述自己的故事;身為聽眾,我們追求這種真誠。但是聽眾必須覺得你鎮定自若,有辦法講述下一個段落,並且在最後分享令人滿意的結局。

如果故事擬到一半,發現那些事情帶來排山倒海的情緒,就把草稿放一邊,一週後再來寫。或是兩週後。三週後。三個月後。感覺有沒有什麼不同?

如果你在此時心跳加快或熱淚盈眶,那也沒關係!這表示你已經**融入**故事。讓我們看到、感受到你的情緒!如果你仍然感到不知所措,擔心自己哭個不停,覺得胃部糾結,那就是身體抗拒這件事。記住,這可能不是「不,**永遠不要說**」,而是「不,**還不行**」。

你必須控制你的故事,不能讓故事控制你。

**關於某個醞釀多年的故事，梅格說：**傑瑞米・詹寧斯（Jeremy Jennings）致電「飛蛾投稿熱線」，講述他在舊金山駐守金門大橋之後，被派往看守關達那摩[40]的故事。他不是憲兵，也沒有受訓如何與拘留者打交道，他提到這段經歷帶來的創傷和困惑。他有職責在身，但他親眼目睹的囚犯生活條件和待遇卻讓他感到矛盾。我們聊了很久，我給他筆記，告訴他該如何講述這個故事——後來他好幾個月音訊全無。他的故事讓我記憶猶新，但我很清楚他還沒準備好。

半年後，我聯絡他，詢問他的近況。他為自己無消無息道歉，我說我理解他還沒準備好，不必放在心上。他想再試一次。於是，在打了幾次電話和發了幾封電郵後，我們成功整理出初稿，故事架構也相當完整，但他依然沒準備好講述這個故事。他想到上台分享給我以外的人就覺得難受，因此我們又暫停。

**傑瑞米・詹寧斯：**我不知道自己為何打給「飛蛾投稿熱線」。廣播裡的人講了故事之後似乎得以宣洩，我以為自己也可以，我也想得到這種淨化。第一次在「飛蛾投稿熱線」講這個故事，我覺得自己更像悔罪、懺悔，對我在關達那摩所見所聞感到悲傷。我沒想到會有人回電，我從未想過上台講故事，有人回電倒是嚇到我。不僅是因為這個故事讓人情緒低落，我還故意違反政府規定，否則獄中每件事情都得保密。在電話中說出我的心聲是一回事，公諸於世在許多層面都更危險。人們可能以為我支持戰爭、同情恐怖分子，或者試圖否認自己同流合汙。我擔心，少有美國人會同情或理解我。我變得神經兮兮，甚至想像以前被拘留的人、蓋達分子或我自己的政府聽到之後會找上門，或找我家人算帳。

兩年多後，我飛往紐約市，參加排練。這段期間，我拿到第二個學士學位，結束一段婚姻，開始攻讀研究所。我對自己的退伍軍人身

---

40 Guantanamo，美軍二〇〇二年在古巴關達那摩灣海軍基地設置的拘押中心，之所以設置在美國境外，就是為了避免聯邦法律保護關押者的人權，拘留營關的都是戰俘。

份和價值觀更有自信。我仍然擔心意想不到的後果，但決心無論如何都要講出我的故事。

**梅格**：當傑瑞米來參加彩排時，他很擔心自己能不能講完故事。因為緊張和情緒激動，他前幾句話都說得吞吞吐吐，但他鍥而不捨。排練結束之後，可以看到他的表情如釋重負，肢體語言也流露自信。當他終於上台分享這段經歷，可以看到他身上發生變化。他說，他覺得自己得到力量，所以幾個月後，又對三千名聽眾再說一次。

如果整個故事都還處於火辣辣、令人心神不寧的狀態，你就必須退一步。還沒準備好就講故事不是勇敢，這是傷害你自己和你的經歷。

有些人可能永遠都不覺得隔得夠久——沒關係，這就是誠實以對。

**關於越戰主題的活動，珍妮佛說**：二〇一六年，我共同執導以越戰故事為題材的大會。我看到紐澤西州越戰老兵葛倫的文章，邀請他參與活動。無論就行動或精神狀態而言，他都非常勇敢，也曾榮獲兩枚紫心勳章。他在文章中，無所畏懼地直指自己在戰爭中的所見所聞和所做所感。他回信表明，他很榮幸受邀，但考慮良久，決定最好還是別參加。寫作幫助他消化心情，但向聽眾講述可能很難受。他說每天都努力對抗創傷後壓力症候群，雖然身體的傷口已經結疤，心理的傷口卻還沒癒合。葛倫這麼做就是實踐「從傷疤而非傷口講故事」的準則。演出當晚，他寫信祝福我們。「飛蛾電台」播出現場故事之後，他來函說他從頭到尾都聽得入迷，久久不能自已。雖然我很遺憾「飛蛾」的聽眾沒聽到葛倫的動人故事，但我很感激他清楚表明立場。

然而有時與聽眾分享情緒飽滿的故事，也有療癒效果。建構敘事可以讓講者建立故事秩序，不要被各式各樣的情緒和細節淹沒。對於患有創傷後壓

力症候群的某些人而言，分享創傷事件幫助他們重塑自己的故事，讓他們得到某種程度的掌控性。講者向自己證明，他們可以有所施為。

其實退伍軍人醫院和美國陸軍協會用講故事的方式，幫助治療創傷後壓力症候群。以下摘自AUSA.org網站：

如果你患有創傷後壓力症候群，講故事可以讓大腦與這段記憶建立新的連結[41]。你不僅在經歷上加上文字，還加上你當時的感受和感官印象。這麼一來，大腦中被卡住的部分終於可以解除警戒。它會意識到危險沒有發生，它可以停止射擊，因為你並未處於迫切險境。

但是建立這些連結也有其障礙。講述發生在自己身上的真實故事，就是重溫生命中最糟糕的時刻。各式各樣的情緒會以不可預知的方式被挖掘出來，你可能會感受到情緒太高漲，或者完全沒有情緒。戰爭往往讓戰士變得麻木不仁，遠離自己的情緒。但是這種療法要發揮效果，士兵必須回憶當時所見、所聞、所嘗、所觸，建立情感與事件的橋梁……

這麼做的目的是為了釐清當年你無助地身在動亂的經歷……切記，緩解創傷後壓力症候群不代表你會忘記發生在你身上的事情，也不是忘記你以前和現在不一樣，甚或忘記那些死者的遭遇。只是讓你往後的人生更能表彰你報效國家的那段記憶。

多年來，我們的合作講者中有許多人因為服役、在天災中倖存或經歷暴力而患有創傷後壓力症候群，我們也親眼目睹建立、塑造和分享故事的過程的療癒效果。

---

41 作者註：「字句很重要：講述自己的故事是創傷後壓力症候群藥物治療的替代方案」（Words Matter: Telling Your Story an Alternative to Medication for PTSD），Diana Clark Gill 二〇一七年十一月發表於美國陸軍協會（AUSA）網站，www.ausa.org/articles/words-matter-telling-your-story-alternative-medication-ptsd。

> 「來生」（Life After Death）：梅格談論與達米恩・艾寇斯（Damien Echols）合作：因為冤獄，達米恩在阿肯色州死囚牢度過十八年七十八天。和達米恩一起討論時，我開始擔心他有創傷後壓力症候群，卻沒有得到應有的醫療協助。他出獄僅僅幾個月就和我分享他的故事，起初我認為時間太短了，但他已經消化、承受創傷長達十八年之久，他覺得有必要說出他所經歷的一切。
>
> 導演彼得・傑克森（Peter Jackson）募款調查DNA，幫助達米恩重獲自由，還把自己在紐約市中心的公寓借給達米恩。達米恩上台講述故事之前近兩週，我天天過去。他堅持每天練習，我看得出這件事對他有多重要。透過一遍又一遍講述，他不僅準備好分享給現場聽眾，似乎多少也幫他建立自信。到了他在紐約分享的那晚，他顯得胸有成竹──雖然緊張，但有自信。隔天我和他通話，他說的話我永生難忘。他感謝我與他的合作，並說：「我說完之後，感到莫名的輕鬆，彷彿把一部分的創傷留在當晚的舞台。」那次與達米恩合作，是我第一次真正感受到講故事多麼療癒，多麼重要。

　　講故事有助於消化處理、癒合創傷，但創傷後壓力症候群是嚴重的問題，我們建議你尋找熟習處理創傷的機構，而不是單打獨鬥。

　　總而言之，你自己才能決定你是否準備好講述這個特別的故事。誠實面對自己。你可能現在就準備好，可能十年後才準備好，也可能永遠都無法準備好──如果有那麼一天，當你準備分享時，就會有聽眾。

## 講述往生者的故事

　　「飛蛾」長期主持人彼得・阿奎羅（Peter Aguero）在麻州的新貝德福德主持某天的節目，某位講者分享失去至親的故事之後，彼得提醒聽眾，光是聽到這個故事，就能讓逝者的往事起死回生，接著，他請一千多名聽眾說出他們心中最重要的往生者的名字。大家異口同聲說出一千個名字，一時之間，現場

鴉雀無聲。我們想起人類的共同經歷，每個人的深切同理心就隨之而來。

講述某位往生者的故事，就是讓他們死而復生，哪怕只有短短幾分鐘，也能讓幾千人因此認識這些作古的亡者。

> **凱特談她敘述亡母的故事**：我第一次講故事，是在波特蘭的阿林·施尼澤音樂廳（Arlene Schnitzer Concert Hall），聽眾有二千七百人。我預想過到時會是什麼心情，但我說完故事之後才意識到，這幾乎等於讓她起死回生。因為在我說故事的十二分鐘，所有人同時想到她，這種機會能有幾次？我竟然可以和幾千個陌生人共處一室，讓他們與我一起思念至親。

如果這個故事也講到他們過世的那刻，那麼你每次敘述他們**生前**的動人細節，就是更接近透露他們**臨終**的場景。有人可能會覺得很痛苦，彷彿親友的一部分再次死去。你可能會不斷加入新細節，避免講到椎心的那刻，因為你不願意放開你的至親。

如果你尚未準備好經歷這個過程，這個故事就還沒準備好與聽眾見面。

> **關於悼詞中的情緒**：你不太可能（如果有機會）自覺已經準備好發表悼詞。許多人一想到致詞時就淚流滿面，心懷恐懼，葬禮和追悼會是悲傷的場合，還是在人們尚未走出傷痛時就得舉辦。關注細節讓人有個依靠，但要謹慎選擇。你可能還沒準備好重溫某些時刻，有具體事物可以重溫——例如某個下午一起做派、你們決定在賓州車站碰面，或凌晨三點去華爾騰湖（Walden Pond）裸泳——有助於你一句一句說下去，也讓聽眾與你一起回味。那些不同凡響的經歷——事後回顧往往更特別——又再次歷歷在目。在這段時間，你們共處一個親密空間，這個空間雖然悲傷，也摻雜其他情緒。

你流淚也無妨（悼念儀式的與會者可能也會哭）。我們如何提出對悼詞的建議，就如何建議講故事的人處理特別激動的段落。如果你覺得情緒開始蠢蠢欲動，請暫停、深呼吸，承擔這種情緒，等到心情較為平穩為止。不要壓抑或置之不理，否則更難把話說出來。如果排練時就知道自己總在某一個段落流淚，可以事先警告聽眾：「這段對我來說有點難捱」或「我會在這段開始哭」。大方承認會給你面對的力量，與聽眾分享這一點，他們就知道你沒事。除非他們鐵石心腸，沒有人會批判你的感受，何況你談論的是你摯愛卻失去的人。

**「弗蘭妮最後一次兜風」**（Franny's Last Ride）：凱薩琳談論與邁克‧德斯特法諾（Mike Destefano）合作：我們早期在美國喜劇藝術祭認識參與活動的已故諧星邁克‧德斯特法諾。邁克不重外表、不拘小節，在布朗克斯出生長大。他對傻子沒有耐性，看起來有點粗魯。但我漸漸發現他的內心相當柔軟，他非常慷慨、善解人意，經歷過苦日子，因此對人類同胞充滿同理心。

他的故事是關於帶妻子弗蘭妮離開安養中心，騎摩托車載她最後一次兜風。弗蘭妮死於愛滋病，而邁克從未公開談論這件事。我們決定邀請他先在紐約講這個故事，希望他在陌生人面前比較不緊張，因為藝術祭有很多同行。

他排練時的表現精采迷人，但在台下的聽眾面前談論弗蘭妮，比他預想更緊張。聽眾對性格古怪、放蕩不羈的弗蘭妮的反應很明顯。他開始在故事中加入我聽都沒聽過的片段！我站在聽眾席驚慌失措，看著時間一分一秒過去。十分鐘後，他甚至還沒講到主要的段落。邁克後來告訴我，聽眾像他一樣深深愛上弗蘭妮讓他很開心，因此他不可自拔。

> 邁克第一次講了將近二十分鐘，我們擔心他在藝術祭無法完成，但他深切懇求我們再給他一次機會。幾個月後，他再次登台，這次就在十分鐘內講完。
>
> 這次邁克講到他接弗蘭妮離開安養院，去看他的新摩托車，儘管弗蘭妮穿著病人袍還吊著點滴，她還是拜託邁克帶她去兜風。
>
> 她摟著我的肚子開始搓揉，她說：「能騎上高速公路嗎？」我想到我們所經歷的一切、所有的痛苦、折磨。我說：「可以啊，走吧。」於是我們上了九十五號公路，我的車速騎到八十哩，她開心大叫，嗎啡點滴袋在她頭上搖擺，還有那風，知道嗎？我總是想像騎車時感受到的風，讓人覺得無比自由。那種感覺是那麼強大。在那十分鐘，我們是正常人，強風吹散逼近我們的死期。

正如前文所述，說到親人去世的那一刻，就像他們又死了一次。墨西哥傳統節日「亡靈節」的「三次死亡」概念足以提供慰藉：

第一次死亡是身體的衰竭。
第二次死亡是埋葬肉體。
最徹底的死亡是第三次死亡。再也沒人記得我們時，就是第三次死亡。

透過講故事，我們讓至親摯愛在離開多年後依然生氣勃勃。

## 指導員的提醒

- 用情感點綴場景。讓自己回到當初那一刻，描述自己的身心感受。聽眾可能不會對某一特定情境產生共鳴，但我們都了解歡天喜地、尷尬困窘或緊張得心跳加速的感覺。情緒串連你與聽眾，他們才能夠體驗你的故事，感受你的心情。請記住，沒有情感就不會感受到情勢緊迫。

- 一起歡笑就像送給聽眾的禮物，可以緩解痛苦或提心吊膽時刻的緊張氣氛，促進你與聽眾的情感交流。幽默有助於說明你的觀點，或加深我們對故事人物的理解。但是，故事中的笑點絕不能讓人覺得勉強。最好用你坦率的心聲講述故事。

- 你準備好講述這個故事了嗎？你需要拉開一定的距離，才能消化處理，否則你可能還活在這段經歷中。得到療癒之後，才能講述涉及創傷或強烈不安的故事。強烈的感受並不妨礙你分享故事，但如果你覺得自己無法控制情緒，請暫停，有機會更充分整理過心情再說。還沒準備好就講故事，並不是勇敢的表現。

# 第7章 編排故事

> 聽完故事就像飽餐一頓。我們吃飽了，但不表示我們再也不會餓。
>
> ——凱特·泰勒斯（Kate Tellers）

想一想你已經找到，可能用在你正在創作的故事中的所有跳板。如何安排這些跳板的**順序**最妥當？你已經選好最佳的開場？故事如何展開呢？

你的故事就像一幅有上百種拼法的拼圖，我們正在尋找最佳拼湊方式。

我們可以盡情討論各種派得上用場的經典文學結構，但沒有**一種方法**可以有效地編排故事。最好的編排方式對你的故事有益，所有元素可以融合得天衣無縫，聽眾也不會覺得困惑。它應該給人自然、真實的感覺，不覺得勉強或刻板。

看書時，如果某個句子第一次讀起來不通順，可以回頭再讀一遍。你可以多讀幾遍，確定自己理解其中的含義。但現場講故事，聽眾無法按倒帶鍵，所以你必須清楚描繪場景和畫面。

如果你多年前初次見到某人的記憶是有趣的場景，可以提供豐富的背景故事，也許你會想在故事的某個段落倒敘。如果你的故事有懸疑性，不按照時間順序講述就會劇透，聽眾無法享受「誰是凶手」的驚喜。

編排故事有點像玩拼圖。不要害怕隨意移動！故事有生命，不是一成不變。身為指導員，我們發現故事往往遵循以下的編排方式。你希望聽眾經歷哪種旅程，就選擇能成就那段旅程的方式。

> **「飛蛾」講者亞利斯泰·班恩**：講故事時，你必須把聽眾帶到某個地方，不能一直來回兜圈子。

## 按事件發生順序安排

最令人信服的編排方式，往往按照事件發生順序敘述。

蘇西・朗森（Suzi Ronson）的「來自貝肯納姆的女孩」（The Girl from Beckenham）先講述她在倫敦的少女時代，當時她在伊芙琳帕吉特美髮美容學院學習髮型設計，接著提到她在當地髮廊找到第一份工作，有位每週來的顧客瓊斯太太常炫耀她的歌手兒子大衛：

> 我沒怎麼留意，直到有一天她提到〈太空怪談〉（Space Oddity）這首歌，我看著她說：「我在收音機裡聽過〈太空怪談〉，妳說的是大衛・鮑伊嗎？」她說：「對，我是他媽。」

蘇西按照時間順序講述故事，我們和她一起體驗驚喜：我們和她一起坐車，去見大衛的妻子安姬；我們和她一起見到大衛，幫他理髮；她嘗試染髮，打造齊基・斯塔達斯[42]著名的註冊商標紅髮時，我們也跟著一起緊張。

> 我剪掉他的頭髮，剪完之後，頭髮站不起來，有點扁塌。我看著他的頭髮，心裡有點慌，我看得出他不是很高興，於是我說：「只要把頭髮染一下，髮質就會改變。一定很棒，我保證，頭髮會豎起來。」我祈禱我沒說錯，我開始試驗染髮劑，我發現有種顏色是「超火紅」，加上濃度百分之九（30 volume）的顯色劑會更來勁。當時沒有什麼整髮產品，沒有凝膠或定型劑。沒有任何東西能幫我讓頭髮站起來。所以我就用加德（Gard），那是去頭皮屑的護髮劑，我都用在髮廊的婆婆媽媽頭上，讓她們的頭髮堅如磐石。他一看到鏡子裡的自己，看到那一頭紅色短髮，先前所有疑慮都消失。安姬和我很震驚，他看起來帥呆了。

之後她又帶我們與鮑伊和隨行人員踏上巡迴演出。最後她說：

---

[42] Ziggy Stardust，大衛・鮑伊創造的舞台人格，是雌雄同體的外星搖滾客。

那段時間我遇到很多有意思的人，聽到很多美妙音樂。我非常感謝大衛給我機會，帶我一起巡迴。現在英國貨幣有我設計的髮型，就是十英鎊的紙鈔。誰能料到我能有這般成就？

如果我們一開始就知道蘇西最後的身分，之後見到大衛·鮑伊、聽到她在塑造經典形象發揮的關鍵作用，就少了那份驚喜。最後，她幾乎不敢相信自己的人生轉折，我們也為之驚嘆，因為我們和她一步步共同經歷。

有時故事需要照時序講，尤其是有點複雜，甚至帶點神祕的故事。如果你是特倫斯·弗林（Terrance Flynn），「這就是人生」（C'est La Vie）有一個大揭祕，以下有雷，例如差點和連環殺手約會，你不會一開始就說：「一九八五年，我差點沒和傑佛瑞·丹默[43]一起回家。跟著我一起回到過去。我還在密爾瓦基上大學時，某天晚上⋯⋯」

按照事情順序講述，正是營造緊張、懸疑氣氛的最佳方式。

總之，不要覺得必須在編排上玩花招。有時，最好的方法就是從頭開始！

## 兩套時間順序並行

另一種編排是在同時進行的兩個故事之間來回切換。每個故事都有自己的張力和衝突——儘管它們往往相互關聯——最終會一起走向尾聲。

喜劇演員安東尼·格里菲斯（Anthony Griffith）與前「飛蛾」高層暨藝術總監莉亞·托（Lea Thau）密切合作，創作了他的「最好的年代，最壞的年代」（The Best of Times, the Worst of Times）。故事講述他在《強尼卡森今夜秀》（The Tonight Show Starring Johnny Carson）三次亮相，但他兩歲女兒同時生病，最終過世。安東尼的第二句話就起了兩個頭。

一九九〇年，我帶著妻小從芝加哥搬到洛杉磯，希望揚名立萬。幾週

---

43 Jeffrey Dahmer（一九六〇—一九九四），美國連續殺人魔，在一九七八至一九九一年之間共殺死、肢解十七名男子，後來在獄中遇刺身亡。

後，我接到兩通重要電話。一通是藝人助理給我機會，去強尼‧卡森的《今夜秀》表演脫口秀，另一通則是我女兒的醫生打來，說她的癌症復發了。

我們透過這兩個故事了解他的心情。

我以為一切順利，因為我們以前得過癌症，也成功戰勝，所以我相信我們會再次打敗它。而且我要上《今夜秀》，表演給數百萬名聽眾看了。

接著，他帶我們回顧往後幾個月，讓我們了解他第一次上節目和他女兒的病情。

那天晚上最特別的時刻是在停車場遇到強尼‧卡森。他說：「嗨，你超有趣，我要你開始準備第二個段子，因為我希望你再來。」當我接到第二場《今夜秀》的正式通知時，女兒已經住院。不知道你們是否了解癌症，這就像和幫派分子搏鬥，你可以戰勝它，但如果它捲土重來，就會摺更多人手，就是要玩得更大更凶。

隨著他心情的變化和加劇，兩個故事讓我們聽得更入迷。

晚上，我繼續準備第二個段子，畢竟我是小丑，逗人發笑就是我的工作。這個小丑的醫藥負擔越來越大，就快被趕出公寓，車子也因為付不出車貸快被拖走。我表演的喜劇越來越尖酸，越來越陰沉，也越來越憤世嫉俗。藝人助理很擔心，因為他只關心電視公司，而電視公司走溫馨路線。我們開始針鋒相對，因為他想要溫馨美好，我只想如實呈現人生，因為我心很痛，我希望每個人都受苦。

兩個故事並肩走向結局。

我準備第三次表演時，醫生把我叫到辦公室，我知道出問題了，因為他在哭，而且……醫生不會哭。他不肯看我，他說：「我們已經盡力。」我說：「好吧，她還有多少時間？」他說：「大概六週。」

然後他把兩個故事領向令人心碎的結尾。

第三次參加《今夜秀》時，女兒已經去世。因為聽眾鼓掌六次，我還得暫停表演。沒有人知道我失去至親，沒有人知道我才不在乎強尼·卡森或《今夜秀》。一九九〇年，我三次登上《今夜秀》。聽眾熱烈鼓掌十六次。如果再有機會和兩歲女兒一起吃薯條，我什麼都願意放棄。

這種同時並進的方式非常有力，因為兩個敘事弧告訴我們，隨著安東尼女兒病情惡化，他對工作的態度和熱情如何發生巨大轉變。第二個敘事弧讓第一個敘事弧更深刻，安東尼已經痛失愛女，這下心情更糟糕，因為他還得在台上搞笑，才能養家餬口。

故事的力量有一部分來自於兩件相互矛盾的事情可能同時發生。當個人成就和令人心痛的悲劇同時發生時，安東尼探討這會是什麼樣的狀況。同時講述兩件事情，更深刻詮釋故事的複雜性。隨著故事進展，我們看到他本來很興奮可以上《今夜秀》，最後因為悲傷遮蔽一切，以致他變得毫不在意。如果這個故事的重點是他的女兒，以及她如何勇敢面對疾病，我們就不需要他的喜劇生涯當背景。但是故事的重點是幽默和憤怒如何在他身上並存，因此兩條故事線缺一不可。

## 倒敘

按時間順序講故事通常是最簡單明瞭的編排方式，但有時弄混反而更有效。你可以考慮使用倒敘——這個方法用來讓故事暫停，向聽眾提供資訊。有時倒敘至關緊要，不可或缺，有時只是幫助勾勒畫面。

使用倒敘的方法眾多。

## 經典倒敘

你按照時間順序講故事,但講到引人入勝的段落時,可能決定倒敘,提供來龍去脈,或讓聽眾再享受一會兒興奮之情。倒敘可以為故事較平靜、理性的段落增添活力,也可以在節奏飛快的段落充當煞車。

在「金銀島」(Treasure Island)中,布茲・雷利(Boots Riley)在一九九〇年代初與他的樂團(The Coup)駕車穿越奧克蘭和舊金山之間的海灣大橋。

某天早上,我們開車過橋回家。The Coup 的DJ放克潘姆(Pam the Funkstress)開車,我和其他錄音室的人坐後座,後來發現我們把鍵盤手留在錄音室,必須掉頭,而海灣大橋唯一可以回轉的地方就是金銀島。當時的金銀島不像現在到處是公寓,那是海軍基地。所以我們在金銀島下橋、轉彎,開始往大橋方向上坡,這時我們突然聽到警笛聲,憲兵攔下我們。

憲兵要我們停車,叫我們所有人出示證件。當時車上有很多人,我們都拿出證件。他們向潘姆要行照,我在後面說:「行照在手套箱。」有人開了手套箱,一堆子彈瀑布般地落下。

我解釋一下怎麼會有這些子彈。

布茲停在這個緊張時刻,趁機回顧奧克蘭在這個場景之前的歷史背景。如果布茲一開始就說明背景故事,開頭就不那麼引人入勝,也不夠有特色。停下來敘述過去的事件如何引發他所描述的場景,便能增加情勢、提高故事張力。我們聽到白人至上主義者如何威脅黑人社群,布茲和他的樂團成員還上了暗殺名單。

白人至上主義者不喜歡我們,結果我們上了暗殺名單。知道有瘋子留意

該殺誰的名單，你又榜上有名，這種感覺並不好。所以我們買了槍。

我們也不希望警察找碴。所以我們完全依法行事。我們註冊了槍枝，去靶場確認我們知道如何用槍。如果有必要攜械移動，我們也照規矩來。

也就是拿出子彈，放在後車廂上鎖的箱子裡。我叫人打開手套箱之前沒想到，我們最近去過靶場，有一箱子彈開過了，所以瀑布般地落下。

子彈落下時彷彿是慢動作，我心裡想的「靠，要死了」也從來沒拉得這麼長。在猶如慢動作的畫面中，員警掏槍，槍管離潘姆的頭只有兩吋，然後說：「手舉起來！所有人手舉高！」

起初，子彈是愚弄世俗看法的意外元素——聽眾會質疑手套箱為何有子彈，做出各種揣測——然後布茲交代背景故事，解釋來龍去脈。現在我們知道他的想法，當他回到那一刻，我們再次看到傾洩而落的子彈時，我們也會想**「靠，要死了！」**

使用倒敘的方式是戲弄聽眾的看法。起初聽眾可能會有一套想法和心情，但你倒敘、交代背景資訊之後，他們又有另一種想法、心情和理解。關鍵是不要花太長時間才回到你想要重新敘述的場景，否則聽眾可能忘記你之前描述的細節，無法聯想。倒敘必須與你的故事接得天衣無縫。

## 懸念

經典的倒敘可以安插在故事任何段落，懸念只能用來開場。一開始就用簡短的場景或幾行文字描述關鍵時刻，可以營造戲劇性和緊張感，而且開門見山點出態迫情勢。你可以暫停描述場景，倒敘交代前因後果，讓聽眾七上八下（**發生什麼事?!**）。接著按照時間順序講述，最後再回到開頭掛在懸崖邊緣的那一刻。這種**懸而未決**的開場讓所有人都聽得全神貫注。同樣地，訣竅在於每個場景之間的連結必須讓聽眾覺得清楚明白。

在「家常菜」（Home Cooking）中，麥克・費雪（Michael Fischer）開場就是他與獄友起衝突。

JR看著我說：「你知不知道？我可以現在就幹掉你，把屍體藏在床鋪底下⋯⋯然後拿走椒鹽卷餅，而且還沒人發現。」JR和我站在走廊盡頭拐角。我們都知道這裡是盲點，離警衛最遠的地方。

他接著講述他從小到大和母親之間的關係。他說到他如何對待她，如何把她的愛視為理所當然，現在又是多麼後悔。最後，他又回到開頭那一幕。

我媽媽會寄卡片給我，儘管我每隔幾天就打給她，因為她認為長官最好看到我收到信件。她覺得，如果時時提醒他們，我除了是囚犯之外，還是一個有家庭的人，他們就會對我更好。她想讓他們知道，就像她想讓我知道，有多少人愛我。所以只要我還活著，只有我才能吃這些椒鹽卷餅。

我看得出來，JR想找麻煩。他歪著頭，雙手抱在胸前，就等我說錯話。但我雙手插在口袋，雖然害怕，卻努力維持聲音平穩：「如果你要這麼做，如果你真要為了椒鹽卷餅殺人，那我就不知道該說什麼了。這些餅乾是非賣品！」

JR死盯著我，衡量他該怎麼做。最後怒氣沖沖回頭，空手離開。

這一幕是故事的引言，接近尾聲時重溫這一幕，又成為結束前的高潮。

也許聽起來很奇怪，無論如何，緊抓住那袋椒鹽卷餅，讓我覺得好一些。不是因為我熱愛卷餅；事實上，現在這些餅乾對我而言太鹹了。也不是因為以後就不會有人為了食物恐嚇我，因為我相信遲早還是會碰上。我媽媽甚至永遠不會知道我和JR那場對峙。但至少我做出正確抉擇，雖然那只是短短一瞬間。我可以從今開始，再接再厲。這一刻，我守住她對我一直以來的關愛，而不是隨手丟棄。

講故事的人小心了：以懸念開場的方法已經太過氾濫，不見得成功。我們多半照間順序講故事，如果你的故事不是從頭講起，就得從頭到尾保持開

聊的語氣。否則別人會覺得太戲劇化或笨拙、不自然。我們花更多時間才進入核心，可能會讓故事變得沉重、冗長。說故事時若覺得編排突兀或複雜，聽在別人耳中可能也一樣。

講者在早期的打草稿或瀏覽階段，常用懸念開場，後來都刪掉，以自然的時序開始講述，突然之間，故事令人覺得輕鬆不少。

請注意，故事的編排順序可以照顧到聽眾的心情。如果故事探討的是悲劇，聽眾也預料得到，他們因此坐立不安。有時這種不舒服的感覺對故事有利，但往往會分散聽眾的注意力。如果聽眾忙著提心吊膽，就聽不到你說什麼。他們在心裡防範未然，無法充分身歷其境。故事若涉及暴力、失去孩子或摯愛，這種狀況尤其明顯。這不是硬性規定，但故事若讓聽眾擔憂害怕，提前破題有助於緩解情緒。

## 多重倒敘

與其用**一個**倒敘，不如考慮穿插幾個短倒敘。每個倒敘都能為主線即將發生的故事提供背景和動機。

> 「拉上頭巾」（Pulling Back the Turban）：裘蒂·鮑威爾談與哈傑斯·辛格（Harjas Singh）合作：故事就從哈傑斯人生的關鍵時刻說起，也就是傳統錫克教紮頭巾儀式。故事的焦點是他與頭巾之間的愛恨情仇，我們希望焦點放在儀式，也決定用倒敘法交代背景，支撐敘事弧。故事從哈傑斯十三歲生日當天早上醒來開始，然後倒敘回到他三歲那年，敘述他在十三歲之前的人生和日常。

紮頭巾儀式代表從男孩轉變成男人。我很緊張，因為我不知道纏上頭巾是什麼感覺，但我也很興奮，可以追隨父親和祖父的腳步，我看過他們

每天早上一絲不苟地纏頭巾,那塊布彷彿他們身體的一部分。打從我三歲開始,頭髮長到可以在頭頂紮髮髻(jooda),媽媽就會讓我坐在她面前,背對她。她會在我的頭髮上抹油,然後梳好,編成辮子,再紮成髮髻。然後,她會用一塊一平方呎的方布蓋住我的髮髻,這塊頭巾就叫「帕卡」(patka)。

在準備儀式的過程中,他倒敘第一次包「帕卡」上學的情景,說明即將纏頭巾的緊張心情。

祖父送我我到車站,家長離開,有些孩子走過來,禿鷹似的圍著我打轉,想摸我的「帕卡」,他們問:「你頭上放了雞蛋?」「才怪,那是番茄。」「是一顆球嗎?我能拿來玩嗎?」「是雞蛋嗎?打碎會怎麼樣?」有個孩子想打我的頭,我試著還手,但這不重要。那是我第一次意識到,有人會因為我的外表就想傷害我。

現場講故事時用倒敘法可能有點棘手。你必須確保聽眾跟上,確保他們能分辨故事的時空切換。為了幫助聽眾,哈傑斯在台詞中加入提示,表明何時是現在,何時是倒敘。

我跪坐在《吉祥古魯經典》(*Guru Granth Sahib*)前,祖父開始一層又一層地紮頭巾。每紮一層,我就回想起那段辛苦的時光:九一一事件之後,反頭巾言論甚囂塵上,甚至在我住的印度小鎮也不例外。

頭巾儀式的段落照時序編排,但從當中穿插的倒敘,我們聽到家庭成員的建議,了解傳統歷史,看到哈傑斯在這一刻之前對頭巾的不同看法。這就是我們自然而然記住事情的方式:我們面對意義重大的時刻,便開始翻閱腦海中的目錄,思考**我第一次在哪裡看到或有這種想法?**這就像這個故事的中心畫面——頭巾一層一層往上紮——哈傑斯的看法是藉由一次又一次的經驗

積累形成，每一層都結合了過去和現在。最後，他要繞回起點：

> 我決定第一次裹頭巾上學，也就是我五歲當年因為紫「帕卡」被嘲笑的地方。當我站在鏡子前纏頭巾時，我再次提出疑問：「為什麼我不能跟大家一樣？」但這次的答案是我的肺腑之言：既然天生註定與眾不同，何必要跟大家一樣？

巧妙使用倒敘，可以為故事增添活力，增加故事的情勢，介紹重要的背景資訊，或者作為畫龍點睛，讓聽眾有更深刻的理解。倒敘可以提醒人們，每一刻都並存著過去和現在。

決定是否使用倒敘時，問問自己：

1. 倒敘是否有助於故事發展？如果不先告訴聽眾，故事會不會更引人入勝？或只會害他們分心？
2. 倒敘是否增加重要細節，否則一開始故事就會拖拖拉拉？
3. 倒敘的時間是否夠短，免得聽眾搞混？時間前後切換，會不會妨礙故事的流暢性？

## 前後呼應

如果故事開頭的場景格外有意義，可以在收尾時再回到同樣場景，以此作為整個故事的框架——以這個場景開頭，最後再回顧，可以幫助說明這件事為你帶來多大的改變，幫助你收尾。我們在阿貝妮・庫查（Abeny Kucha）的「第一頭牛」（The First Cow）見證這一點。

開場：

> 剛到緬因州波特蘭市時，我和十二歲的弟弟、八歲的女兒以及兩個小兒

子（分別為四歲和兩歲）一起走下飛機。接待我們的女性社工直接帶我們前往有輸送帶的房間。我以前從沒見過這種東西。我們靜靜站在那裡，看著那些行李箱。她問我：「看到你們的袋子了嗎？」我告訴她，我沒有袋子，只有我拿在手上的塑膠袋，我們只有這些家當。她說：「哦。這樣啊，那，我們回家吧。」那個字，「家」，我離開村子之後就沒有家了。

結尾：

現在我們熬出頭了。我的孩子再也不必走兩百哩的路，再也不會挨餓。即使我不在他們身邊，他們也會幸福快樂。我再次想起過去幾年。女兒從法學院畢業時，我為我所有孩子感到無比驕傲。今天，我想起在緬因州波特蘭機場的第一天，想到那位小姐說：「我們回家吧。」對我來說，「家」代表希望。「家」表示我再也不必逃亡了。

前後呼應與懸念不同，你不是吊著聽眾，最後再回頭解決謎團。相反地，破題的場景是故事的第一步。阿貝妮提到一開始的場景時，我們會想起她一路走來歷經千辛萬苦，終於覺得自己回到家。當她重複「我們回家吧」這句話，我們感受到開場所沒有的深刻含義。聽眾對第一個場景有嶄新、深刻的理解，因為他們陪阿貝妮一起走過那段路。

---

「人與獸」（Man and Beast），凱薩琳談與亞倫・拉比諾維茲（Alan Rabinowitz）合作：亞倫是大型貓科動物專家，他的故事是說服貝里斯國會保留數千英畝土地，保護美洲豹。剛開始創作這個故事時，原來的開場是他在議會緊張地等待發言。然後我們把鏡頭拉回他的孩提時期，因為嚴重口吃，他二十二歲才開口說話。年輕的亞倫對動物產生濃厚的興趣，因為動物和他一樣，都不會說話。他發誓，如果有一天他學會說話，一定要為動物發聲。我們再從那裡回到國會的場景。

但我們發現，這段背景故事非常動人，需要大量篇幅，等故事再回到國會，聽眾可能已經忘記故事開頭。了解他的背景，就能了解他對貝里斯政府發言的情緒，因為他知道，如果他因為緊張而破音或結巴，就有損他要傳達的資訊的公信力。因此，我們決定捨棄倒敘結構，按照時間順序講述，就從童年講起，最後再回溯第一幕，前後呼應。開場如下：

五歲那年，我站在布朗克斯動物園的大貓館，盯著年邁雌性美洲豹的臉。我記得當時我看著光禿禿的牆壁和天花板，納悶這隻動物做了什麼，才落得這個下場。我靠向籠子，開始對著美洲豹說悄悄話，爸爸很快就走來：「你在幹麼？」我轉身想向他解釋，但我的嘴巴動不了，我也早就料到。因為幼小的我的最大特點就是不會說話。

透過這一幕，他向聽眾提供大量資訊，並不是一一列舉（當時他很小，口吃，卻可以對動物說話，只是大人聽不懂）。最後結束的場景也很相似，那時已經不口吃的成年人亞倫在森林遇到一頭美洲豹。

我知道我應該害怕，可是我沒有。我本能蹲下來，美洲豹也坐下。我看著美洲豹的眼睛，清楚想起小男孩在布朗克斯動物園望著悲傷的年邁美洲豹。眼前這隻動物並不悲傷。這隻動物的眼裡有衝勁，有力量，有堅定的目標。當我看著牠的眼睛，我發現，我所看到的景象就反映我的心情。當年殘缺的小男孩和體衰的美洲豹現在已經不一樣。我突然感到害怕，起身後退一步。美洲豹也站起來，轉身邁向森林。大約走了十呎，牠停下來，回頭看我。我看著美洲豹，向牠傾身，就像多年前在布朗克斯動物園，我悄悄說：「沒事了，一切都會好起來。」美洲豹轉身離開。

藉由呼應一開始與美洲豹相遇的場面，我們想起亞倫長足的進步。兩次看到美洲豹的場面就像書擋，象徵亞倫的旅程。當亞倫成功爭取到保護區，我們與他一起歡呼，因為我們也為小男孩亞倫開心。這種編排更適合他的敘事弧，好過他先提現時當下，再倒敘。

### 當小故事承載大故事的重要性

　　有時故事令人無法承受,所以很難理解。看似光明燦爛的戀情結束,大家都會心碎——我們所有人都能體會這種心情——但講述更可怕或規模更大的事件中的小故事,要讓聽眾理解、產生共鳴,講者面臨的挑戰更大。

　　如果你擔心主要事件令人吃不消(或者不是特別能引起共鳴),用較小的故事作為框架可能有幫助。在卡爾・皮利特里(Carl Pillitteri)的「難以置信之霧」(Fog of Disbelief)中,他用一個人物帶出深不可測的災難。

> 「難以置信之霧」:梅格談與卡爾・皮利特里合作:二〇一一年大地震時,卡爾是專案工程師,工作地點就是福島第一核電廠一號反應爐的渦輪機房。這場災難本身太令人難以承受,聽眾幾乎沒辦法聯想或想像。事發經過的細節和規模似乎混亂不堪。
>
> 　　我們選擇將重點放在卡爾分享的小故事,內容講述他常光顧的餐館,以及他與熱情招呼的餐館老闆之間的關係。他一開頭就先描述餐館,接著透露餐館位置。

　　多年來,我一直在日本東北海岸工作。派駐當地時,我每週有五、六個晚上都光顧這家餐館。經年累月下來,我和經營餐館的老闆娘越來越投緣。她不會說英語,我也不會說日語,但我們還是可以當朋友。每次過去,我總會推開餐廳的門,跨半步進去,看著她,彷彿說:「嘿,媽,我回來了。」她會用溫暖又熱情的笑容迎接我,每次看到我都很開心。她知道我要吃什麼,我每次都點同一道菜,就是她那道美味的煎雞肉。對我而言,她就像母親,每次都多給我添飯菜,總之就是非常友善的婦人。我下班後常去那裡休息、放鬆,但我始終不知道她或餐館的名字。我們都暱稱她「雞肉太太」,餐館就在福島第一核電廠南邊,也就是我二〇一一年的工作地點。

他講到地點時，來龍去脈突然發生變化。

隨後卡爾向我們講述當天發生的可怕事件，這些事件如今已是眾人皆知。九個月後，當卡爾終於獲准返回福島，可以回自己的公寓，他先去餐館探望老闆娘。

我十二月三日返回禁區，經過幾個檢查站後，我再次從頭到腳穿上防護裝，不是去上班，而是進入我居住的社區和街區。我請地陪先帶我去餐館，但這次拉開餐廳大門，我發現門上有蜘蛛網，我覺得不安，顯然九個月都沒人開過那扇門。我更納悶、擔心她出了什麼事。

他開始尋找店東。希望她能活下來的人不只是他；**我們**也希望她活下來。

當晚，我聯繫《日本時報》，問他們能否幫我找到她。她是否和家人在一起，她沒事嗎？我能幫她嗎？最後他們真的找到她，把她的名字告訴我。我第一次知道她的名字，是大和田，大和田是她的姓，大和田太太。他們告訴我，她的餐館名叫「憩」（Ikoi），他們還說，「憩」在日語就代表休息、放鬆和放心。我心想，這個小食堂的名字取得真好。我經常在下班後去那裡放鬆、休息。知道這場災難沒帶走她，她還活著，我終於放下一顆心。後來，二〇一二年二月十九日，大和田太太寄信給我。「我逃過那場災難，每天都過得很好。皮利特里桑，請保重身體。我知道你的工作一定很重要，你來我的餐館時，似乎過得很快樂，希望你繼續享受幸福人生。雖然我不會再見到你，但我會一直為你祈福。鄭重感謝。

透過大和田太太的故事，卡爾說明悲慘事故前後的生活——他與這位女士的關係如何改變，以及他們倆的人生永遠不一樣了。這個框架讓聽眾切身感受到這場歷史性災難和卡爾的經歷，大和田太太也是卡爾經歷中**獨特**的一部分。其他講述福島故事的人可能沒有大和田太太這號人物。

講故事的人應該不斷自問：我的經歷有什麼特別？為什麼只有我能講這個故事？我要如何詮釋這個故事，才能傳遞給沒有同樣經歷的聽眾？

講述一件事，尤其是悲劇事件時，可能很快就會變成描述一系列發生過的事情。就是恐怖的**「後來後來後來」**。在大事件中找到小細節或小故事——敘事線（narrative thread）——就能建立敘事弧。

**梅格談悼詞**：家人要我在祖父葬禮發表悼詞，我構思時，許多能分享的回憶和故事湧上心頭。這一生有這麼多故事可選，我不知道該說什麼，況且我還深感悲傷——我感到不知所措。爺爺如此樂觀、充滿愛心，我希望我的話語能反映這一點。我回想我和他之間的關係，不斷浮現的就是**感激**這個詞。這一生有他，我感到無比感激，感激他教給我的一切，感激他為我所做的每件事。我很欣賞他深愛我奶奶，欣賞他以家人為榮。於是我開始思考這個詞。我記得小時候坐外公的車，他向我解釋心存感激的重要性，無論是大事小事。我不記得對話如何開始。（我相信我小時候可能是被寵壞的小鬼！）祖父經歷過大蕭條，可能就是因此啟發他對萬事萬物的深切感激。於是我用那次談話當成悼詞的切入點，談論我知道爺爺感激的所有事情——再漸漸繞回我深深感激他的愛。我把焦點放在這層感激之情，整理千頭萬緒和各式各樣的回憶才比較容易。

如果你受邀致悼詞，儘量將悼詞建立在具體又獨特的細節上，讓我們看到他們個性的深度、他們的善良或他們嗆辣的一面：「他看到我在高爾夫球場移動我的球，卻什麼都沒說。」、「她說她只看紀錄片，但我知道她迷上實境秀《比佛利嬌妻》。」人們更能感受到亡者在這個世界留下的獨特性。

## 選擇別樹一格的鏡頭

卡爾・皮利特里用小故事幫助我們理解他的經歷的深度，有時透過獨特的鏡頭看待你的故事，例如從小細節或不同的視角切入，聽眾更容易產生共鳴。不是每個人都知道無家可歸的感受，但我們都當過孩子。從這個角度分享故事，我們更能感同身受。

> 「貝姿娃娃的人生」（A Bratz Life），「飛蛾」指導員裘蒂・鮑威爾談論與塔拉雅・摩爾（Talaya Moore）合作：塔拉雅・摩爾小時候曾在紐約市收容所生活過一段日子。我們第一次討論她的故事時，她提起九歲時熱愛的貝姿娃娃。她對這些娃娃栩栩如生的描述主宰了整個故事，她記得每個細節：娃娃眼睛的顏色、靴子、娃娃的特徵。那時我就覺得這不僅引人入勝，還帶來莫大的力量。我認為可以透過九歲孩子的角度講述故事，主角就是這些超群不凡的娃娃。

我八歲開始迷上貝姿娃娃，生日禮物就是一個貝姿娃娃。貝姿娃娃有點像芭比，但更棒。她們沒有不切實際的身材。相反地，她們身高大概十吋，大頭、豐唇、體態豐滿，妝容也超酷。還穿著我喜歡的閃閃發光的龐克搖滾靴子。我知道我上癮了，想要更多娃娃，但我不能向媽媽要，因為我們居無定所。我們已經無家可歸一年多，她有更多大事要煩，例如她是否有足夠的錢買火車票或食物，我們最終會睡在哪一區，我是否有乾淨的制服可以穿去上學。所以我知道，想得到這些娃娃，就必須靠自己。

貝姿娃娃帶我們一窺塔拉雅童年與母親走遍各個收容所：娃娃就像一面鏡子，我們因此更了解塔拉雅。我們看到她如何越來越依賴最能代表她的娃娃，莎夏。

莎夏很漂亮。她是黑人，我也是黑人。她美極了。她有一頭深棕色長髮，貝姿娃娃就數她的衣服最漂亮。娃娃附帶的商品手冊介紹她的特徵，例如她想創立自己的城市服裝品牌，想成為音樂製作人，她有雙親和自己的房間。她似乎應有盡有，我也想擁有這一切。我有個手提箱只能放一個貝姿娃娃，我總是選擇莎夏。箱子裡面是藍色的天鵝絨，還有一個專門放莎夏的地方，另一邊是她的衣櫃，我把她所有衣服都整齊地疊在那裡。這就像她的房間，有時我會假裝這是我的房間。在那一瞬間，我覺得自己和其他三年級學生一樣：也有一個房間和裝滿衣服的衣櫥。這就是我和莎夏的世界。

　　有一天，塔拉雅放學回來，發現貝姿娃娃不見了。她驚慌失措，立刻用媽媽的電話報警。警察來了，卻說他們無能為力。

　　一名員警彎腰對我說：「我相信娃娃會再出現，那只是玩偶。」只是玩偶？對我來說，她們不僅僅是玩偶，還是我的家人，尤其是莎夏。她是我的榜樣，我的夥伴，我最好的閨密，是她第一個知道我三年級暗戀阿道夫斯·巴茲，也第一個知道他長得像牛奶巧克力。我穿著外套和鞋子睡在骯髒的汽車旅館那晚，她也陪著我，我整晚緊緊抱著她。我想跳上媽媽的床，但床不夠大，那時莎夏也陪著我。那天晚上睡前，我坐在上鋪，一直看著矮衣櫃，上面什麼也沒有，我覺得空虛。我在枕頭上哭著睡著，醒來繼續哭。媽媽問我早餐想吃什麼，可是我沒胃口。

　　劇透：塔拉雅最後和娃娃重逢。

　　我抱著莎夏，我發現她們不見時，是我第一次真正感到無家可歸。找到它們，我覺得自己又完整了。那時我才發現莎夏……為我加油打氣。這些娃娃為我加油打氣。每個人都有陪伴他們度過一天甚至一年的人事物，對我而言，對九歲的我而言，那就是莎夏。在我眼裡，這個黑人職業女性娃娃就是超級巨星。她時時提醒我，在這個充滿不確定的世界，我可能過上幸福美滿的人生。

塔拉雅並未講述她無家可歸的全部經歷，反而把重點放在九歲孩子的心情，那些娃娃就是她抒發心情的媒介。娃娃為故事提供令人意外、新穎又能引起共鳴的框架。

## 為了更清楚地告訴你

　　有時故事編排讓人覺得抽象——也許是因為最好的編排往往不著痕跡又自然——我們就把剛剛討論過的方法都用上吧。大多數人都聽過小紅帽，假設這是真實故事吧。

　　故事的一句話可以是：小紅帽穿過森林探望外婆之後，明白聽從媽媽囑咐的重要性。

　　故事跳板是：

- 小紅帽的媽媽請她帶一籃蛋糕和酒去探望身體微恙的外婆，還吩咐她不要離開森林的大路。
- 她在路上遇到大野狼。她告訴大野狼，她要去看外婆。
- 大野狼建議她離開大路，摘花送給外婆（牠就有時間搶在她前面，跑到外婆家）。
- 小紅帽抵達時，看到門開著，緊張地叫外婆，但是沒人回應。
- 她走到外婆床前，看到她躺著，但模樣很奇怪。
- 小紅帽詢問「外婆」，覺得她眼睛、手和嘴巴也太大，直到⋯⋯最後⋯⋯
- 大野狼吃掉她（可怕啊！），然後睡著。
- 獵人看到沉睡的大野狼，剖開牠的肚子，小紅帽和她的外婆得救。
- 小紅帽發誓以後一定要聽媽媽的話，千萬不要偏離森林裡的大路！

故事按照時間順序講述，但也可以這麼說：

- 小紅帽到外婆家，發現門開著，建立故事中的懸念，在外婆的床榻前與大野狼面對面，然後倒敘，再按時間順序講故事，一直講到這一刻。
- 開場可以從小紅帽偏離大路去摘花說起，然後倒敘，回到母親請她帶著籃子去看外婆，但不要離開大路。
- 甚至可以從不同的角度講故事，例如從大野狼的肚子裡！

為你的故事選擇最有說服力、**最不會讓聽眾困惑**的形式。決定之前，請多方嘗試。深思熟慮的編排就像一張路線圖，讓你講故事時更加鎮定、有自信。只要確定路線，你就上路了。

## 指導員的提醒

- 你如何排定故事中每個片刻和場景的順序?你要選擇哪種編排方式?選擇最自然、對故事最有幫助的編排方式。強迫故事採用複雜的編排,會讓人覺得太做作,也會增加講述的難度。

- 故事按照當時發生的順序敘述比較好嗎?用另一種方式講,會不會破壞驚喜或神祕感?如果會,那麼按時間順序講可能是最佳選擇!

- 倒敘可以輔佐關鍵時刻,改變聽眾在故事中的視角。利用經典的倒敘法暫時中止故事,補充必要資訊。選擇懸念增加緊張感和戲劇性,為故事建立一個好開頭。或者使用多次倒敘提供背景故事,說明動機。有時倒敘至關重要,有時只是有助於描述某一刻。要確定倒敘對故事有幫助——絕不能冒險讓聽眾感到困惑!

- 故事接近尾聲時,可以前後呼應,回溯第一個場景,創造連續性,幫助故事收尾。(有時,敘事弧前後呼應,成為一個圓!)

- 講述創傷性、史詩規模或歷史事件時,儘量找更私密的小故事作為框架或敘事線。這麼做有助於吸引聽眾,讓他們產生共鳴,否則他們可能很難理解。

# 第8章 開頭與結尾

> 一般人多半認為起飛和降落是飛行中最危險的環節。故事也一樣。
> ——珍妮佛・希克森

進場和出場看似簡單,卻是故事中最難表達的部分。無論如何強調第一句和最後一句的重要性都不為過。它們劃定故事的界線,是故事中的「你好」和「再見」。

每個人都知道,第一次見另一半的父母不要穿浴袍。同樣地,你也希望故事開頭體面像樣,該穿的都穿好,全力以赴。因為好事而令人難忘。俗話說得好,給人留下第一印象的機會只有一次。

結尾也一樣。當你收尾時,聽眾要覺得圓滿,了解你把他們帶到哪裡。核心問題已經有答案,不一樣的你也展現在聽眾面前,改變顯而易見。到時沒有你問我答幫忙解答疑惑,所以結尾一定要讓人看到你的決心。

這麼多年下來,「飛蛾」講者以令人難忘的方式處理他們的進場和退場。

**阿里・漢德爾(Ari Handel),**
**「不要愛上你的猴子」(Don't Fall in Love with Your Monkey)**

開頭:

「不要愛上你的猴子。」導師警告我,但我沒聽進去。有些教訓就是得靠自己學會。

結尾：

　　我寫了一篇長達三百六十四頁的論文，裡面都是事實、資料、圖表和理論。但對我來說，第一頁最重要，上面只寫著：「獻給桑提亞戈。」

　　阿里的第一句話讓我們直搗衝突核心（導師警告他不要對實驗室的猴子產生感情）。故事最後一句話指出阿里投入感情，將博士論文獻給他的猴子桑提亞戈。

　　將開頭和結尾看成發射台和著陸台（或者說是第一塊和最後一塊跳板）很有幫助。你打開記憶的包袱，權衡每個記憶的重要性。你思考**為何**重溫、關注這些記憶，開始理解它們如何改變你，如何造就現在的你。找到故事的開頭和結尾往往能「解謎」——讓你這個講者，明白故事的**緣由**。

## 丹提・傑克遜（Dante Jackson），「畢業舞會」（The Prom）

開頭：

　　初中時，我不是那種會放任自己玩樂的孩子。我害怕如果玩得太開心，到頭來會招致批評，我不喜歡人家說三道四。八年級很快就過了，畢業舞會即將到來……

結尾：

　　我的動作很俐落，我從沒想過自己辦得到，我環顧四周才發現其他人繞著我圍成小圈圈——每個人都說：「萬歲！跳啊，丹提！丹提繼續跳！」那是我人生中最美好的夜晚之一。以前的人生就像被關在暗房，但我決定打開這扇門，往外跨，學會跳舞。

　　深入挖掘這段經歷對你的意義時，開始專心思考那些反映你**正在探索的**更大想法的例子、小場景或細節。有沒有哪個場景帶我們一窺你在故事初始的想法和背景？有沒有場景能讓我們看到你在結尾的模樣？建構這些場景有

助於釐清**這個**故事的主題，人生中有許多事件都可能包含值得講述的故事元素。

## 芭芭拉・柯林斯・鮑伊（Barbara Collins Bowie），「自由乘車運動人士與我」（The Freedom Riders and Me）

開頭：

　　我和哥哥在密西西比州傑克森市出生長大，當時正值吉姆・克勞法[44]時期。一九六一年，我哥哥加入馬丁・路德・金恩（Martin Luther King）之列，參與民權運動。他成為自由乘車運動人士，當時我還不知道什麼是自由乘車運動。

結尾：

　　我明白我哥哥和自由乘車運動人士為何挑戰「有色人種專用」和「白人專用」的標誌，了解他們為何乘坐公車，我們為何靜坐抗議。因為這是我們的磨難，我們的戰鬥。這場運動關乎平等、自由。這是一場生死之戰。

　　與阿里的故事一樣，芭芭拉的第一句和最後一句並列。開場那句包含明確的細節，從而建立故事的中心問題。最後，她以同樣的細節收尾，只是現在心境已經完全不同。

　　重溫這些細節讓聽眾心滿意足。從頭到尾都需要說得明確、具體，但故事的結尾呼應故事的起頭，可以提醒聽眾剛開始有何心態。結尾埋伏在開頭，開頭也預示了結尾。這是一種敘事平衡。

　　在凱特・布列斯特魯（Kate Braestrup）的「喪家」（The House of Mourning）中，牧師了解大人世界的悲劇，卻不知道五歲孩子是否明白宗教常軌。

---

[44] Jim Crow，一八七六至一九六五年間，美國南部各州以及邊境各州對有色人種（主要針對非洲裔美國人，但同時也包含其他族群）實行種族隔離制度的法律。

## 凱特‧布列斯特魯,「喪家」

開頭：

　　妮娜的媽媽走過來對我說：「我有個問題。妮娜，就是我女兒，想去看她表哥安迪。」我走過去一看，妮娜正跪在後院的鞦韆上，頭髮都快掃到地上。我問：「妳說妮娜多大？」她說：「五歲。」

　　我也許應該先告訴你們，安迪過世了。

結尾：

　　妮娜走到安迪躺著的台子前，他小小的身體上蓋著小時候媽媽給他縫的被子。妮娜繞著台子走一圈，撫摸他的身體，檢查他是否安好。她撫平他額頭上的頭髮，對他唱歌。她把費雪牌（Fisher-Price）玩具望遠鏡放在他手裡，他就能從天堂看到他想看的東西，然後她說：「我要走了，但他不會起來，所以我得幫他蓋好被子。」她又繞著台子走一圈，小心翼翼蓋好被子，然後她說：「我愛你，安迪‧丹迪，再見。」

　　你可以信任人們有喪慟的能力，哪怕只是一個小小人兒。我告訴其他騎警：「勇敢走進喪家，因為悲傷只是愛遇到了最古老的挑戰。經過這麼長遠的歲月，愛已經知道該如何處理。」我不需要信心，當然也不需要再假裝有自信，因為我有妮娜。經過她父母允許，你也可以有妮娜的支持。

　　凱特的開頭和結尾告訴我們，即便是幼童，也有能力面對死亡的複雜。

## 菲絲‧薩利（Faith Salie），
## 「我離婚時的穿著」（What I Wore to My Divorce）

開頭：

　　在我飛去辦離婚的前一晚，我獨自穿著胸罩、內衣和黑色高跟鞋，試穿一件又一件的洋裝。

結尾：

  我希望回到過去，告訴那個站在租賃公寓的鏡子前，那個沒有母親、沒有伴侶、沒有孩子的女人，那個正在為離婚試穿一件又一件的洋裝的女人。我想說，現在適合妳的衣服，一季之後可能完全過時，妳會對以前喜歡的樣式失去興趣，輕輕鬆鬆就穿上新衣。

  菲絲的開頭和結尾都在同一個地方，但最後提到她的看法有所改變。

## 慕希・特吉・札維耶（Musih Tedji Xaviere），「不成文的規定」（Unwritten Rules）

開頭：

  我在喀麥隆長大，從小就只想當作家。爸媽期望我成為會計師，然後結婚，而且要照這個順序執行。但是當作家是我的夢想。

結尾：

  爸媽依然不懂，但最近偶然讀到我的小說的正面評價，他們似乎很自豪……規則和傳統漸漸改變。雖然慢，但這個趨勢很篤定，越來越多女作家有機會出人頭地。

  札維耶說明父母已經規畫好她的未來，最後我們知道，她寫出自己的故事。她完成對自己的期望，她的父母也理解。這個結局告訴我們，札維耶成功實現自己的目標，也實現父母的夢想。

  如果起頭天衣無縫，你也知道要往哪個方向邁進，故事就會進行得自然順暢。講者都說，故事一旦抵達一定高度，也就是已經傳達重要事實，結局就近在咫尺，這個時候最有趣。準備妥當，上台更能樂在其中！

## 那就……開始吧！

講者用頭幾句話或第一幕布置舞台，為故事奠定基調。用電影術語來說，通常包括定場鏡頭（也就是明確交代聽眾需要知道的遠景）。

每個家庭都有祕密。我家的祕密就是我。我之所以是祕密，是因為我是黑人。現在，你會說我是黑白混血兒。但在一九五〇年代，還沒有黑白混血兒的說法。你不是黑人，就是白人，廢話少說。

——茱恩・克羅斯（June Cross），「祕密的女兒」（Secret Daughter）

我十五歲那年，在紐約新羅謝爾墓園後方的陵墓裡住過一段時間。別人知道之後，常問我是不是很恐怖。真的不會，我並不覺得特別陰森。

——喬治・道斯・格林，「在陵墓中成年」（Coming of Age in a Mausoleum）

描述某個時刻或場景當成故事開頭，可以吸引我們，為我們做好準備，帶我們進入故事！可以……

## 讓我們進入特定時空：

半夜門外傳來急促的敲門聲。我看到三個穿軍裝的人。其中一個蘇聯國家安全委員會少校遞來拘捕令。

——維多・萊文斯坦（Victor Levenstein），「撐過史達林的魔掌」（Surviving Comrade Stalin）

我站在時代廣場紐約時報大樓屋頂。我站在屋頂是因為我是電梯技師，電梯機房就在那裡。我喝咖啡，看著底下的車流，聽到手機響，我接起電話，是我母親。她說：「妳還好嗎？」我說：「我很好，抱歉我最近沒打給妳，妳還好嗎？」她說：「我很好。」她說：「有一架飛機撞上世貿中心。」

——南西・馬爾（Nancy Mahl），「拉奇蒙特小姐歸來」（Miss Larchmont Returns）

那是一九四三年的法國尼斯，戰爭打得正激烈，德軍剛剛入侵。我才七歲，和媽媽站在火車月台。有個穿著黑色長袍的高個子男人向我們走來，媽媽把我交給他。我不記得我們如何道別，但我再也沒見過她。

——芙蘿拉·霍格曼（Flora Hogman），「我的名字，繡在上面」（My Name, Embroidered）

那是一九七五年初春，我和兩個弟弟在貨機上準備飛往美國。我們和大約五十名孤兒在一起，大部分是嬰兒和幼兒。

——傑森·特里奧（Jason Trieu），「空運幼兒行動」（Operation BabyLift）

## 介紹我們認識故事中最重要的角色：

一九九八年八月，我準備分娩，當時很多人在場。有一名護士、兩名助產士、我當時的男友（他不是孩子的父親）、我的養兄，還有兩名也在等待老大出生的婦女，她們的孩子正好也是我的孩子。

——卡莉·約翰史東（Carly Johnstone），「完美的圓」（A Perfect Circle）

我走在紐約市東村大街上，天氣晴朗，陽光明媚，我挽著我的摯愛，但她死期將至。真的快死了。

——伊莉莎白·吉伯特，「領頭狼」

## 或者把我們丟在急迫情勢中：

我伸手偷偷解開安全帶，他的腳在紅燈前踩下煞車，我快速推開車門，衝出去。

——珍妮佛·希克森，「有煙的地方」（Where There's Smoke）

我躺在救護車擔架上，試圖挽救我生命的人的尖叫聲逐漸遠去。

——卡蘿爾·塞皮魯（Carol Seppilu），「逃出黑暗」（Outrunning the Dark）

二〇一三年三月，凌晨兩點。結果陸續公布，每公布一次，我的心跳都要停止。為了當上肯亞安巴卡西郡議會下一任議員，我投入艱苦卓絕的競選活動。

——碧娜‧馬塞諾（Bina Maseno），「公民碧娜」（Citizen Bina）

我人在紐約市的梅薩烤肉店。我是《Vibe》雜誌的主編，自我感覺良好。我在新聞界步步高升，買得起兩百五十美元的高跟鞋，日子過得有滋有味。但我沒想到，過不了多久，白金唱片藝人兼葛萊美獎提名人騷狐狸（Foxy Brown）會走進來，威脅要揍我一頓。

——丹妮爾‧史密斯（Danyel Smith），「騷狐狸」（Foxy）

請謹慎篩選細節，如果聽眾覺得太吃力，可能會恍神。你要讓聽眾思考**後來發生什麼事情**，而不是**我為什麼要聽這個？這有什麼關聯？**

沒必要一開始就告訴我們故事主旨，或做任何鋪陳（「我要講的故事是關於我成為男人的那天」）。如果我們知道故事結局，就難以全神貫注傾聽細節。讓我們繼續納悶。讓我們和你一起了解故事的發展，才能同步前行。這種共同經歷是講故事的美妙之處，請不要剝奪我們的樂趣！如果你講得好（我們知道你辦得到！），我們就能心領神會。

## 即將降落

講故事最具挑戰性的一環就是結尾。（我們討厭看到事情結束！）最後的那刻非常珍貴，可以決定故事的成敗。好的結尾可以讓聽眾屏氣凝神，目瞪口呆，或者讓他們聽得樂陶陶，甚至和鄰座的人擊掌！差勁的結局則會讓聽眾懷疑為何花時間投入情感，到頭來卻是一場空。

「飛蛾」的創作團隊審查台上每個故事，有時我們心想（充滿關切之情），**喔哦！他們搞砸了結局！** 通常是因為故事懸而未決，或者結尾與開頭毫無關聯。你希望聽眾感到滿意和踏實；你不想在故事結束之前就把他們硬扯下來，或者讓他們在原地打轉，暗自希望你趕快說完。

## 合情合理的結尾

動人的結局讓人感受到故事的力量和潛力，讓我們換個角度看待萬事萬物。有時，結尾如此動人，我們幾乎忘記我們不喜歡故事其他部分。那些結局讓我們受到啟發，決定重新修改。我們會問：「怎麼樣才能創作出配得上這種結局的故事？」

> **「飛蛾」指導員賴瑞‧羅森（Larry Rosen）**：想像你聽到某人家庭關係混亂的故事，結尾是個動人場景，講者的叔叔說他感到多驕傲，然後兩人相擁而泣，講者說：「我這輩子就追求這件事。」你心想：結局**真情流露，但好像哪裡不對勁，為什麼我不感動？**回想這個故事時，你發現講故事的人從沒提過需要或尋求叔叔的認同。他可能提到叔叔其他事情——他的吝嗇，甚至他的冷漠——卻沒有提到他不認同，或者沒提過他為何看重這件事。少了來龍去脈，結尾就讓人覺得**不倫不類**，導致聽眾懷疑起整個故事的真實性。

故事中的事件可以提出一個問題，並且在最後提供答案。你的故事可能有一個精心製作的答案（結局），但唯有我們真正理解這個問題，它才會真正「打中」我們！

結局是我們聽到的最後一件事，很有可能害整個故事走味。糟糕的結尾——令人困惑、油腔滑調、傲慢無禮、無關緊要或算盡心機——甚至會激怒聽眾。

## 說明你的改變

結尾往往來自你所經歷的變化：剛開始的你是什麼模樣？現在的你又是什麼模樣？這個故事和這些事件讓你對自己或周遭世界有何不同感受？

從我們抵達美國的那天算起，我花了十八年才拿到美國公民身分。二〇〇九年一月二十九日，我宣誓成為美國公民，宣誓效忠我的新祖國。透過我兩歲的兒子和腹中未出世的孩子，我就能確保即使我離開人世多年，現在我每天感受到的感激之情，都能永久流傳。

　　天佑我國美利堅。

──多莉・薩瑪札・邦納（Dori Samadzai Bonner），「新家園」（A New Home）

　　我本來甚至不敢承認自己暗戀別人，現在竟然用烏克麗麗邀請女生參加畢業舞會、有了初吻經驗，更重要的是，我和我喜歡的人建立特別的情感交流。我一直想著我辦到了。

──大衛・萊普斯塔（David Lepelstat），「讓它去」（Let It Go）

　　員警來了之後──警察局的人也來了，因為我在當地還算有名──他們不僅願意提供諮詢，還表示只要有需要，可以幫我另外找住處。雖然孩子甚至我自己都很害怕，那個入侵者卻送給我一份禮物。有生以來，我第一次知道自己受到考驗，不僅活下來，還取得勝利。我今年九十七歲，還是一人獨居。

──貝蒂・瑞德・索斯金（Betty Reid Soskin），「考驗」（The Test）

## 完美落地！

　　這麼多年來，我們看過講者的精采故事說到結尾時，竟然弱弱地說「好吧，我的故事大概就這樣」，然後匆匆下台，整場氣氛立刻冷掉。最好的故事都有強而有力的簡潔結尾──就像是嘻哈表演的丟麥[45]。

　　用最後一句話帶我們前往你覺得獨特的境地；不要浪費在虛無縹緲的概念上。不要說「這就是我關於心碎的故事」。反而可以說：「她傷我傷得很深，有時醒來之後，我有幾小時都只覺得心痛。但她教我如何去愛。」

---

45 Mic drop，源自一九八〇年代，表演者或講者為了凸顯自己的表演或演講出色，會在下台前將麥克風扔到地上，多見於嘻哈演唱對決時。

我們常說，只要知道最後一句話，就能篤定地下馬。雖然這不是奧運比賽，但你還是想完美落地。

那晚，我明白一個重要的道理──有時因為敲門聲響起，最可怕的夜晚、最可怕的一天，都可能在一瞬間改變。音樂和歡樂隨之而來。
　　　　　　──泰勒・尼格隆（Taylor Negron），「加州哥德」（California Gothic）

一會兒之後，護理員和姊姊留我和男友獨處。細節我不多說，但我要告訴你們：這是我度過的最美好的除夕夜。我希望大家知道，雖然我有殘疾，我依然可以動。有人能看到我身為女人的那面，不只是看到我的殘疾。
　　　　　　──珍妮絲・巴特利（Janice Bartley），「義大利種馬」（Italian Stallion）

我們分開的那一週，他們拆了我住了二十五年的家，我的吉普車也被偷了。我有一個鑰匙環，上面有三把鑰匙──一把開啟我已經不住的房子，一把開啟被拆掉的家，一把發動失竊的吉普車。上帝要搖醒我。於是我扔掉鑰匙，去上藝術學校，加入臭味相投的族群。
　　　　　　──翠西雅・羅斯・伯特（Tricia Rose Burt），「如何畫裸男」（How to Draw a Nekkid Man）

如果你想不出結局，別擔心──不見得一下就瞭然於心。你需要反思，篩選所有可能性，審視這些事件對你的意義。如果你找不到令人滿意的結局，有時就得回顧開頭，那裡可能就有你的結局的關鍵。

---

**敬酒**：輪你上「台」時，要充滿自信，分享準備好的內容，然後知道如何退場。你要請誰發言？麥克風要轉給誰？最重要的是你的最後一句是什麼？記住，要讓他們「意猶未盡」，而不是拚命看手錶。如果一切都不奏效，就說「乾杯！」

## 應該避免的結尾

身為指導員,我們知道講故事既驚險又令人筋疲力竭。大家往往想快快講完,或是因為說到尾聲而如釋重負,以致下意識落入「好萊塢結局」的樣本。請避開以下幾種結局。

## 完美結尾

我們不建議你用含糊的方式收場,但也不表示一定要包裝精美。**從此過得幸福美滿**也許沒問題,但不常見。如果故事的結尾過於矯情或「精緻」,就會顯得虛假。結尾會沖淡故事的深層內涵,否定你的故事的重要性。很多故事的結尾都是一團糟,也許依舊處於複雜階段。盡量克制衝動,不要想把事情做得過於完美。

哈桑・明哈吉的故事「畢業舞會」(Prom)的最後幾行就是一個很好的例子,證明結局並不完美,但我們依然心滿意足:

有時我覺得我可以原諒貝瑟妮,有時我覺得沒辦法。我還在努力,但我要努力勇敢起來,為了我和爸爸,我要勇敢。

## 無法結束

講故事的人有時會糾結該在哪裡畫下句點。他們繞著結尾轉圈,而且每沉悶卜,搞得聽眾筋疲力盡。他們會說上半打句子,每一句都能單獨成為最後一句。他們用不同的方式表達同一件事——可能無法拿定主意,提出幾種可能的結尾(慢著,到底哪個才是?)或者最後加個笑話,引人發噱。

就拿這個(編造的)結局當例子吧:

我還是不會跳舞。婚禮進入尾聲時,媽媽把我帶到舞池,我們靜靜地站

著聊天,「海灣之狐」⁴⁶的音樂響起時,我們就站著聊天。就像往常,她接住我,任由我一逕古怪、笨拙。我希望我也能這樣對待其他人;我希望我也能接住我的伴侶。在我們自己的特殊舞步中,我們是一生的伴侶。看到媽媽張開雙臂,歡迎我的另一半,我更愛她了。她總是把家庭放在第一位。無論是血親或姻親,家人最重要。她是我第一個家人,現在我們家又多了一人。媽媽是我的第一支舞,也是我最棒的一支舞,現在她還是我電話簿中的第一人。嘿,Siri,打給媽媽。

這個結局充滿了愛!但故事重點是什麼?我們人生中的重大事件可能充滿各種情節——有時,集中注意力找到結局,有助於你選定你想說的故事。

## 伊索寓言式結局

用「飛蛾」風格講故事,不需要宣布**故事的寓意**。儘管故事有時可能「寓教於樂」,但絕不能讓人有這種感覺。沒必要告訴聽眾應該怎麼想,或應該得到什麼啟示。只講經歷就好。講述這段經歷如何改變你,給**你**帶來何種感受。

請注意蒙特・蒙特佩爾(Monte Montepare)「無處可逃」(Nowhere to Run)的最後一句。

這次經驗會讓我看到自己心魔最恐怖的模樣。如果我試圖逃跑或閃躲,它們就會殺死我。我想活命,就必須勇敢,學會如何站穩步伐,直視它們。

他的結尾是他的經歷如何改變他——這不是我們每個人都要遵守的教訓,而是他要如何向前邁進的個人啟示。

---

46 Fleet Foxes,美國西雅圖獨立樂團。

## 讀者，我和他結婚了 [47]

往前快轉也是致命陷阱。如果故事講述註定失敗的尷尬求愛經歷，最後一句卻是「我們已經結婚二十四年。」真逗——聽眾通常會鼓掌——但似乎太愛耍花槍，那就像作弊。

## 令人滿意的結局

最好的結尾非常真實，應該讓聽眾有所感受、有所理解，或聯想到某些事情，而且不需要你多言。故事中的每一步都應該通往一個結局，而這個結局能解答你先前提出的任何問題。考慮結局如何可以讓聽眾滿意時，以下幾點值得記住。

## 故事到此打住

有時故事的合理結局在當下可能不符事實。例如你可以停在你把野貓帶回家當天就收養牠，即使後來令嬡過敏，你不得不為這隻貓咪找新家。

見過心電圖嗎？無獨有偶，心跳一下就像一個敘事弧，一個心跳的結束就是另一個心跳的開始，故事也一樣。一個故事的結尾將成為下一個故事的起頭。

## 將不確定性建立在真相之上

講故事的人往往不確定故事的某個部分如何結束，就像辛西雅・里格斯（Cynthia Riggs），她講了一個史詩般的愛情故事，是關於舊識的男人在六十多年後聯絡她。她說她在大學實驗室分揀浮游生物時認識了年輕的霍

---

[47] Reader, I Married Him，《簡愛》的著名台詞。

華，他們喜歡在餐巾紙上寫下祕密暗號，來回傳遞，因而結下不解之緣。沒想到，六十二年後，當她八十一歲，他九十歲時，他寄來一個包裹，裡面是六十多年前的暗號，還用檔案夾裝著，最上面有張新暗號。當她破解，紙條寫著：

我始終愛著妳。霍華筆

辛西雅告訴我們，當時她的孩子已經長大成人，她是推理小說家，很滿意自己的獨居生活。她還向聽眾透露她的浪漫往事。

你們必須了解我的背景。我不是完全不喜歡男人，但我有點不自在，因為我和一個非常出色但有暴力傾向的人結縭二十五年，雖然我們離婚三十五年，他有二十年持續跟蹤我，所以我不太願意敲開任何親密關係的大門。但是這些餐巾紙⋯⋯

霍華的這則暗號開啟長達數月的書信往來，慢慢醞釀出一段穩定的戀情，兩人也發現遠離彼此的幾十年生活有多相似。

第一次的故事結局是他們六十多年前一起在海洋生物實驗室工作分別後，她再也沒見過霍華。她不知道未來會發生什麼事情，她如實陳述結局。她告訴我們，她才剛買機票，幾天後就要去見他！

辛西雅最後決定**採取行動**，放手一搏，看看與霍華是否有進一步的發展，這與她故事的開頭大相逕庭。儘管故事結束時，他們還沒碰面，但她還是在故事結尾畫上句號。結局令人滿意，也充滿各種可能性。

霍華改變我的人生。我一直很封閉，但他給我和煦的溫暖，讓我體會到前所未見的平靜愛情和甜蜜激情——不要小看書信和暗號的能耐。最重要的是，他讓我找回自我價值。就因為這個原因，希望你們都能找到生命中的霍華。

## 還有……場景

就像用動作揭開序幕，在動作中或活躍的場景中**結束**，也有助於放大情感，如同以下講者的示範。

在熊熊烈火中，我看到媽媽。她邊聽邊流淚。我開心、雀躍。我和她搶書本可能輸了，但我贏了這場戰爭。不對，我們兩個都贏了。大火吞噬我們的書，但沒吞噬我們的故事、我們的希望。我就是在當時知道我的大學夢會實現，儘管聽起來依然危險又不可能。

——王屏（Wang Ping），「書本大戰」（The Book War）

截肢半年後，她來到這裡，她就在市集中央拉起牛仔褲，向我展示她超酷的新腿。這條腿是粉紅色，上面刺著《歌舞青春3》裡的人物，腳下踩著紅邊瑪莉珍鞋。她為此感到驕傲，她很自豪。最奇妙的是這個六歲的孩子心領神會的事情，卻花了我二十多年才明白，總之我們兩個都發現——當我們能夠讚揚，並且真正承認我們與眾不同之處時，就能找到最大的創造力泉源。

——艾美・慕琳斯（Aimee Mullins），「半成品」（A Work in Progress）

我們把蘋果蛋糕裝進袋子。進入醫院時，氣溫很低，還有一股藥味。但當我們走進爺爺的病房時，人家都圍在他身邊，氣氛就比較溫馨，我想辦法把袋子悄悄藏在背後，但奶奶看到了，她問：「妳拿的是什麼，露娜？」我把袋子遞給她，她拿出蘋果蛋糕，然後告訴爺爺，「看，露娜做的蘋果蛋糕。」他低頭望著蛋糕，然後抬頭看我，他笑了。我覺得他的記憶湧上心頭，他想起我們一起做蘋果蛋糕的時光，雖然他人在醫院，我感覺我們又一起做了糕點。

——露娜・阿茲庫倫（Luna Azcurrain），「祖父母、蘋果和我」（Abuelos, Apples & Me）

我們看著在門廊上玩耍的女兒。我直視他的眼睛：「照顧好那個小女孩。有任何需要，打給我。什麼事情都可以。」

　　　　　　——夏儂・卡森（Shannon Cason），「樓下鄰居」（Downstairs Neighbors）

　　我正在演戲，還和安東尼・霍普金斯一道，強納森・德米[48]站在車外看得很樂。在那段短暫時光，我們三個就是派對焦點。

　　　　　　——喬許・布羅德（Josh Broder），「卡！」（Cut）

　　我拜託爸爸和我一起參加巴基斯坦國慶遊行。我已經不是小女孩，我穿上軍裝。我看到一個小女孩看著我，看著我閃亮的靴子、金色的鈕釦和藍色制服，她夢想完成不可能的任務。我熱淚盈眶，站在春日豔陽下，與父親肩並肩，向閱兵式致敬。

　　　　　　——庫菈圖蘭・法帝瑪（Quratulain Fatima），「前途無量」（The Sky Is the Limit）

## 迅速總結

　　在總結中結束也是令人滿意的結尾。這不表示以寓言收場，而是闡明你，也就是講故事的人，如何改變。

　　我希望我改變了她對有色人種的看法——我們不是別人告訴她的那種人，她可能重新思考她的偏見。至於我，我找到一份工作，每天不會忙無所事事，正符合我的需要。我離開印第安那州是為了改變世界，結果我沒有。我辦不到。但是我發現，即使我不能改變世界，我也能改變我周遭一小部分世界，對我來說，這就夠了。

　　　　　　——斯蒂芬妮・薩默維爾（Stephanie Summerville），「生命維持系統」（Life Support）

---

48 Jonathan Demme，奧斯卡最佳導演，作品包括《費城故事》《沉默的羔羊》等。

在寒風中，我意識到一件事，只有一個人疏遠我，讓我覺得自己完全不屬於這裡。後來十七個了不起的書呆子讓我知道，我是他們的一員！當時我就知道，他們是我的朋友，波士頓是我的城市，我不會馬上離開美國。
　　──阿里・阿爾・阿布杜拉提夫（Ali Al Abdullatif），「愛國者遊戲」（The Patriot's Game）

　　我透過面試，拿到這份工作。就在那天，我接觸到我的另一面。她很少露面，只在需要的時候出現，我稱她為「靜靜的火焰」。
　　──菲麗絲・鮑德溫，「靜靜的火焰」

　　我不是一回學校就突然變成印度女孩，午餐吃印度菜，聽印度音樂，穿印度服裝，說印地語。我只是意識到，我不必再偽裝成另一個人，我重拾自己以前疏於照顧的另一面。
　　──莎雅・夏姆達薩尼（Saya Shamdasani），「無價的芒果」（Priceless Mangos）

　　我的婚姻完了，但我還活著。我希望兩個孩子都能成為好人。我希望他們為周圍的人帶來無窮歡樂，眾人會為他們的離去悲傷不已，因為亨利就是這種人。他去世二十四年了，雖然記憶猶新，但我不再痛苦。事實上，我漸漸成為我所認得最幸福的人。倘若他知道，也會為我感到開心。他不再來夢裡找我。我終於可以承認，無論是在夢裡或其他地方，我對再也見不到他的臉感到心安理得，因為說到底，還有什麼話是我這種老人對十四歲的朋友還沒說過的呢？
　　──肯普・鮑爾斯（Kemp Powers），「往事並未落幕」（The Past Wasn't Done with Me）

　　在最後臨終那幾個恐怖的小時，我唯一能為她做的就是什麼都不做。什麼都做不了。我只能屈服於我的無能為力，不得不放手，不得不看著她走。她搖搖晃晃地倒下，戰鬥到嚥下最後一口氣。過程直截了當，也震懾人心，她很勇敢。她走後，我像狼一般嗥叫。我會不斷向世人講述她的名字。
　　──伊莉莎白・吉伯特，「領頭狼」

179

在巴格達，我是弱者，我無法投入任何組織或團體，幫助我留下來保衛我的城市。但在美國，我很堅強，如今我是美國陸軍國民警衛隊的中士，因為我可以加入組織，讓我做好準備，捍衛我歸化的祖國，履行公民的責任。我知道生活在恐怖主義下的感受，我再也不想經歷。

——阿巴斯・穆薩（Abbas Mousa），「離開巴格達」（Leaving Baghdad）

當主要事件結束後，我們得到解決故事和完成敘事弧的答案，你只剩下幾句話還沒說。選擇聽眾難忘的句子當最後一句，你希望你下台多時之後，這句話還能讓聽眾回味無窮。

> **呼籲大家起而行之，當成倡議手段**：「飛蛾」的故事通常以個人反思作為結尾，但如果你的目標是利用這個故事激勵聽眾改變，就需要更用心，幫故事收尾——最後要呼籲大家起而行之。「所以你這個週二才要去投票！站起來，投票去！」

## 指導員的提醒

- 選擇故事的開頭和結尾。知道開頭和結尾有助於你規畫故事走向，確定敘事弧。從場景的動作開始，可以讓我們立刻進入特定時空，認識關鍵人物和故事情勢。結尾一定要讓聽眾感到滿意，而且是你的獨特體驗。

▲ **令人不滿的結局**……

- 過於平淡、完美或普普通通。

- 不明確或懸而未決。（千萬不要讓聽眾疑惑**到底怎麼回事？**）

- 告訴聽眾應該有何想法。（故事不需要有寓意。反而應該說說你的想法和感受。）

▲ **強而有力的結尾**……

- 要有明確的停頓，不要吞吞吐吐。（你希望結尾**完美落地！**）

- 來自你所經歷的變化。

- 可以回答故事的中心問題或衝突。

PART3

# 講述
# 你的故事

# 第9章 從紙上到台上

> 肩並肩坐在一屋子人中間,大家一起靜靜聽得如痴如醉是件特別的事情。對我而言,這就是魔法。
>
> ——「飛蛾」指導員克蘿伊·薩蒙(Chloe Salmon)

二〇〇四年一月某個寒冷冬夜,「飛蛾」在麻州鄉間劇院製作一場活動。這是我們第一次在紐約市以外進行巡迴演出。聽眾人數不多,房間也有點冷(無論是字面或比喻)。「飛蛾」的長期寵兒馬克·卡茨(Mark Katz)講述為美國前總統比爾·柯林頓撰寫講稿的故事。他講了沒多久就停下來,似乎忘記說到哪裡,後來試著接下去,又停下。馬克最後說了一句「對不起」就下台。驚!不可思議。所有人都愣住了。沒人知道該怎麼辦——這種情況只發生過一次。最後大家深呼吸,繼續講下一個故事。

中場休息後,馬克回到台上,開玩笑地說:「就像我剛剛說的……」然後漂亮地講完故事。此後他又講過幾次,每次都很精采。

那個麻州冬夜究竟怎麼回事?馬克對這個故事瞭若指掌,但他太專注於背誦,堅持按照特定順序講述,以致忘了一個單詞,就不知道自己講到哪一段。

---

**馬克·卡茨**:這是我出神之前的記憶:我上台,很興奮要講故事,結果太興奮。那天晚上,我不只想講故事,我還想講得格外出色。但情況失控。我努力回想開場白,說了兩句之後,完全忘記自己要講什麼。「飛蛾」製作人在台下提詞,我停止運轉的大腦卻無法反應。前文的描述完全準確:我囁嚅說「對不起」,踉蹌走下舞台,全場驚愕,鴉雀無聲。

> 「飛蛾」團隊確定我不是身體不適，只是經歷每個講者最害怕的夢魘，他們允許我在中場休息後再次上台。
>
> 這次我不靠現場氣氛，而是隨著故事的進展，得到情感能量。其實我回到自己的內心世界，想像自己就在故事場景中——也就是在飯店的小小會議室，我身穿燕尾服，拿著廚房計時器，與美國總統展開驚心動魄的邂逅！當故事結束時，我已經講得如同最開始設定的目標一樣好。至少，我覺得很好。

在台上講故事需要練習、準備，沒錯，還需要一點勇氣。在本章中，我們將介紹各種技巧，教導如何保持冷靜、增強自信和消除緊張。

## 背誦 VS. 熟悉

很多人害怕一上台就忘記自己的故事——這裡討論的可是**完全**忘記——然後站在恐怖的寂靜中，任由聽眾看著自己逐漸枯萎。我們理解這種焦慮，也明白大家認為記下整個故事，才能避免上台之後腦子發熱卡住。但是，在我們指導故事的二十五年中，只有少數幾個講者在台上**完全茫然**，而且每個——沒有例外！——都嚴重依賴逐字記憶。

回想學字母的階段。幾乎所有人都靠唱字母歌才記住。有沒有碰過要排字母順序時，得重唱整首歌或一小段才能確定P是否在T之前？這就是不該背誦故事的原因。你在台上不可能從頭快速唸一遍，就為了想起下一句是什麼。

人們覺得有必要一字不漏地背誦故事，因為他們擔心遺漏重要內容，但這不是表演獨白。聽眾不會因為你漏掉一句而責怪你，只有你自己知道接下來會發生什麼事情。講述故事時，要能夠真正地**講述**，而不是背誦。如果你死記活背，就不是回憶故事的原貌，而是回憶你**寫**的稿子，你就無法完全投入現場的氛圍，可能失去與聽眾的情感交流。

許多人都學過,「報告」時要表現得更拘謹正式。想把故事講得好,反而得放下這個執念。為了表現得更隨興而事先準備,似乎有違直覺,卻是你在台上發揮自信的關鍵。堅持呈現真實的你——穿著牛仔褲在後院散步的你,而不是穿西裝、打領帶、穿著塑身衣的你。

準備時,可以用幾種不同的方式整理思路。有些人喜歡在紙上思考,因此他們寧可在講述之前寫出整個故事。有些人則喜歡寫要點當指南。(想想你的跳板!)有些人根本不寫。沒有所謂**正確的方法**!我們知道這本書教導大家「如何做」,現在卻說沒有正確的方法!但這就是事實!把這本書當成路線圖——你不需要記住每條街道,只要知道目的地。當然,你會喜歡某些詼諧的說法,所以每次都重複,但你不需要記住每一個字。你只需要**熟悉**故事的大致走向。

話雖如此,還是要提醒大家:如果你選擇寫下故事,很難從紙上脫身。你可能會愛上自己的寫作方式,分手時鬧得雞飛狗跳!如果你的思考過程一定要包含書寫,建議你在開始練習**之前**,就將草稿歸納成條列式的要點。

這張「小抄」可以幫助你將故事的主要場景濃縮成短句子或短語,試著只列出十點。排練時,如果忘記自己說到哪裡,可以往下偷瞄。接著,把小抄翻過來放在桌上,真的忘記時才翻過來看。最後,則是完全不帶小抄!媽,你看,我兩手都放開了!

無論採用哪種方法,請記住,紙上的要點只**代表**故事發展的軌跡。講故事時,你有時會加入臨時想到的新細節,這正是故事最精采之處。任由自己自在地講述吧。

「飛蛾」的故事是對話式,包含你和聽眾之間的交流。他們的存在和反應會影響你講故事的方式,你可以對第三排聽眾突如其來的笑聲做出反應。當你頓一下,說:「慢著,我忘了說車庫開關壞了!」只會更凸顯你的人性。

這些故事有生命,就某種程度而言,故事永遠不會「完結」。每次講故事都**應該**有些許不同。故事每次都會略微改變,就看你當天的心情、褲子是否太緊、是否擔心停車計時器會在故事中途逾時而稍稍分心⋯⋯

> 「一分錢硬幣的好運」（Cents of Luck），莎拉談與弗萊希‧羅森伯格（Flash Rosenberg）合作：弗萊希‧羅森伯格是視覺藝術家，正在創作苦樂參半的故事，講述她從未聽父親說「我愛妳」三個字。在「飛蛾舞台」登場前幾週，我們就一起創作。她花了很多時間，顯然這個故事對她意義重大。但在「飛蛾」辦公室彩排的那天，出席者包括工作人員和其他講者，弗萊希卻快哭出來。她完全記不得故事順序。她從自己是古怪創作者談起，講了她成長過程中與父親的關係，停頓一下，直接跳到故事結尾，然後又停下來。她一直說「我不記得我寫了什麼」，也要求參考筆記影本。因為隔天就要正式上台，我們都很擔心，也為她難過。我們知道她創作獨特又動人的故事，可惜就是說不出來。有一次她停了很久的時間，同一組的講者（暨時尚偶像）賽門‧杜南[49]突然說：「弗萊希！妳是藝術家，為什麼不把大綱**畫出來？**」我們驚呆了。就是這樣！她也照辦。原來這位藝術家必須**畫出**她的故事大綱才能記住，一旦有了畫面，能在腦中從一個畫面跳到另一個畫面，她就有信心，也準備好上台。最後，藝術成了救星，故事大成功。

我們知道，我們剛剛才說最好不要背誦。只有一個例外。我們唯一建議你記下的——再強調一次，**唯**一喔——就是故事的第一行和最後一行。記住第一句，可以讓你一開始就有把握。多數人上台時都很緊張，知道自己第一句台詞，就能幫助你克服緊張，讓你的故事站穩腳步。沒錯，最初二十秒可能很恐怖，但別忘了，你精心設計這個強有力的開場。當你說到第三句時，故事就進入自動駕駛模式——開始翻山越嶺。最後一句近在眼前！不必停下來繳過路費或加油。你就快達成目標。

---

49 Simon Doonan，紐約巴尼斯百貨創意總監、作家。

> **用故事當工作簡報的開場白**：比爾‧羅賓遜（Bill Robinson）的女兒帶他參加芝加哥「飛蛾故事擂台」，當成父親節禮物。比爾一直對故事情有獨鍾，但參加過「飛蛾」活動（他真的上台，還在比賽中名列第三！）之後，他決定用故事當開場白，以新上任會籍副總裁的身分向某個專業協會的董事會做報告。這群人非常厭惡風險，所以他得在二十八天前就把簡報發給他們審閱。但他在三次報告中都用個人故事開場，給他們殺個措手不及，例如他相信直覺，大膽忽略導航的故事。這招非常有效，比爾為他的新計畫募得一千五百萬美元。他說：「故事改變人們的理性思維，我希望每個人的決定都能發自內心。」

## 大聲說出來

建構這些故事是為了分享，現在該說說看了！你已經有了幾乎成熟的故事草稿，不是已經條列出來，就是記在腦中。下一步就是大聲講給自己聽——無論是對著鏡子說，還是對著窗外講，或對著你的貓咪、植物，你都必須把這些話說出來。在第一次講述的過程中，你要聽聽看是否需要修改或補充，讓故事的結構更完善。

第一次講故事時，時間通常會延長，因為你是回憶段落順序。沒關係！這是過程的一部分。這是按照大概的正確順序，從第一句講到最後一句。我們有時笑稱這是「自由砸鍋」版，因為重點不是講得完美，只需要從嘴裡說出來。隨著你講得越來越自在，說話效率也會越來越高。這是你多方嘗試的機會——看看哪些行得通，哪些感覺坦率誠實，然後丟掉其他部分！

需要偷看筆記也沒關係，但這是你甩開紙稿的機會。多數初稿都寫得太長，第一次講述時，可能會發現多餘的敘述，有些段落又長又囉嗦。有些說法聽起來不自然。你甚至可能決定錄音，然後回播。記下任何你覺得突兀、不相干、不必要或重複的部分。你可能說說停停，有時忘記自己講到哪一

段。老實說,你可能會覺得很不順利,但這是不可或缺的一步。我們將在本章介紹該提防的陷阱,讓你的故事更順暢。

> **故事無所不在**:你永遠不知道何時會聽到改變人生軌跡的故事。對所有故事保持開放的態度。通勤真能帶你抵達目的地,或聽到該明白的道理。
>
> **珍妮佛・伯明罕(Jennifer Birmingham),選自「三件事」(Three Things)**:我跳上計程車,司機在前座竊笑。他告訴我,他看到剛才那個吻,還說看起來真的很棒。我說:「錯,才怪,尷尬死了。」我告訴他,這是我十五年來第一次約會,有點難以招架。司機說他名叫巴布羅,還說他也很久沒約會,然後他一邊開車送我回哈林,一邊敘述他的約會理論。到了我家樓下,他關掉計價表,我們隔著那扇小窗戶牽著手,又聊了四十五分鐘。真希望我能告訴你,我在那晚愛上紐約計程車隊智者巴布羅,可惜沒有。不過我覺得是老天安排我遇見巴布羅,讓我能更輕鬆地往前邁進。

## 時間長短

莫蘭・瑟夫(Moran Cerf)是教授兼神經學家,曾在「飛蛾舞台」講故事,可能是「飛蛾」有史以來說話速度最快的講者。在接受「飛蛾電台」採訪時,莫蘭說:「我不擔心時間限制⋯⋯如果故事太長,我就講快一點。」

我們喜歡莫蘭,但如果你天生不是講話快的人,我們不建議你以加快速度當成變通方法。與其要求我們繫上安全帶才能聽故事,不如把故事剪輯成最精髓的版本。我們希望聽到每一個字!

莫蘭在一分鐘內講了幾百個字,多次到「飛蛾」講故事的艾格・奧利佛[50](Edgar Oliver)卻恰恰相反。他說話⋯⋯很⋯⋯慢。所以艾格一個故事所

---

50 Edgar Oliver,美國演員、作家,以其獨特口音聞名。

說的字數遠遠低於平均數字。

以下是莫蘭到「飛蛾舞台」講「夢境答錄機」（The Dream Recording Machine）時的第一分鐘內容：

我是神經學家，研究人體。我們這個領域通常不會出名，但我可以說個故事告訴你們，我如何因此聲名大噪。我的研究要和腦子開過刀的病患合作，為了幫助他們，我們進行多方嘗試，但我們也研究這些病人。過去幾年，我做的研究之一就是針對動過腦部手術的病患，出於臨床治療因素，醫生在他們的大腦深處放置電極。但我們也告訴他們：「我們要給你們看這些照片，看看你們的大腦看到這些照片時是什麼樣子。你們看到這些圖片時，我們就能繪製出你的大腦示意圖。基本上，我們就知道，你們想到這些事情時，大腦約莫是什麼模樣。」所以病人坐在床上想著巴黎鐵塔，我們會看到他們看到照片之前的大腦，然後我們投射出巴黎鐵塔的圖片。所以病患基本上就是坐在床上⋯⋯

第一分鐘就說了兩百一十五個字！

再比較艾格「薩凡納的管束」（The Apron Strings of Savannah）的第一分鐘：

媽媽總是對我們說：「薩凡納是個陷阱。它會把你們關起來，即使你們僥倖逃走，它也會想辦法把你拖回來。」媽媽還說：「小心其他人。他們不會了解你們。我們與眾不同，我們是藝術家。」所以在我整個童年，只有我們三個人，就是媽媽、海倫和我。我們就像迷失在這世上的三個人，三個迷路的孩子，媽媽、海倫和我，沒有人能夠進入⋯⋯

只有九十二個字，還不到莫蘭的一半！[51]

---

51 這裡和上述莫蘭的數字都指英文原文而言。

我們不建議你像莫蘭那樣加快速度（很少人能以這種速度講完故事），也不建議你像艾格那麼慢！用平常和朋友共進晚餐的說話速度講故事就行了。先看看需要多長時間，就能了解自己的節奏。之後，再根據你分配到的時間長短修改內容。

> 「站起來」，莎拉談和郭德華[52]合作：十多年前，為了準備「飛蛾舞台」的活動，我和梅格前往紐約市長郭德華的辦公室。這位前市長親切招呼我們。他看起來有七呎高，比我想像高多了，辦公桌也很大，與他的身材相稱。我和梅格仰望他的模樣活像小矮人。郭德華市長馬上開始講他排練好的故事，但是——喔哦！——這個故事和他之前準備的那個完全不一樣。我瞪大眼睛做筆記，最後他說：「我已經計時了，只有兩分鐘，妳們覺得如何？」我頓了一下，快速考慮外交辭令，然後說：「市長先生，我喜歡這個故事！如果『飛蛾』講的是兩分鐘的故事就好了，但恕我直言，我們不是。『飛蛾』的故事是十分鐘。」他想了幾秒鐘，然後點頭說：「我給你們六分鐘，頂多只有有這麼長。」他在「飛蛾舞台」講「站起來」——關於二戰的故事——的那晚，開場白是：「我第一次考慮，以為我會講個幽默故事。我有兩個笑話可說。但兩個不到十分鐘，所以我要講個嚴肅的故事。」是的，我們要鄭重聲明，他的故事只講了五分二十九秒。

雖然你身邊沒有計時員溫柔地拉小提琴，提醒你該結束了，但你大概都知道要講多久才合適。信不信由你，你絕對可能在兩分鐘、五分鐘或十分鐘內講述同一個故事，就看你認為哪些細節對理解故事主旨至關緊要。

多數人很難判斷自己講了多久。正在練習講十到十二分鐘故事的人，發現第一次竟然長達二十六分鐘，往往大吃一驚。他們會說：「感覺沒那麼長啊！」如果你得在規定的時間內講完故事，你又說太久，我們建議你使用計

---

52 Ed Koch（一九二四—二〇一三），民主黨政治人物，紐約前市長。

時器。講故事的過程中，試著找出可以變得精簡的段落。能不能說得更簡潔，用更少字？兩個句子能不能併成一個？也許你不需要額外說明，一句就夠了！用計時器練過幾次，就會提高效率。**親身體會**時間流逝很重要，你才能把故事講到合適的長度。

另一個達到規定時限的訣竅是將故事拆成好幾段。開頭、中間和結尾各占多少時間？就把時間限制當成預算。如果你只有十分鐘講述故事，你會選擇如何**運用**這段時間？你選擇給開頭兩分鐘，給中間五分鐘，給結尾三分鐘嗎？好好精打細算！如果你用八分鐘鋪陳，就只剩兩分鐘講述故事核心。那可不夠！在十分鐘的故事中，你應該在頭幾分鐘就建立急迫情勢。你需要用剩下的時間交代所有情節，並且做出結論。透過自我剪輯，練習達到目標。再回頭，重新組合！

我們經常用**關鍵選擇**形容編輯過程。剪枝會讓故事更有力，剪掉枝條，你的玫瑰會長得更美麗。刪掉讓故事偏離正軌的段落吧。

> SKÅL, À VOTRE SANTÉ, PROST, CHEERS！[53] 十六世紀時，人們會在杯底放一小片吐司（改善葡萄酒的口感）。如果是向某人致敬，大家習慣喝到杯底露出吐司。以前的習俗還包括將酒杯扔進壁爐！幸好現在舉杯說幾句話就夠了。受邀敬酒時，以一到兩分鐘（最多三分鐘）為宜。簡短、溫馨才是王道（「蓋茨堡演說」[54] 大約三分鐘，卻改變了一個國家）。我們建議，在其他社交場合講故事的時間也不要超過三分鐘。讓出場地，讓別人也能分享。

你可以重新審視自己的「一句話」。如果覺得某個細節或場景不合適，想一想它是否支持你的「一句話」摘要。與故事的最終目的有關嗎？是否推

---

53 各國表示「乾杯」的詞語，依序為丹麥語／瑞典語、法語、德語、英語。
54 Gettysburg Speech，美國總統林肯最著名的演說，哀悼內戰蓋茨堡之役的陣亡將士。

動故事的發展？整個故事的脈絡是否清楚？

　　練習時，最好選擇較短的句子，因為腎上腺素加上聽眾的活力和反應（尤其如果你的故事很幽默！）一定會讓你的故事略微延長。

## 時態

　　因為編輯飛蛾選集，我們有機會清楚表達書面文字和口頭措辭的主要區別：就是時態的使用。

　　一般而言，寫作時會選擇一種時態，貫徹到底。但是，當我們抄錄講者實際**說出口**的話時，發現許多優秀的講者在故事中頻繁切換時態。在電台或現場表演時通常不明顯，閱讀他們的文字，就會發現。我們的前任編輯建議「選定時態就用到底」，聽起來似乎很合理，這也是當初學校教導的寫作方法。我們試過，但意外發現，這會毀了故事的「生動性」和即時性。我們失去講者的自然聲音，也失去與他們共處一室的臨場感。

　　在現場講故事時，口說可以比書寫更自由使用時態。大體而言，人們說話時會在時態之間來回跳躍。多數人都會自然而然地這麼做，所以不要過於糾結。但作為一個講故事的人，你可以有意識地使用時態，當成工具，幫助詮釋或塑造某些時刻。

　　再拿卡爾‧皮利特里的故事當例子，他描述地震發生時，他正在福島發電廠一號反應爐工作。他用過去式（對於講究文法的書呆子而言，**嚴格說來**是過去進行式）開始描述。

　　每次這個東西一震動，我們都彼此推擠。我們擠成一團，這時三個大男人就像三個小男孩，我開始認真為大家大聲祈禱。左邊的日本男孩似乎用日語祈禱，而我們就站在這個巨大的渦輪發電機前，一號機組反應爐產生的蒸汽驅動它以每分鐘一千五百轉的速度旋轉。

　　但是，在最緊張的時刻，他突然換成現在式。

它的功率達到百分之百，渦輪機發出的聲音引起我的注意，我發現那聲音似乎要散了，而且快要爆炸，會把我們撞到牆上。彷彿為了刺激和證實我的恐懼，我聽到遠方的美國同事在黑暗中大叫：「要爆炸了，要爆炸了！」

和卡爾一樣，許多優秀的講者都會利用時態吸引聽眾。他們一開始可能用過去式，卻在精采的關鍵時刻切換成現在式，這樣我們就能和他們一起**身歷其境**。現在式就像電影中的伸縮鏡頭，將你直接拉進動作中心，告訴聽眾，這個段落很重要，他們應該格外留意。

另一個例子是裘妮・傑米森（Journey Jamison），她在講述「變革理論」（Theory of Change）時年僅十六歲：

〔以過去式開始〕我從未想過出門，讓自己置身險境幫助誰。事實證明，我沒必要多想，因為幾秒鐘後〔現在切換到現在式〕，我的後門突然打開，一個十九歲的年輕人摀著脖子走了進來。他的脖子流血，不停地說：「我中彈了！妳能幫幫我嗎？妳能幫忙嗎？」我只說：「可以！」

一個流血的男子走進她的房間，她切換到現在式，我們就和他們置身同一個時空。

要注意，過分擺弄時態這麼自然的元素，聽眾會覺得受到操弄。考慮時態時，最佳方法就是你的故事聽起來就像你正在分享給朋友聽。用現在式起頭太戲劇化──更像脫口秀，而不是和朋友分享故事。用現在式開場可能很大膽，卻會改變你與聽眾之間的互動，產生一種微妙的距離感。用「我正站在飽經戰亂的城市中央」當故事開頭，聽起來就像是「重現」某個場景。聽眾可能把你看成是表演者，依此評斷你。

此外，用現在式開始可能導致困惑。四十多歲的男人在開頭宣稱：「我今年六歲，今天是我第一天上幼稚園。」聽眾的大腦自動質疑這句陳述。當然，他們一會兒之後就會理解這種說法，但事實正是如此──這是一種說法，而且這種說法可能引人反感。**第一句話**就引起這種反應，之後就得努力贏回聽眾的心。

如果講故事的人看起來二十多歲，卻以「我十七歲」開頭，聽眾就會格外困惑。他們就會想，**是嗎？你看起來有點老**⋯⋯他們可能要花點時間才能明白，而在這落後的時間裡，他們會分心，可能錯過你接下來說的五件事。最好直接說「當時我十七歲」。在這種狀況下，過去式會讓聽眾更投入。

請記住，講故事時，你很可能會自然切換時態。你不需要整理成同樣的時態──放飛你的時態吧！

## 重複敘述可以製造亮點

如果某件事情對故事很重要，就多給它一點燈光！重複敘述可以告訴聽眾該看哪裡，他們沒有書頁的文字可以參考，所以你得另外找方法強調重要的細節。如果某一點特別重要，多用幾句話來強調，確保聽眾聽到。你甚至可以放慢說話速度，表示：**嘿，不要錯過這件事**！或者乾脆重複這個細節，達到效果。

> 我花了一萬個小時練習──一萬個小時！

> 我們在道路盡頭看到一具屍體──一具屍體！

重複提起就是換句話說：「你聽到了嗎？」如果某個細節對理解整個故事至關緊要，這種方式尤其有效。如果聽眾第一次錯過，接下去就會聽得迷迷糊糊──確保他們務必聽到！

在「眼睛大發現」（Eye Spy）中，米凱拉．墨菲（Michaela Murphy）用重複敘述的方式，確保聽眾記住對理解故事至關緊要的細節：就是她發現艾爾叔叔有一個玻璃眼珠。

> 從來不陪我們玩耍的艾爾叔叔下水，和我們玩鬥雞遊戲。他把他的女兒，也就是我的堂妹愛琳扛上肩膀，我也坐到我堂哥凱文的肩膀上，我們一起玩鬥雞，有那麼片刻，就像是一般的家人玩樂。我們互相搥打又落水。

195

然後我一不小心踢到艾爾叔叔的腦袋側邊，而且力道很大，他的眼球從臉上蹦出來，掉進水裡往下沉。

　　眼球從他臉上蹦出來，掉進水裡往下沉。

### 華麗詞藻

　　雖然很誘人，但沒必要在故事中使用生難字或華麗的詞藻。就用平常說話的語氣，而不是寫作的措辭。你會因此更擅長說故事，可能還會幫助你用嶄新的方式看待你的寫作。

> 《紐約客》特約撰稿人暨「飛蛾」講者亞當・高普尼克（Adam Gopink）：我發現，在某些方面（無疑地，現在各方面都還是）而言，我已經成為過於花俏的作家。也就是說，博學的花腔和繁文縟節淹沒我單純講述事發經過的能力。但寫作是力求完美。你希望每個句子光彩照人，有自己的對稱、結構和魅力。故事就不一樣了。在敘述過程中，故事可以容忍許多粗糙元素，只要敘述內容有意義就好。寫作不行。讀者不會容忍不完美。但你不認為聽眾絕不原諒不真誠嗎？

　　有件事會讓聽眾對講者產生反感，那就是他們似乎在表演，或在某種層面情緒疏離。

　　要不就是在直截了當的語言中找到詩意，要不就是跳過詩意，用更直接的方式講故事。

> 「飛蛾」講者雷・克利斯提安（Ray Christian）：表現出真誠、真實的你。無論你是什麼模樣都好。無論你有多少缺點。無論你多麼

> 格格不入。越是刻意偽裝，你的故事帶給聽眾的感觸就越少。也許故事聽起來很完美，除非發自內心，傳達出你當時的強烈感受，否則**感覺**就不完美，那正是說故事的魔力。

## 粗話

故事的語氣一定要像你，如果你的日常對話聽起來像昆汀・塔倫提諾的電影場景，那就得幫聽眾想一想了。有些人緊張時似乎更愛罵髒話。但是聽起來恐怕很刺耳，聽眾也不習慣髒話連篇。你願意失去聽眾嗎？如果不願意，能否減少部分粗話？如果用得好，由來已久的「他○○」就是很好的準則。有時，似乎只有粗話才有效果！不要把這個字當發語詞，就不會削弱它的威力。

> **珍妮佛**：我的奶奶只在我面前說過一次「該死」。當時她正跪在廚房擦地板，我穿著沾滿泥巴的靴子第四次經過。我現在胃部還能感受到那句「該死」，我嚇壞了。她是認真的，還出動重量級髒話。我感受到語言的威力。

想想強・貝內特（Jon Bennett）的「髒話！」（Curses!），故事敘述一個絕不說髒話的父親，總是一派清教徒語氣地說「沒必要罵髒話！」並且糾正周圍的人。後來，這位父親遇到極度離譜的狀況而口出穢言時，聽眾樂壞了。罵得好啊。

一個來自路易斯安那州且完全不拘小節的人提到，每次有人不經意說「他××」，他就覺得被人搧了一巴掌。也許你故意想罵髒話，搧人耳光。很好，但你可能只打一次，他們就會退縮／出神／關上耳朵／隨便聽聽。如果你想影響更多的人，也許可以用另一個詞。你也可以用暗示，但不要真的

說出來。（我××○○這什麼意思啊？）

在席拉・卡洛威（Sheila Calloway）的「真正的正義」（True Justice）中，她描述自己在某次強烈挫敗感中失去冷靜，放出狠話。但是她沒說她到底說了什麼，反而這麼說：

> 我打心底知道，這個法官絕不會給這個孩子可消除紀錄的緩刑。我的挫敗感不斷提高。我越是和檢察官商量，他越自以為是，還說：「他犯了罪，就得坐牢。」他不斷對我說這句話，我的火氣越來越大，突然一下子爆發，我放下手中的檔案，指著他的臉說，你不知道正義是什麼，你就是諸如此類，等等等等，○○××，○○××，○○××，○○××，○○××，○○××，○○××，諸如此類，等等等等。請注意，這是坐滿人的法庭。律師、我的上司、我可憐的當事人都看著我抓狂。但那一刻，我才不在乎誰看我。我只覺得，這不對，這不公平。

練習大聲講故事時的注意事項：

- **站起來！** 練習講故事時，站起來很重要——站起來有一種迫切感，實際上也能用不同的方式刺激大腦。德州農工大學的科學家研究三百名使用立式辦公桌的學生，發現他們的認知學習投入度提高一成二[55]。事實證明，「站著思考更有效」這句諺語是對的。

- **試試不用安全網說故事。**「我太緊張了，我需要筆記！」我們理解你一開始想用筆記，但隨著你練習越多次，即使你覺得還沒準備好，最後也該試著不用筆記。最好知道你會在哪裡卡住，再加以改進。拿出筆記會給你虛假的安全感（況且，帶筆記會縮短講故事的時間，你就不知道你究竟要花多少時間了）。

---

[55] 作者註：「立式課桌對學習投入度的影響：探索性研究」（The Effect of Stand-biased Desks on Academic Engagement: An Exploratory Study），Marianela Dornhecker、Jamilia J. Blake、Mark Benden、Hongwei Zhao 與 Monica Wendel 共同發表於二○一五年四月《國際健康促進與衛生教育期刊》（International Journal of Health Promotion and Education）第五十三卷第五期的第二七一至二八○頁，doi:10.1080/14635240.2015.1029641。

- 這時，你的故事可能還有點說不通，**不要焦慮！**當你第一次試著說出寫在紙上的故事，你可能會覺得自己完成一個環節，卻不知道下一步該往哪裡走。這表示你還沒準備好所有的跳板。現在你就知道了！剛好趁機退後一步，想想故事中的關鍵時刻是什麼，這些關鍵時刻讓情節環環相扣，賦予故事更大的意義。

- **注意你在什麼地方卡住：**你現在講述的故事還只是草稿上的文字，如果你忘記自己講到哪裡或恍神，這表示在結構或情感層面，某個環節可能搭不上線。你能重新排序嗎？故事背後的意義是什麼？什麼是最**簡單的**表達方式？也許你一直忘記的細節並不必要！你的潛意識可能幫助你編輯。如果你繼續卡住，也許你在結構方面嘗試太多花俏的技巧。回去按照時間順序講述，看看有何感覺。

- **提高情勢。**如果你發現自己的故事有點平淡無奇，或者講完後覺得**那又如何？**你可能需要「加大力度」，或者用我們的話說，**提高**情勢！何時是緊張時刻？是不是要再增加細節或增加壓力？你可能會失去什麼？這點在故事中清楚陳述了嗎？有沒有讓聽眾投入的因素？你可以告訴我們你不想淋雨，但如果我們知道你穿的是你姊姊的新麂皮靴……而且事前還沒問過她……下雨帶來的情勢就更重大。

- **傾聽自己的聲音是否不真實。**故事中有哪些段落讓你猶豫不決，或者聽起來不像你平常的聲音？改掉！隨著你越熟悉自己身為講者的身分，可能會發現你能自然說出的短語或節奏。

- **單獨練習故事結尾。**故事開頭往往排練更多次，你可能在淋浴或通勤途中開始講故事，但是電話響了，或者你不得不轉彎躲開貓咪。你會問：「我說到哪兒了？」然後你又從頭開始！請務必花時間仔細斟酌，思考如何讓故事收尾。就從倒數五十碼線開始，一路衝向終點。

- 如果你覺得難以放棄書寫的文字，練習用不同的措辭講述故事。你會多花

一點時間，但透過這種練習，你會知道你了解自己的故事，沒有所謂正確的講述方式，只要能傳達故事的意義就可以了。

## 講給其他人聽

講故事的人常擔心，如果他們不斷練習講故事，故事就會變得乏味。的確，有時故事會讓人覺得平淡。我們會告訴講者，他們必須「變好又變糟」，才能「越講越好」；你練到略感疲乏也無所謂。這表示故事已經成為你的一部分。這就是鋼琴老師要你練音階的原因，一旦要即興獨奏，你可以彈到任何一個音，而且一定能彈對。當你對著一群人講述時，故事又會活起來。唯有透過反覆練習，你才能非常熟悉這個故事，可以自在地講給別人聽。你越能掌握節拍，越能自由發揮，並且自在地面對聽眾的反應。

現在到了最敏感的時刻：把故事講給另一個人聽。這讓人緊張！如果最終目標是對一群人講故事，無論是在公司說話，或是在婚禮上敬酒，先講給一個朋友聽，這種做法裨益良多。充當聽眾的那位朋友就是「新耳朵」，可以提供你特別需要的回饋（如果還是覺得無法承受，你甚至可以錄下自己講述的聲音，再播出來聽）。非正式的方式就很理想！就把這次練習當成打草稿。

你聽過「熟能生巧」這句話，最接近「完美」的故事，就是講者在台上自信滿滿、有備而來、在台上享受當下。你可能也料到了，這些故事應該讓人**覺得**是信手拈來，**實際上**卻是經過反覆練習。

## 口說表達時的注意事項

排練中最後要注意的事就是口說表達。我們不希望你**表演**故事，但為了講得好，有些事項需要留心。

• 記住，你比任何人更**了解自己的故事**。如果你忘記自己講到哪一段，不要慌，深呼吸。如果你搞混，直接承認，回去補充細節。人們只會更愛你。這

是**你**的經歷。只要想著，**按照時間順序，故事接下來發生什麼？**就從那裡往下講。如果講到先前落掉的部分，就直說剛剛忘了告訴聽眾！

• **開口之前，深呼吸。**好好感受這一刻。請記住，聽眾是自己選擇到場，他們想聽你分享你的故事。他們敞開心胸，抬頭看著你。你不需要覺得自己必須趕快結束。

• **說到趕快結束，請考慮故事每一部分的速度。**如果故事從頭到尾都用相同的速度講述，會讓人感覺沉悶無聊。故事裡的每一刻各有不同分量！故事就像一首歌，有變化起伏；不是算節奏的節拍器。在嚴肅、戲劇性的段落，或者傳達大量重要資訊的段落，你可能需要放慢速度。當然，如果故事出現了混亂或刺激的時刻，你可能會加快節奏。

• **沉默和你說的話一樣重要。**講故事有一定的節奏，中間穿插幾次停頓更是不可或缺。深吸一口氣可以讓故事停一下，聽眾因此知道什麼事情最重要。在**重要**情節之後停頓一下，也可以幫助聽眾**理解**剛剛發生的事情。如果某件事茲事體大，可以在前後留點空間，增加它的分量！寫作時，我們用不同段落為想法分門別類。說話時，我們用聲音停頓創造段落。頓一下可以暗示聽眾，我們正在換檔或轉換場景。如果你在回顧或往後跳到另一段時空之前頓一下，聽眾就有機會與你同步穿梭。

• **表演是不同的藝術形式。**如果一個人是「表演」故事，可能會分散聽眾的注意力。做手勢沒問題──我們不是講故事的機器人──但親身再現故事是不同的藝術形式。「飛蛾」的故事比較像「現場紀錄片」，而不是長篇肢體喜劇、表演或默劇。如果你平常手勢就不多，也不必從現在開始。

• **分享對話時，在引言前加上「我說」、「她說」等等。**我們平時談話時就會這麼做，卻與我們的寫作方式恰恰相反，所以當講故事的人試圖用倒敘法時，聽起來就像是唸稿子。一旦確定是誰正在說話，就可以不用再說「他說」/「她說」/「他們說」了。

請注意以下句子的不同之處：

「妮娜多大了？」我說。

「五歲。」她說。

如果換個說法……

我說：「妮娜多大了？」

「五歲。」

……就很流暢。你的故事會聽起來更自然。

•用針對個人的「我」，代替集體的「你們」。有時講者會用「你」當主詞。故事是來自你的經歷，而不是別人的共同經驗。整體概括的說法讓人潛意識遠離更強烈的心情——也會讓聽眾產生距離感，讓他們自外於故事。比較綺莉・貝爾（Kiri Bear）的「天生的母親」（A Natural Mother）的兩個版本。她本來可以這麼說：

> 身為家長，你以為孩子對你的看法並不重要。你的任務就是全心投入，投注母愛。至於他們怎麼做，完全取決於他們自己。但你會發現他們有多愛你。

最後她這麼說：

> 身為家長，我以前以為他對我的看法不重要。我的任務就是全心投入，投注母愛。至於他怎麼做，完全取決於他自己。但我發現兒子有多愛我，因為他一想到再也見不到我，就傷心欲絕。

- **用針對個人的「我」，代替集體的「我們」**：使用「我」而不是「我們」，讓故事保有個人特色。你的認知，不見得能代表「所有微生物學家」或「所有洛杉磯人」或「所有單身女性」。你的故事是專門為你發聲的機會。

- **看到回憶**。如果你描述特定時刻，尤其是在你腦中留下深刻印象的那一刻，請試著回到那段記憶，或者如我們所說的，「沉浸在那一刻」。說故事時，在腦中看著它。新的細節可能會突然湧現，你的描述更加豐富！你會發現自己體驗到當時的情緒，因而影響你的表達。

- **注意不要過分誇大某一刻**。儘量不要說「然後最驚人的事情發生了」或「然後她說了最搞笑的話」等等。通常你說某件事情**最**如何時，往往令人失望。聽眾心想，**也沒那麼神奇啊。也沒那麼搞笑啊**。這是人性。人們不喜歡別人告訴他們該怎麼想。當你設下這種前提時，聽眾馬上認為：**這要由我判斷吧！**如果你不做這種宣示，直接說出實際內容，聽眾十之八九會認為這是最搞笑或最驚人的事情！

- **請勿劇透！**事情發生之前，不要急著揭露之後的發展。人們常拋出這種句子：「後來發生了一件事，永遠改變我的人生。」這就像在故事結束之前就先發表結局。你可能覺得很戲劇化，卻會扼殺那一刻的張力。在那一刻發生之前，沒有人告訴你，人生將從此改變。試著以你當時經歷的方式講述，聽眾就能體驗到同樣的驚喜或焦慮。

- **謹防填補詞。**

- **「你瞧？」**人們準備說下一句話時，往往會用短語或單詞作為停頓。「**嗯**」（um）和「**就像**」（like）是最常見的。最好注意自己是否有這個習慣，因為說到第二十次「**就像**」、「**對吧**」或「**確實**」之後，就會變得有點囉嗦，到頭來會讓聽眾感到疲乏。

- **「你知道嗎？」**不，我們不知道。我們可能熟悉你故事的主題或情節，但

我們不知道你的故事，所以我們才要聽。還要避免使用這些短語：

你們可以想像……我們可以嗎？

不言而喻……是嗎？

你懂啦……我懂嗎？

通常講者不會意識到他們用了這些短語。保持警覺，就可以直接捨棄不用。

• **「所以啊……」** 如果每次講故事的人在故事開頭說「所以啊……」就捐五分錢，我們早就有……一大堆硬幣了。一開頭就講「所以啊」是人們另一個下意識發語詞。有些講故事的人自動填補這句話是為了建立一席之地，分享自己的聲音，又不必說出任何話，或吐露想法、表達情緒。放心，聽眾站在你這邊。花個一分鐘集中精神，牢記第一句話，自信地表達。你一定會說得很棒。

• **不要在上台前不久練習。** 我們發現，如果排練的時間太接近，實際上台很容易遺漏部分內容，因為你以為自己說過了。（的確說過……就在幾個小時前！）

> **講故事文化的差異：**「飛蛾」為世界各地的人舉辦工作坊，歡迎所有人參加。十二人的工作坊可能來自十二個國家、包括許多不同宗教信仰（有時，我們甚至會讓來自交戰國的人民參加同一個小組）。尊重最重要。這麼多年來，我們發現，其他文化的講故事方式可能與「飛蛾」的風格大相逕庭。

在某個工作坊中，有位醫生講述她從醫初期的駭人經歷。在早期草稿中，她提到自己是環境優渥、充滿關懷的衣索比亞家庭的長女。她告訴父親自己想當護士，父親說：「妳為什麼不當醫生呢？」隨後她詳細描述從醫之路。故事講到她在當地醫院第一天查房看到的赤裸場景。她穿過搖搖晃晃的

門進入病房,看到數十名痛苦的婦女,她們都是因為不安全的人工流產而被送進重症病房。她從未見過這種場面;她不知道在自己的社區,有些婦女冒死也要偷偷終止意外懷孕。

她在工作坊排練故事時,一進入病房的場景,就意外地從「我」變成了集體的「我們」。她生動描述當時的畫面,但這是從**所有**新進醫生的角度,而不是講述她個人的經歷。聽在我們耳裡,故事失去她性格的獨特性。

當我們提到這一點,她說在她的文化中,用「我」會被認為是炫耀、招搖。人們不講自己的故事。她說,如果只針對個人,而不是聚焦在眾人身上,人們就會認為那是自戀。但她決定用個人視角講述這個故事,當作參加工作坊的**練習**,探索自己的想法和動機。

「飛蛾」風格的敘述方法是講述動人故事的**多種方式**之一。在工作坊結束之後,我們鼓勵學員選擇對他們今後講故事最有助益的方法。閱讀本書時,採用有益的工具,摒棄無用的技巧。分享只有你能講述的故事,並且由衷真誠分享。

> **講述亡者的故事**:砂鍋和鮮花固然不錯,但有時能為喪親的朋友所做的最有意義的事情,就是給他們機會,分享過世親友的故事。東問西問可能讓他們難以承受,可以從小事問起——詢問某個習俗、一頓難忘的聚餐,或是讓他們開懷大笑的事情。你可以讓他們度過悲痛之外的時光,也許激發他們的回憶,為他們的哀悼增添一點色彩。這些故事可以相輔相成。同樣關愛死者的朋友所說的故事,可能讓喪家倍感安慰。
>
> **凱特**:母親的生日對我來說很難熬,去年我發簡訊給高中同學,請他們分享對我母親的回憶。這一天,大家都分享了關於家母的小故事:她做的鷹嘴豆泥超級好吃、她迷戀賽吉歐・曼德斯(Sérgio Mendes)的Brasileiro專輯。我最喜歡哪一則?有位朋友說,他第一個向大人出櫃的對象就是她。我聽了好開心。

## 指導員的提醒

- 當你第一次大聲說出故事時，時間會很長，因為你回憶段落順序。沒關係！你在講述的過程中，聽聽自己如何安排故事的結構和順序。所有內容的順序是否正確？故事是否流暢連貫？

- 聽一聽可以修改哪些段落。是不是有多餘的句子，或可能造成困惑的過多細節？是否每說到特定段落，你就會卡住，乾脆刪掉這個部分？你用兩句話說明的句子是否只需要用一句就能說清楚？你多練幾次，就會說得越來越有效率、越自在。

- 不必急著結束。好好享受某些時刻，有必要時加快速度。沉浸在安靜和更有哲思的時刻，聽到聽眾笑聲就好好享受！

- 記住，你的故事有生命！每次講述都有所不同。你憶起你正在描述的事件時，時態可能會轉換，某個細節可能湧上心頭。講故事不是背書。

- 找一個你信任的朋友聽你講一遍。向他們提出你問自己的問題。是否有哪一段令人困惑或分心？有沒有多餘的段落？（剛剛講到山羊那段，你是不是恍神了？）他們是否需要更多資訊才能理解？就算沒有任何問題，講給信賴的朋友聽，也有助於你建立自信。

## 第 10 章 人生如戲

多年前，我們在底特律製作「飛蛾舞台」。劇院的舞台經理一直問我需要多少毛巾。他壓力很大，手裡拿著幾條白手巾，急著想知道還需要補充多少條。我告訴他：不用毛巾。然後主管來了。他說：「我們有五十條毛巾，還需要更多條嗎？」我向他表示感謝，並說不用了，「飛蛾」只需要一個立式麥克風（原來「跳梁小丑」[56]經常在那個劇院演出，之所以需要毛巾是因為他們生動的演出會產生大量汗水）。但「飛蛾」不需要毛巾。你講述故事時，可能會冒點汗，但二十五年來，從來沒有人需要用到毛巾！

──莎拉・奧斯丁・詹尼斯

「飛蛾舞台」在世界各地舉辦，地點包括雪梨歌劇院、舊金山金門公園、紐約林肯中心、塔吉克斯坦的露天劇場、斯德哥爾摩的山洞、奈洛比的肯亞國家大劇院和聯合國大樓的地板上。

講者坐在聽眾席的第一排，主持人逐一叫他們上台。他們在舞台中央分享故事，然後回到座位。這提醒我們，講故事的人不是表演他們的故事——而是**分享**他們的個人經歷。沒有第四堵牆[57]。講故事的人不是「他們」，聽眾也不是「我們」。整個會場都是**我們**。我們都在一起。聽眾中的任何人**都可以**講故事。

通常人們會說，「喔，我不能在『飛蛾』講故事，我不是表演型。」對某些人而言，光想到站在聚光燈下都會害怕。你可能會擔心自己忘記要說什

---

56 Insane Clown Posse，美國嘻哈樂團。
57 將觀眾與舞台分開的一道想像的牆。當演員直接與觀眾交流，或者以他們自己而不是其扮演的角色說話時，這堵牆即被打破。

麼，或者擔心自己會說「錯」話，或擔心在場的人根本不在乎。只要克服這些恐懼，你就能自在地與聽眾交流。

其他第一人稱戲劇表演形式，如歌舞表演和獨角戲，往往是人們誇張地「扮演」自己。音樂、道具和燈光提示等製作元素，可能會增加一個人在舞台上分享真實故事的戲劇性。也許這種表演很神奇、有感染力、令人感動——各種現場表演令人激賞的特質——但這不是我們「飛蛾」所追求的形式。我們不想讓你「扮演」你，我們想認識你，認識真實的你！不需要粉底、舞步或在台上鞠躬謝幕。

「飛蛾」的活動，以及各種個人故事秀，吸引的聽眾都期待身歷其境。你能有多少機會聽到陌生人由衷講述的完整故事？有時，這些故事吻合聽眾的經歷，有時不然。你有多少機會能體會他人的人生十分鐘？你長期堅持的信念又有多少機會受到挑戰？

令人信服的講者光靠他們與聽眾建立情感交流的能力，就能創造出親密感，讓人覺得場地縮小。當你與三千人分享故事時，你希望聽眾忘記現場其他兩千九百九十九人，彷彿你只與他們分享。也許你只是對兩、三人講述你的故事，規則同樣適用。

> 「飛蛾」講者阿巴斯・穆薩：不要擔心你的措辭是否完美，也不要擔心你在台上的表現。你不是演戲。不要懷疑自己的故事不夠好，也不要擔心別人怎麼想。講故事的意義遠勝於此。你的故事獨一無二，就像其他故事一樣，所以專注重溫那段經歷或事件，將你的感受轉化為字句。這才是故事的最佳表達方式，也是聽眾期待看到的成果。

「飛蛾」的布置很簡單：一定有一支放在立架上的麥克風。麥克風是講者的錨。台上唯一的講者又是聽眾的錨。沒有道具、沒有布景、沒有簡報軟體的畫面、沒有燈光變化。沒有任何製作元素可以依賴，這就是我們的目的。我們希望講者和他們的故事為自己發聲。

我們的首要舞台規則就是別碰麥克風。擺弄麥克風或緊抓住支架都會分散注意力，而且會破壞音效。不同於脫口秀，到「飛蛾」講故事的人不能用麥克風宣洩自己燥熱、焦慮、快樂的情緒。你必須透過故事表達你的心情。無處可逃。無處可躲！

我們發現，人們認為從容應對麥克風，或來回搖擺麥克風的人是專業人士。聽眾會認為，「**哦，這是表演，**」或者更糟糕，「**他最後會向我推銷吸塵器。**」當你邀請聽眾進入你的故事世界時，他們必須覺得故事是發自你的內心，而不是例行表演。

以前我們為講者達瑞爾‧DMC‧麥丹尼爾斯破例，他是創立 Run-DMC 的饒舌樂手。但他講完第一個故事後告訴我們，他寧可像其他人一樣，把麥克風放在立架上。後來我們就說，如果達瑞爾‧麥丹尼爾斯都能把麥克風留在架子上，其他人也可以！

我們的講者用他們的誠實和赤裸卸下人們的防衛心。你能想像達瑞爾‧麥丹尼爾斯在哪裡不會把麥克風拿下來，約翰‧特托羅[58]不是戲裡的角色，克里斯汀‧麥克布萊[59]會把貝斯留在家裡，魔術師搭檔潘恩與泰勒的泰勒會開口說話，或摩莉‧倫華[60]不演出我們青春期的焦慮？只有在「飛蛾」。

你可能並不特別渴望站上「飛蛾」的舞台；也許你讀這本書是為了學會在職場或晚宴上講故事。無論你打算在哪裡講故事，我們都建議你獨自說：沒有鈴聲，沒有口哨。只有你自己。直截了當。

## 緊張

在「飛蛾」，我們要求人們走上台，在數百（或數千！）人面前分享他們的生活片段，其中許多人從未練過公開演說。他們在沒有講台、筆記或特效的情況下講故事，並且相信他們特意集結的真實經歷會吸引滿屋子的陌生

---

58 John Turturro，美國演員、編劇、導演。作品包括《變形金剛》《亡命快劫》等。
59 Christian McBride，美國爵士樂貝斯手。
60 Molly Ringwald，美國女演員、舞蹈家、作家。作品包括《紅粉佳人》《早餐俱樂部》等。

人。這就像第一次約會，充滿壓力，而且還被足以播放的清晰度錄下。這就像在心理諮商時吐露深刻的心聲，只是可能博得滿堂彩。

你已經讀了許多章節，了解分享故事的力量和喜悅，但對許多人而言，這個過程充滿恐懼。

人們擔心搞砸自己的故事時，往往會覺得緊張。但我們有個好消息：以為**講述自己的故事，只有**一種正確方式，才是真正的失敗。你掌握所有答案，只有你具備講述自己故事的威信！

> **「飛蛾」主持人兼講者，丹・甘迺迪（Dan Kennedy）**：就算故事有一小段不完全如你所願，你也會發現，從你上台的那一刻起，聽眾就站在你這邊，因為你就是他們，他們就是你，你們一起經歷你的故事。
>
> **飛蛾指導員蜜雪兒・雅洛斯基**：我最喜歡「飛蛾」的一點，就是它提醒我，每個人都只是凡人，這讓人越發謙遜，也讓我信心倍增。與我共事過的每一個人——包括經驗豐富的主持人、專業演員、音樂家和藝人——上台講述「飛蛾」故事時都會緊張。這是一個提升水準的園地，我非常喜歡這一點。它不斷提醒我們，每個人都有缺陷，都是邊過日子邊摸索。只要你願意展示赤裸的一面，就能講述引人入勝的故事。

記住：緊張是正常的！緊張是好事，緊張表示你在乎。

> **「飛蛾」講者薛曼・"O.T."・鮑威爾（Sherman "O.T." Powell）**：當我站在台上，我會遮住聽眾，這樣就不會緊張。一旦我掌握故事節

> 奏，我的電池就會充滿電；一旦我掌握節奏，無論台下是兩個人或兩千人，我都覺得**自在**。

## 我該如何處理緊張情緒呢？

某次節目講者包括藍調音樂家、著名記者、熱情的糕點師和著名女演員，彩排時，傑瑞米‧詹寧斯站在前面，準備分享他的故事。這個故事探討他在關達那摩監獄擔任獄警時的矛盾情緒。傑瑞米緊張得不知所措，發現自己連前幾句都講不完。

> **傑瑞米‧詹寧斯**：我真的因為恐慌症發作，開不了口。我感覺到小房間裡所有目光都在我身上，我努力呼吸，卻說不出話。凱薩琳‧透納是資深女演員，也是我童年時的電影明星，她坐在那裡絲毫不為所動，立刻建議我「把它抖出來！快啊，把它抖掉！」我開始跳來跳去，揮舞手臂，發出怪聲音。她沉著冷靜，認為我一定能說出故事，認為我不能逃之夭夭，她的期待幫助我挺過來。我堅持下來，講完故事，但過程很辛苦。事後，我在電梯遇到凱薩琳，她對我先前的崩潰隻字未提，只當我是同事。
>
> 上台當晚，我還是講得坑坑巴巴，但聽眾的反應很棒。中場休息時，許多人過來和我握手，向我道謝。他們的善意和支持令我不知所措，有幾位聽眾甚至含淚與我分享相似的個人經歷，他們知道自己並不孤單，因此非常感激。我感到如釋重負，也重新審視這段經歷中的自己。

好,每個人都會緊張!如果沒有凱薩琳·透納的幫助,該如何克服緊張情緒呢?

> 「飛蛾」主持人兼講者夏儂·卡森:等待上台的心情讓人緊張。我其實很討厭這種感覺,寧願去做別的事情。我心想,**我為什麼要做這件事?我可以去吃披薩啊。除了上台向聽眾講述人生中發生的深刻、可怕和有趣的事情之外,我還可以做其他事情。**然後我靈機一動:**我正在做我註定要做的事。**我告訴自己,聽眾中有人需要聽到這個故事。同時,我需要為他們⋯⋯也為我自己講述這個故事。我必須找到一個理由。除了在眾人面前談論自己之外,還要有其他或**任何**理由——否則我乾脆去吃披薩算了。

## 演出前的緊張

為了克服緊張,有些人上台前有一套儀式。他們可能在上場前聽音樂。他們會吃一種特別的食物,或者根本不吃東西。有些人喝一杯酒或一杯威士忌(請注意:只有一杯)。

有些人透過運動抒發壓抑的能量,有些人則想方設法讓自己靜下來,不要胡思亂想,例如去按摩或看一場早場電影。凱特演出前的儀式是去美甲,她可以遠離螢幕或無用的繁瑣工作。好處是什麼?當她在舞台做手勢時,那雙手**很美**。

你可能沒有十足十的自信,但要試著鼓起勇氣!諾琳·里奧斯(Noreen Riols)在「愛我的間諜」(The Spy Who Loved Me)中提醒我們,「勇氣不是不害怕,而是願意——或有膽量——面對恐懼。」你一定會緊張,所以就接受它,積極面對它。真的,最壞的狀況是什麼?提醒自己,你做得到!也許你可以想出你個人的口號,鼓勵自己。

「飛蛾」講者賽門・杜南：某個下雨的午後，我在斯特蘭德書店閒逛，偶然發現茱蒂・嘉蘭（Judy Garland）的傳記……登登，就是它了。這就是我焦慮不安的解藥。方法如下：當年的茱蒂有獨特的辦法來對付怯場。她從化妝間走出來時，會大聲自豪地重複有用的小咒語。這句話就是「去他們的。去他們的。去他們的。」

這是茱蒂拒絕被聽眾嚇倒的方式。她透過稱讚自己，減少失敗的恐懼。當她站上舞台，打開傳奇般的歌喉，她已經甩開恐懼、負面情緒，準備好好寵愛聽眾，分享天賦，與他們心意相通。

也許你不喜歡口號，你更喜歡戴上耳機，阻隔全世界。許多講者會聽音樂，準備上台。

「飛蛾」講者妲努西雅・崔維諾：上台當天，我通常需要靜靜獨處一段時間。我聽音樂，通常是巴哈的音樂，卸下心防。一到劇院，我就會發現自己需要聽音樂，讓我進一步敞開心扉，為我帶來喜樂。不知為何，「拱廊之火」[61]樂團的歌曲〈郊區〉成了我的首選。講故事之前，我戴上耳機，隨著音樂跳上十五分鐘，不僅能消除我的緊張情緒，還能讓我感到活著真幸福。

「飛蛾」主持人暨講者彼得・阿奎羅：為了上節目著裝時，我總是聽「狗博士」[62]的〈那個老黑洞〉（That Old Black Hole）。當我唱到「我有什麼資格說真話？我甚至不知道事實是什麼。我不知道該怎麼說，但我知道我可以做給你看，」通常已經穿好衣服。那段歌詞唱出我當晚的心聲。

---

61 Arcade Fire，加拿大獨立搖滾樂團。
62 Dr. Dog，美國賓州搖滾樂團。

如果有疑問，就做一個能量姿勢：雙手叉腰，雙腳分開，下巴抬高。這個小技巧可以讓你覺得所向無敵。

## 上台的緊張

有時腎上腺素在台上飆升時，緊張情緒就會占上風。你的身體與你抗衡，無論你擺出什麼能量姿勢，或如何肯定自己，都無法控制情緒。請牢記以下提示：

• **沒人知道你是否搞砸了**。記住，你講故事時，聽眾根本不知道故事走向，只有你知道故事是否按照準備方式進行。如果你調整順序或暫時出神，也不要擔心。只要想著：**後來發生了什麼？** 講故事對你和聽眾而言，都是一段旅程。

• **準備開水，對付口乾舌燥**。人們緊張時，竟然很快就會口乾舌燥，有時甚至乾得說不出話。水是你的好朋友，就放在附近，可以隨手取得。聽眾寧可你停下來喝口水，而不是口乾舌燥地硬撐。

• **幫自己一把**。我們經常被問到：「我的手該放哪裡？」立式麥克風能讓講者牢牢站在舞台中央。如果你沒有麥克風，那就另外想辦法讓自己感到踏實：雙腳站穩，挺胸站直。就照平常的方式。如果你平常講話手勢很多，那很好！但動來動去會分散注意力。也不必抱胸保護自己——台下都是你的朋友。無論如何，請不要把手插在口袋，把零錢玩得叮噹響。麥克風會收到這些聲音⋯⋯我們有慘痛教訓。

• **做好心理準備**。在座無虛席的聽眾面前登台時，燈光通常大亮，你只能看到前面一、兩排的臉。講故事的頭幾分鐘，聽眾專注聆聽的悄然無聲格外響亮。但是，當你第一次聽到聽眾發出笑聲或倒抽一口氣時，就會意識到自己站在幾千人面前，可能因此焦慮不安。你可能會因為突然緊張而分心，亂了思緒。即使聽眾人數不多，第一次聽到他們的反應也會讓你意外，儘量專心

一志,保持呼吸,繼續前進!

• **發抖、慌張、搖晃都沒關係**。有時,講故事的人顯然在顫抖——手抖個不停,兩個膝蓋互相碰撞。我們見過平常自信心十足,或做過英雄事蹟的人,一旦上台講故事卻顯得很害怕。不過只要開始講故事,聽到聽眾的第一反應,他們往往就會平靜下來,緊張的情緒也隨之平復。有時講故事的人乾脆告訴大家,他們會直截了當地說:「哇,我的手在發抖。」甚至說「我有點緊張。」講故事的人這麼做時,聽眾通常會小小歡呼,或者拍手鼓勵,提醒他們,聽眾站在他們這邊。這正是講故事的人繼續講下去所需要的支持!

---

**職場簡報的緊張情緒**:如果你在專業場合,不希望別人發現你緊張——好比你用故事當開場,推廣新業務或到董事會做簡報——自然希望減少這些動作發生的機率。如果你有筆記,請從電腦螢幕閱讀,否則手中的紙張可能會隨著你顫抖。如果你感覺到自己的聲音不穩,頓一下,深呼吸之後再開口。你可能無法坦承自己很緊張,但片刻的安靜可以讓你心情穩定。如果你擔心膝蓋發抖,尤其是站在高台上,聽眾的視線就對著你的膝蓋,穿著可以成為你的好朋友!遮住膝蓋,穿寬鬆的褲子。

**「飛蛾」講者迪倫・朴(Dylan Park)**:我第一次站上紐約林肯中心的舞台,面對一千兩百名聽眾分享故事,我的嘴乾得要命,我記得我緊緊地握著水瓶,瓶子都快給我捏爆了。經過那一晚,後來我在全國各地十幾場「飛蛾舞台」講故事,一定帶水上台。如果我覺得不知所措或情緒太激動,迅速喝一口水,是恢復平靜的好方法。

---

凱薩琳有自己上台前的儀式。她會走到每個她指導過的講者身邊,提醒他們已經付出諸多努力。他們對自己的故事瞭若指掌,這是他們的故事。他

們**不會**說錯話。事實上，沒有所謂的說錯。他們現在只需要**在台上說得開心**。

我們知道這句話似乎多此一舉，但有時講者太緊張，忘了好好享受這個過程。這讓我們很難過。我們保證，通常最可怕的就是第一分鐘，一旦講了幾句，你就會感到聽眾都為你加油打氣。

> 「飛蛾」講者菲麗絲・鮑德溫：當我上台面對十人或上萬名聽眾，怯場和緊張都會漸漸消失，因為我有我需要的東西：我有我的真相。我放手，放開自我，張開口，任由我的故事流瀉。

記住，多數聽眾都會站在你這邊。人們希望看到別人表現出色！我們也許偏袒自己人，但我們相信，「飛蛾」的聽眾世界第一棒！我們一再從講者口中聽到這句話。

> 「飛蛾」講者布莉絲・布洛亞德（Bliss Broyard）：我在現場聆聽「飛蛾」故事時，總覺得我和聽眾在桌子底下手牽手──我們所有人都關心講者的命運。
>
> **凱特談職場簡報前的緊張**：我發表演說或做簡報的場合，通常是一連串精心策畫的活動的一部分，而這些活動安排緊湊，以每分鐘為規畫單位。我會在第三季收益的簡報之後和部門頒獎儀式之前上台。製作團隊會準備好我的幻燈片，太早幫我別好麥克風，以致我得花上半小時暗自希望沒人聽到我的心跳聲。當他們請我上台前倒數，我已經沒有退路。記得這場簡報有時間限制，對我有幫助。我將上台，即使台下吵翻天，在我之後還有三場簡報。我提醒自己，這只有三、四十分鐘，無論如何，我應該可以活著走下台。看看我有多幸運？這讓我清楚衡量情勢，幫助我拿出最好的一面。

**舞台上的情感**

如果你的故事涉及激動的情緒，當你與人分享時，可能會感受到獨自練習所沒有的**情緒**。你可能聲音顫抖、淚流滿面。這不是壞事。你希望身臨其境，感受你分享經歷的心情！

我們多次看到講者分享故事時，突然被自己所描述的情感淹沒。他們多次一對一地向我們講述故事，都不曾發生狀況。但是在別人面前展露脆弱的一面，得到傾聽，感受彼此心意相通，都會引發情緒。你可能覺得失控、赤裸，但是這時最能顯露台上台下，萬眾一心。

---

**「飛蛾」講者提格‧諾塔羅**：我為「飛蛾」寫的故事最後竟然讓我哭了。妙的是，我發現自己那麼感人，竟然為自己感動得哭了。這個故事才剛落幕，也很難講述，所以我的情緒波動很大。這與我的喜劇大不相同。我從來沒有這種經驗，從沒上台說過「我要講個故事」。而且內容不好笑……但我樂在其中。我喜歡整個故事沒有搞笑壓力的感受，我會在某些片段和情節聽到聽眾大笑，我也心安理得，認為**「好吧，他們只是專心傾聽。」**有兩三次，我差點哭出來。這讓我很不舒服，因為我有壓力，我不想在台上崩潰。我記得莎拉告訴我：「沒關係，如果你想哭，這裡很安全。」我說：「我相信，但我真的不想哭出來。」不過我想到下面這一點又笑了：如果我真的照做，在舞台上大哭一場，哭到大家都很不自在，不知道何時該打斷我，何時才能說：「好了，你哭夠了。」

---

我們常聽到講故事的人說：「我最不想做的事就是開始哭。」如果你確實覺得情緒逐漸高漲──你開始哽咽，或者眼睛噙滿淚水──與情緒作對只會讓情況惡化。重要的是記得呼吸！如果你試著把情緒壓下去，你會更難受。深呼吸，感受情緒，一旦準備好了，就繼續說。

人們通常害怕表露自己的情感，但這些情感恰好說明你看重什麼。聽眾會投入傾聽，但不會評判你。他們明白這個故事對你很重要，這就是流露情感的美妙之處！

## 誰是你的聽眾？

聽眾在講故事的藝術中扮演重要角色。這是一種對話，一種思想交流。身為講故事的人，你要從聽眾的【此處插入反應】中得到能量。講者和聽眾之間的關係非常重要。相較於講述故事的其他要素，你較難控制這種關係，但這種關係的某些層面仍是你需要考慮的重要因素。有些聽眾可能有相似的共同點，比如醫學大會的兒科醫生、大學校園的支持同志社團，或者政治募款活動中的晚宴賓客。有些聽眾的身分和經歷可能更多樣化——有時你前面座位的人可能讓你大感意外。也許你不知道你們的經歷有哪部分重疊，也不知道這是不是他們第一次聽說這種事。

如果聽眾能認同，你對他們講述故事會得到力量；如果聽眾無法感同身受，向他們講述故事也會得到力量；而選擇向誰講述什麼故事，更是強而有力。

二〇一五年，我們製作一檔私人節目，三位道明會修女與信眾分享故事。儘管與會者都有共同的天主教信仰，但活動本身並不像彌撒。事實上，講者和聽眾你來我往，一起為熟悉的細節驚呼或大笑。瑪麗・那瓦勒（Mary Navarre）修女臨時起意，補了一句話，連她自己都感到驚訝。她回憶：「當聽眾開始大笑、鼓掌並踴躍反應時，我就知道沒問題了。我覺得可以自由地即興發揮，所以我講到一半說了一句相當令人震驚的話（對修女而言）：『我可以說「不爽」嗎？』此後這句話就一直被引用，廣為流傳。」後來，她描述天主教學校的課程，這時她提出一個問題：「上帝為什麼創造你？」她繼續說的時候，聽眾大喊：「為了在這個世上認識祂、愛祂、服侍祂。」那模樣就像聽眾在麥迪遜廣場花園同聲唱出歌詞一樣。晚會結束時，全場氣氛熱烈；數百名有著共同信仰的人歡呼雀躍，跺腳歡慶。

如果聽眾沒有類似的背景或職業，你可能需要補充來龍去脈，避免可能出現的混淆。上台前，你得考慮聽眾是否熟悉你的故事內容。是否有重要細節需要提供？是否有詞彙需要先解釋？是否有地理位置需要說明？

　　如果你是科學家，在市政廳向住民發表演說，為了讓在場的非科學家更容易理解你的故事，你會拿掉一些專業術語。如果你知道多數聽眾可能不理解你的特殊經歷，你可能會補充更多背景資訊，縮短彼此的距離。如果你來自紐奧良，家族為祖父辦爵士葬禮，你可能得為不熟悉紐奧良生活的人提供更多細節。

　　了解聽眾需要了解什麼「技術性」背景，不同於聽眾帶來的意識形態或經歷。如果你認為聽眾的生活與你截然不同，與他們分享故事可能很有意思，但在某些狀況下也會讓人心生畏懼。這並不是毫無風險。

---

**「飛蛾」主持人兼講者黛姆・威爾伯恩**：如果你走運，就有機會與舒適圈之外的聽眾交流。我們都愛說四海之內皆兄弟，但就像大多數家庭，人類不見得時時都能和睦相處。

　　二〇一八年，「飛蛾」邀請我到內華達州埃爾科舉行的「全國牛仔選詩集會」主持活動。身為來自底特律的黑人女性，似乎不太合適。外地的講者也同意我的看法。

　　對很多人來說，在劇院停車場看到數百輛皮卡車可能很正常，但對我們這些皮膚較黑和／或有移民身分問題的人而言，正提醒了我們自己有多麼格格不入，離家有多遙遠，周圍的人又有多麼截然不同。尼斯特・戈梅茲（Nestor Gomez）說，他擔心他們一旦知道他的故事是關於無證越境，恐怕會不以為然。有個當地攝影師摸原住民講者鮑比・威爾遜（Bobby Wilson）的辮子，我們是外人的感覺更強烈了。我看到鮑比瞪大眼睛，後來漸漸平靜下來。對方顯然沒有惡意，與其說是惡意，不如說是欠缺覺知。

　　「牛仔選詩集會」很有名，某位著名詩人將在我們演出的同時舉

> 行朗讀，我們都認為聽眾會很少。但當我上台時，全場座無虛席，掌聲雷動。先前的疑慮立刻煙消雲散。我向大家問好，活動就揭幕了。

尼斯特分享他跨越邊境進入美國時，吸引了聽眾。

> 我聽到遠方有聲音。起初我想，喔，要下雨了，可能是打雷，後來我發現那不是雷聲，是直升機。我當時只有十五歲，從未見過直升機，所以我很興奮，想看看直升機，結果人蛇一把抓住我，把我摔在地上，對我說：「現在不是觀光的時候。」
> ——「未經記載的旅程」（Undocumented Journey）

當時美國正因移民問題而四分五裂，全場鴉雀無聲。這個故事敘述愛、勇氣和恐懼。他講完之後，全場響起當晚最熱烈的掌聲。沒有人生氣，也沒有人準備告發他；他們專心傾聽。這提醒人們記得「飛蛾」的意義。我們有機會證明四海一家；證明我們可以，而且必須坐在黑暗、安靜的房裡——會議室、客廳，任何我們能進入的房間——傾聽彼此的故事。這不是我第一次感到不自在，如果一切順利，也不會是最後一次。

> **尼斯特・戈梅茲**：他們知道我的故事是關於非法入境之後，我以為他們會發出噓聲。儘管害怕，我知道我非得分享故事不可，才能幫助有同樣非法入境問題的人發聲。

受邀分享故事給經歷大相逕庭的聽眾，可能帶來不同的壓力和考量。身為某個社群或文化的唯一代表，你可能覺得任重道遠。你會質疑邀請你發言的團體的意圖。他們會聽到你想講述的故事，還是助長他們想傳承的特定陳述？

當佛里梅特・葛伯格建構離開猶太教的「我的捲毛鬢角白馬王子」時，她擔心這個故事可能會被用來攻擊早已飽受抨擊的社群。對她而言，尊重他人很重要。她不打算用自己的故事當成控訴，而是探索自己離開唯一熟悉的生活方式的經歷。雖然她的生活方式和信仰習俗已經不同，但她對家庭和族人的愛與尊重卻沒改變。

> **佛里梅特・葛伯格**：二十世紀著名的拉比、哲學家和神學家亞伯拉罕・約書亞・赫舍爾（Abraham Joshua Heschel）曾與馬丁・路德・金恩一起從塞爾瑪遊行到阿拉巴馬州，他說過：「明智的批評始於自我評判。」此時此刻，我捫心自問：我講述這個故事有什麼成就？這個過程又傷害了誰？如果答案不明確，我就會再多想想。我寫故事草稿時，確定家人不會出現在聽眾席，但「有一天他們可能會在故事播出後聽到」的指責聲仍然讓我坐立不安──直到今天都一樣！也許是自我懷疑，也許是意識到我的故事可能不經意傷地害別人，而且這群人早已被嚴重邊緣化。當然，這並不能否認那個團體現實中的陰暗面，但我常想，人們是否有能力堅持相互矛盾的真相，理解兩者的細微差別。隨著我年紀漸長，開始進入三十五到四十四歲這個尷尬年齡段，我發現沒有一個社會毫無問題──我離開猶太教，我**不得不**走，也不後悔，我只是把問題甲換成問題乙。我的姊妹在我無法忍受的生活中過得比我更幸福。那麼我的經歷又有何意義呢？我就是必須置身這個不自在又有多重衝突的世界。

佛里梅特審慎思考她的故事中最重要的細節，也尊重同時存在的多重真相，並且刻意迴避她認為可能助長刻板印象的細節。

有時講故事的人上台後，看到聽眾中的某人會感到驚訝，甚至覺得措手不及，但你也可以刻意選擇接受挑戰，與經歷截然不同的聽眾分享故事。

> 「飛蛾」資深製作人蘇珊娜・羅斯特：非裔美國作家戴蒙・楊（Damon Young）在「飛蛾」台上分享複雜又有多個層次的故事，內容關於種族和「N」開頭單字[63]的力量。我不想對沒聽過故事的人爆雷，總之他的故事傳達許多值得反思的重要問題。

　　戴蒙從小就聽過親友因為被「N」開頭單字辱罵而打架的故事。講故事的人總是以凱旋英雄之姿出現，故事刺激驚險，這就像是某種成年禮。戴蒙本人也想要得到這種「榮譽」，他想要這種勳章，但始終沒等到。從來沒有人這樣罵他。

　　他還年輕時，終於如願以償。他在公車站等車，有個皮卡車駕駛從車窗探出頭，對他叫囂了這個詞，然後揚長而去。戴蒙無法得勝，沒辦法戰鬥，也沒故事可講。他驚呆了。他突然笑到臉孔扭曲，恍然大悟。

> 我這才意識到，我希望發生這種事，希望發生這等可怕的事，把我的種族身分或我的黑人意識與白人對待我的方式掛鉤，這種想法多麼可笑。我以後再也不會這麼想。

　　我身為策展人，曾聯繫戴蒙，請教他是否願意講故事。當他提供**這個**故事的構思，不瞞你說⋯⋯身為對這個名詞深惡痛絕的非裔美籍女性，我有點動搖。我喜歡這個故事，但**我們應該說出來嗎？**我們在辦公室討論過幾回，不同種族的人有不同感受。有幾位同事和我一樣害怕，倒不是因為故事本身，而是因為主要受眾是白人。我們擔心，那些難以理解和欣賞的人聽不懂這個錯綜複雜又鏗鏘有力的故事。但戴蒙的故事道出這個國家在種族、身分和權力層面的真相。戴蒙堅信，這就是他想講的故事。他說：

---

63 Nigger，黑鬼、尼哥，對黑人嚴重歧視的用語，極具冒犯意味。

這個故事是我的新書《殺不死你的東西只會讓你更黑》（*What Doesn't Kill You Makes You Blacker*）的核心思想，因為它以不敬、不舒服、透明，（偶爾）搞笑的角度，探究黑人在美國生存的荒誕真相。這個故事吸引我的原因，部分在於它的獨特性，以及我講述時的焦慮——現在依然如此。這也是我之所以選擇「飛蛾」的理由。況且，我知道在數百名以白人為主的聽眾面前分享這個故事，對我而言也會很不自在，所以這也是我個人的挑戰，看看我能不能成功，能不能如我所願，說得恰如其分。

　　戴蒙分享「打架的話語」（Fighting Words）的那晚，正如他所料，聽眾多半是白人。我和他們坐在一起時，我能感覺很多人不知道該如何反應。現場發出尷尬的笑聲，人們在位子上坐立不安，真希望聽眾席有更多人能體會戴蒙的故事——他就會得到截然不同的反應。

　　CJ·杭特（CJ Hunt）是當晚的主持人，他的結語讓戴蒙的故事得到應有的支持。

　　那個故事讓我深有同感。我也是一生都等著遭人辱罵，我好愛你的故事。你說暴力成為你身分和成人禮不可或缺的一環有多荒謬，我認為所有黑人都會有共鳴。我猜，身分受到壓抑的人也能體會，我們竟然需要這種對峙，才能認清自己。我喜歡這個故事，還因為它讓我想到貫穿今晚每個故事的主題，就是不依賴別人對你的看法，就清楚了解自己。我只想再次說聲謝謝。就這樣。

　　那晚我很感謝 CJ。故事具有普世價值。每個人聽到好故事都能受益，或許還能有所學習，但學習不代表同感。戴蒙這類的故事，以及「飛蛾」分享過的許多故事，聽在白人、黑人或深膚色人種耳裡，可能大不相同。亞裔、拉丁裔、美國原住民、LGBTQ 或殘疾人士的故事也是同樣道理。分享和啟發他人固然是好事，但看到聽眾中有人點頭表示認可、在適當的段落發出笑聲、悄悄在嘴裡說「讚！」，既令人感到欣慰，也覺得信心大增。

無論人們是完全贊同或一點也不認可，都會為故事帶來自己的觀點、解讀和說明。人們透過自己的經驗傾聽故事。無論你如何練習，細節解釋得多清楚，一定會碰到某些人推斷出與你原意完全相反的詮釋。

山繆·詹姆斯（Samuel James）在美國各地舞台分享「粉紅色的小李將軍」（The Little Pink General Lee）[64]，講述他如何理解白人外婆與他和他父親之間的關係。他說：

> 她是慈愛的外婆，這點毋庸置疑，千真萬確。但她同時也很殘忍，會操弄自己的孫子，就為了讓我的父親因為他們的族裔身分而受苦。這兩件事實並存。

活動結束後，有幾個人過來，說他的經歷與他們如出一轍。但幾個月後另一場活動結束，又有幾個人說他原諒外婆的情操多麼高尚。他的故事完全沒提到這一點，這是聽眾自己投射到故事的想法。

> 「飛蛾」講者山繆·詹姆斯：多數講者不認為他們的故事是藝術品，事實上就是。而且如同任何形式的藝術，故事一旦說出口，就任由聽眾解讀。有些人會心有戚戚焉，有些人會聽到他們從未想過的觀點。也有些人無法理解。人們宣稱喜歡我的故事，但不見得能聽懂。我無能為力，只能繼續講，把焦點放在與我有共鳴的人身上。

人們第一次聽到故事時，可能無法完全理解原意，但故事繼續存在。故事中某些元素可能讓某人記憶猶新，他們經歷或目睹新事件之後，對故事的理解可能有所改變。甚至激發他們再次聆聽同一個故事。故事的潛在影響並不局限於講述的那一刻，而是細水長流。

---

[64] 李將軍是美國內戰的南軍知名將領，戰後辦學有方，曾擔任華盛頓與李大學校長。

在你覺得自在的時空講述你的經歷吧。只有一件事要提醒你注意：你以為聽眾想聽什麼，依此改變你的故事（和經歷），反而傷害你自己。對沒有相同經歷的人講述真實故事，可以產生持久的漣漪效應。不適可以催化改變，但你可以自行決定在哪個場合說故事。甲之禁忌，乙之所需。

## 指導員的提醒

- 講故事的頭一分鐘通常最可怕，一旦適應了，感受到聽眾的反應，就會覺得輕鬆多了。

- 緊張很正常，也是意料中事。如何處理才是重點！

- 找到幫自己打氣或平靜的方法，也許是默默肯定自己、喝杯茶，或是在重要時刻到來之前戴耳機聽阿巴合唱團。只要對你自己有效就好！

- 在開始之前，想辦法讓自己穩住。站穩雙腳，抬頭挺胸，深呼吸。不要急著開始，這會害你失去平衡！

- 不要害怕透露緊張──這只表示你在乎。

- 可以向聽眾承認你緊張，這只會讓他們與你更親近。你要相信、知道人們想聽到你說故事，因為還有誰比你更適合講述？

- 水是好朋友，帶在身邊。對你和聽眾而言，沒有什麼比口乾舌燥更難受！

- 如果故事主題會讓你情緒激動，第一次向別人講述時，你可能就會感受到這些情緒。事先和別人討論，你便知道情緒何時會湧上來，才不會殺得你措手不及。如果有必要，停下來，深呼吸，感受這種情緒。不要試圖壓抑，否則只會害你更哽咽。

- 考慮故事中是否有一些元素需要更多解釋，聽眾才能理解。技術性、經驗和文化細節可能需要更多說明，這就看你對誰講故事。

- 尊重親身經歷，切勿以你揣測的聽眾喜好當基礎，依此建構故事。請記住，何時何地講故事完全取決於你。

PART4

# 故事的
# 力量

| 第11章 | 漣漪效應 | |

故事將我們人類串連在一起。是的，故事可以帶來力量，真正的力量。所以現在比以往更該聆聽更多不同族群的故事，尤其來自那些長此以往遭到壓制的人。

——「飛蛾」講者，卡門・麗塔・王（Carmen Rita Wong）

一旦擬好故事，你能拿它做什麼？我們每天會碰到各式各樣的事情，多數都不由我們所控制，但說到消化處理、講述故事，我們就是強大的決策者。講故事讓人覺得意氣風發。分享好消息的故事，例如解決問題了，主隊贏了，你媽媽說你能養狗了，講者分享起來覺得有趣，聽眾也覺得有意思。即使故事敘述你被踢一腳、被甩或被騙，只要是由你掌控講述大權，感覺也更好。無論事後回顧、勘誤，或得以主動敘述當時的境況，就表示那件事情經過處理、消化和重整。承擔、面對，讓人心情大好。但是，故事的目的就是為了分享，也能給聽眾帶來重大改變。

## 校園故事

無論你熱愛（有些人），或覺得尷尬至極（多數人），青春期絕對讓人難以忘懷。青少年時期是人生最重要的轉變期：有太多的第一次！想一想，如果你在高中時與同學分享某些故事，如果你有勇氣談論你真正看重的事情，你的人生會有什麼不同。想像一下，如果老師有更多機會傾聽學生的故事，或分享他們自己的故事，又是什麼光景。

數十年來，「飛蛾」一直與高中生和教育工作者合作，為年輕人提供發

聲管道，在學校舉辦講故事工作坊，建立社群精神。

某個春天午後，燈塔高中[65]參加飛蛾工作坊數週的學生準備在學校的黑箱劇場登台，講述自己的故事。亞莉莎‧卡茲米（Aleeza Kazmi）看到台下坐滿同齡人，十分緊張。人群躁動不安，學生在後台竊竊私語。她上台，故事開頭以小學的回憶開場，講述老師交代學生畫自畫像，掛到教室牆上。

我畫得很慢，重點放在嘴唇和眼睛上，而且順著同方向著色。我看著蠟筆融在畫紙上，我的臉孔栩栩如生，我在線條內著色。當我低頭看，就像照鏡子。我剛剛畫的女孩正是我眼中的自己。我察覺老師就站在我背後。她喜歡別人畫得好，所以我正準備聽她表揚，聽她說：「亞莉莎，這是我見過最美的自畫像。我要掛在我的桌上，每個人一進來就會看到。」結果老師說：「亞莉莎，這不是妳的顏色。」我很困惑，我不知道顏色還有主人。我還沒來得及問，她就去蠟筆盒子裡找了。她沒找到她要的顏色，於是就去找蠟筆桶。每個學校都有一個臭名昭彰的蠟筆桶，裡面有到處亂丟、髒兮兮的短蠟筆。老師翻啊翻，手伸進去，拿出一支棕色蠟筆遞過來。我還是覺得莫名其妙，但我發現朋友都盯著我看，我的心臟跳得很快，希望這件事情趕快落幕。

亞莉莎接著解釋這段記憶如何如影隨形，身分問題從小學到初中階段都揮之不去。她講完故事之後，說她可以不在乎聽眾（因為燈光太亮，她在台上根本看不到任何人！），單純發自內心分享這個故事。

六年級第一天，有個孩子走過來問我：「妳是哪個種族？」從來沒有人公開問過這個問題，所以我沒準備好答案。我想起那位老師和那支棕色蠟筆，所以我告訴他，「我是棕色。」他一臉困惑地說：「妳是棕色是什麼意思？棕色不是種族。」不可思議，我不敢相信，我終於說了「我是棕色人種」，但這個答案還不夠。我內心深處那個六歲小女孩非常生氣，我說：

---

[65] The Beacon School，位於紐約地獄廚房的著名升學高中。

「知道嗎？如果我說我是棕色，那就夠了。我就是棕色。」

這時，室內一片靜默，她的結語如下：

如果你今天要我畫自畫像，我會畫一個充滿自信的年輕女子，她為自己的阿富汗和巴基斯坦血統感到驕傲，她是自豪的美國人。我會找到最美麗、最柔軟的蠟筆在我的臉上塗色。沒有人告訴我要選這個顏色，但它就是我的首選。

五分鐘後，故事講完了。後來亞莉莎告訴我們，在台上表現出脆弱面讓她腎上腺素激升。活動結束的幾週後，她前往教室途中被某個不熟的學生攔下。亞莉莎說：

她也是學校為數不多的棕皮膚孩子。她告訴我，她去看了，很喜歡我的故事，深有同感。我意識到，儘管我看不到聽眾，但他們看得到我。看到真正的我。那是我第一次明白，分享故事的真正影響：人們因此團結起來，覺得自己被看見。

人生難得有機會——尤其在年輕階段——一連說上五分鐘，又不受干擾。學生透過分享個人故事，拾起自己的施為力。他們不受干擾，分享自己的親身經歷。結果如何？年輕人告訴我們，他們更有自信、覺得更有把握，也得到更強的歸屬感。

成年人停下來傾聽年輕人的故事，或是反過來，又會如何呢？師生之間分享故事可以打破隔閡，促進理解，**瓦解等級心態**。那些「說到做到」的教育工作者在講述故事時，體驗到分享故事必須示弱。他們常講述自己年輕時的故事；剛好趁這個機會，設身處地為學生著想。

講故事讓教師更深刻體會他們對學生的要求。有個老師告訴我們，當她的學生說，「我沒有故事可寫！」她有多麼沮喪。但當她為自己的故事蒐集

題材時，也有同樣的經歷。這個過程讓她更理解學生，更能同理他們。

教育工作者妮瑪・阿瓦夏（Neema Avashia）是「飛蛾」校友，已經在波士頓擔任公民教師多年。妮瑪在「飛蛾」講述心愛學生安潔莫名其妙死亡的故事，安潔同時也是塗鴉藝術家。在這個故事中，她和兩個前學生用妮瑪所謂的「終極不滿行為」表達他們的哀傷──三人一起在建築物側面塗鴉，並且標註「安潔」。

一個學生說：「我整星期都帶著這罐噴漆，我不知道該怎麼辦。」我說：「我知道了，我們要想辦法標註個什麼。」我不僅白天是公民課老師，晚上依舊注重公民教育。學生知道我開車絕不超過限速五哩。我就是超級守法。所以這個學生說：「妳是公民老師，不可以做這種事。」他們不知道，過去八個月以來，我一直努力找市府長官、監督人、街道工作人員，願意見我的人，我都見了，我發現去年波士頓有十六名十九歲以下的年輕人遇害，其中四名是我的學生。我努力宣揚呼籲，一點用也沒有，我很難過。我並沒有因為做了這些事情，而覺得好多了。既然有這個噴罐，我心想，「好吧，別的辦法都不管用。身為公民老師，走正當管道根本沒效果。」於是我們繞到學校後面，輪流標註。波士頓的年輕人遇害時，社區的朋友會創建一個標籤。我們標註#安潔的世界#。學生說：「安潔一定他×的愛死。」又接著說：「喔，對不起，我忘了妳是我的老師。」那時，老師和學生之間沒有尊卑之分，我們都站在同樣的水平。我們很難過，我們想知道如何更貼近安潔，如何更貼近彼此。我們拍了那些照片，有些有我，有些沒有我，我說：「你們最好別上傳有我的照片，否則我會被炒魷魚。」畢竟說到底，我還是他們的公民老師。

我們從小就被**告知**自己的身分。在學校，大人教導我們如何溝通，我們擔心答案有「對」、「錯」。年輕人受邀創作個人故事時，他們拿到掌控權，由他們決定講述哪個故事，如何講述，**是否**想與聽眾分享。

我們請年輕人分享故事時，常聽到：「但我沒遭遇過任何事情！」如果

講者因為年齡，慣常遭到否定，這種懷疑就更強烈。如果你覺得很重要，聽眾也會覺得很重要。只要你在乎，我們就關心。你可以照自己的意願和表達風格，講述任何故事。這種許可會讓你覺得輕鬆自在。

課堂上可用的練習（適用於任何年齡的學生！）：

- 「我以前＿＿＿＿，但現在我＿＿＿＿＿。」花幾分鐘時間，用一句話告訴我們，你現在與以前有何不同。任何改變都可以！不分大小。

- 「物品練習」就是展示和討論。想一樣對你有意義的物品。告訴我們這個東西是什麼，如何進入你的人生，為什麼對你很重要。如果你已經失去，又覺得它有何意義？這是精采的腦力激盪，有助於我們討論**急迫情勢**。

- 「人生心智圖」是一種快速生成故事種子的方法。在紙中間寫上你的名字，然後往外畫出輻射線。在每條線上寫下你看重的事情：人、事、物等等。想到這些你看重的人、事、物時，會浮現哪個片刻或記憶？用這些點子當故事靈感。

> **給家長的建議**：下次長途駕駛，可以玩玩這些遊戲。你可以先從自己說起，打破僵局，孩子就會效法了。

飛蛾高中課程——集思廣益和故事創作的資源——可在網上免費取得，供世界各地的教育工作者使用。

## 職場故事

有時在影印機旁快速閒聊，也是在上班之餘喘口氣。除了人類的社交需

求，或暫時擺脫銷售數據之外，故事在職場也有實際影響。故事為庶務性工作帶來意義，增強文化，鞏固員工彼此之間和員工與工作的關係。講故事是感同身受的溝通工具，可以提升組織在公司內部以及對世界的影響力。

## 將你的「個人風格」帶入團隊

多年來，大家一聽到「團隊建立」就想翻白眼。**拜託，別再來一次信任倒／空中索道／玉米迷宮了**。但是資料證明，員工有凝聚力時，組織更強大。根據《富比士》雜誌報導[66]，「向心力排名前百分之二十的團隊，缺勤率降低四成一，離職率降低五成九。有向心力的員工每天上班都充滿熱情、有使命感、有臨場感、活力十足。」

多數組織沒有專注傾聽的環境。他們優先考慮的是效率、多工處理和成果。等待微波爐加熱的尷尬時刻，講述個人故事可以讓同事擺脫膚淺的互動。

有些人對常在走廊擦肩而過的同事知之甚少。你可以理所當然地認為你與同事有相似之處：在技術領域受過類似訓練，在社會正義的非營利組織從事類似的政治活動。也許你還發現，他們在谷歌上的個人資料照片是穿著洋裝的貓咪。

創造空間讓同事分享個人經歷或加以回應，可以改變組織的內部互動。因為這麼做需要展現脆弱的一面和時間，如果不刻意創造空間，可能就無法實現。

在「飛蛾職場版」課程中，我們在公司主持工作坊和私人活動，參與者面臨極大壓力。因為工作需要，他們必須在上司或上司的上司面前表現出脆弱的一面，而且馬上就會收到陌生人的筆記，對方還來自組織標誌是隻蟲子的非營利藝術機構。所以我們聽到的第一版故事都比較安全──更單純，風險更低。

---

66 「員工參與度與財務健康關係的十項及時統計」（10 Timely Statistics About the Connection Between Employee Engagement and Wellness），Naz Beheshti 二〇一九年一月十六日刊載於富比士網站，www.forbes.com/sites/nazbeheshti/2019/01/16/10-timely-statistics-about-the-connection-between-employee-engagement-and-wellness/?sh=454a188f22a0。

> **關於帶領「飛蛾職場版」工作坊，凱特說**：某次去一家全球傳播公司上課，有位男士站起來講述他和朋友在大四結束時，把宿舍所有床墊扔出去，然後從二樓窗戶跳到床墊上大喊：「我還活著！」他顯然在酒吧講過上百次，只為博君一笑。第一次講述時，他似乎希望別人認為他會把家具和朋友丟出窗外。但在分組討論時，從未聽過這個故事的同事要求他深入思考故事有什麼急迫情勢。他想到這一點：事發當天，朋友紛紛收到第一份工作的錄取通知書。打從他進大學第一天起，他就覺得自己跟不上同學，那一天，也只有他還沒擬訂畢業後的計畫。他心情惡劣，覺得自己一無是處。這時，「我還活著！」不只是大四愛耍寶的心情作祟，他喊這句話是為了提醒自己，他至少還活著。
>
> 在簡短的分組討論中，同事透過講故事，幫助他發現人生更深層的真相，他們也更了解這個每天打交道的人。
>
> 故事催生故事。我們發現，如果有人分享高中被軍樂隊開除的故事，另一個講者可能會意識到自己故事中的叛逆線索。次主題會自然出現。現場互動發生變化。

故事讓我們卸下職場的身分。最近某家大型科技公司舉辦的工作坊結束之後，有位與會者寫道：

我們六人在不同部門工作（都在同一家科技公司）──分別是業務、用戶成長、產品、工程、行銷和數據科學。我們原本互不相識，現在卻因為彼此的重要人生時刻而產生連結。我覺得有人看到我，了解我，我也看到、了解我的同事，他們是動人、獨特的個體，而不是「另一個標準技術人員」。

職場可以用到的講故事提問：與其會議一開始就宣讀每個人面前的議程，為什麼不先請同事分享故事？提供提示（和時間限制）給幸運的志願

者，激發他們的靈感。

提問主題如下……

- 工作：告訴我們，你何時意識到這項工作對你很重要。
- 會議主題（例如，**拓展新市場**）：告訴我們，你如何發現自己必須搬出老家。
- 企業信念（例如，**誠信行事**）：聊聊你必須挺身主持正義的經歷。

這三分鐘聽到的內容、在場的心態如何改變，繼而引發更有同理心、更有影響力的交流，在在都會讓你大感意外。抽出帽子裡的籤，看看下一個換誰講！

## 建立公司內部文化

我們應邀為軟體公司的「優秀經理人獎」得獎者辦工作坊。一位名叫亞莉珊卓・K的與會者分享極其脆弱的經歷。她告訴我們，幾年前，她的團隊投訴她的管理風格。面對此事，她深感羞愧。幸好她的經理並沒有就此「看衰她」，而是讓她參加全面性的三百六十度審核過程，查清真相，妥善解決。所以現在成為優秀經理人，對她意義非凡。

亞莉珊卓說：「分享這個故事很不容易，因為我看到我所尊敬的同業、與我密切合作的領導人，希望大家知道這段過去，不會對我改變看法。但講到最後，當我看到大家的反應，我覺得卸下所有壓力，承認這段經歷反而帶來力量。」

工作坊結束後，她受到啟發，繼續分享故事。「我甚至和團隊成員重新提起這件事，尤其是接近審查、升職週期或談到工作發展時。這個經歷提醒我們，我們只是凡人。因為我這個經歷，他們更能相信我說『有我支持你』，或『事情並未按照計畫進行，不過沒關係。我們不要糾結於早知道不要這麼做，談談下次該怎麼做』。我不是口頭說說而已，背後還有完整的來

龍去脈,他們與我共事,知道這件事情如何帶來正面影響。」

但她的故事不止於此。她說:「當我想到我對公司文化的影響,我想到這個故事的乘數效應。我做的事情會影響到我手下十一個人,隨後又影響到他們的圈子——這種變化的爆炸半徑非常強大。」每個月的新員工入職培訓,她都會向數百名員工分享她的失敗經歷。「人們對我說,『這個故事更證明我加入這家公司是正確的選擇。』大家離鄉背井、跳槽換行、放棄高薪職位,就是衝著我們的公司文化。我們必須在他們入職第一天就好好傳達這一點,這個故事就有這個功效。」

## 讓人難以忘記報告中的數據

最近有家全球媒體公司在比稿中輸給同業,於是找上我們。他們交上他們使用的厚厚資料——總共七十五頁,大部分是數據。他們顯然需要讓自己的資訊更有說服力。經常有人打來,說他們再也受不了滿是數據的簡報檔(我們反覆聽到「資訊攻擊」這句話)。即使在技術性最強的工作領域,每個人也都是有心、有腦的凡人,那些心、那些腦都快無聊死了。要想號召人們採取行動,說服他們批准某個想法、增加預算、改變日常工作方式,他們需要知道**原因**。

有時,故事比想像中更近在咫尺!我們曾與一家科技公司合作,他們不知道該如何用故事傳達公司的實驗有多麼前衛、敏感。他們為自己的資料感到自豪,想分享**所有數據**——坦白說,他們的報告就是因此才枯燥乏味。午餐時,其中一位提到,他們必須按照二哩之外的火車班次安排實驗時間,因為高靈敏度設備會接收到火車到站和出站的震動。我們看著彼此說:「就是這個!這就是你們的故事!」他們的工作如此精確,**以致二哩外的通勤列車都會影響他們的結果**。多年後,我們依然記得這個故事;數據只是補充資料。認知心理學家傑羅姆・布魯納(Jerome Bruner)說過:「如果事實埋在故事中,我們記住它的機率會多二十二倍。」

用故事說明數據……

・**先講故事，再展示數據**。分享資料結果前，先用故事引出「為什麼」。例如「飛蛾」講者琳迪薇・馬耶勒・西班達（Lindiwe Majele Sibanda）開始做農業研究報告時，先講述她在辛巴威祖母的農場長大，以及希望收成能養活全村人的願望。
・**將數據分散在較長的故事中**。用故事當整個報告的主線，中間穿插關鍵數據。
・**在簡報中穿插故事，說明關鍵數據**。暫停報告，講個故事，這時就提供促進聽眾理解的關鍵數據。

## 家庭故事

照片是凝結的時間，故事有生命、有氣息。如果我們的家庭相簿不是貼照片，而是放**故事**呢？你可以在故事選集中聽到祖先的事蹟？你想在腿上擱哪一本？透過故事，你可以想像親人生活的切面，想像他們的喜怒哀樂。你可能知道一些珍貴的家族故事——父母如何認識，大家在你出生那天做了什麼——難道你不想知道更多事情嗎？很多人說，我們從祖先的故事認識他們，繼而認識我們自己。

你與朝夕相處的人之間可能發展出某種舒適的節奏。我們以為自己了解對方的感受，或對方可以察覺我們的心情。故事幫助你強調沒說出口的重要心情。無論我們有什麼心底話，剛好可以藉由故事停下腳步，說出來。這種分享可以讓平凡的一天變得有意義。

艾莉・李決定與家人分享「一種智慧」，故事講述她終於體認父親對波士頓唐人街的貢獻。

> 「飛蛾」講者艾莉・李：我第一次播給爸媽聽的時候，他們哭了。我父親不是感情澎湃的人，能一起度過那個神奇時刻真是不可思議。告訴別人你愛他們是一回事，透過故事表達這種愛，表達其他深層的意義、感情和心意相通，又是另一回事。也許他認為他的努力和犧牲並沒得到太多認同，畢竟大家都認為這就是父母的義務。我選擇利用「飛蛾」提供的空間對他表達敬意，向全世界展示我有多愛他，讓他很驚訝，也很感動。

故事還有助於我們對遠方的家人傳達情意。

> 凱薩琳：我還在襁褓時，父親被徵召去打越戰。他離開那麼久，我又那麼小，他擔心回家之後，獨生女不認識他。於是媽媽把他的照片用八乘十一的尺寸印出來裱框。她把照片放在客廳一角的地板上，好讓我看到。她每天讓我坐在照片前，指著它說：「爸爸，爸爸，那是妳**爸爸**。」雖然我還小，聽不懂，但她會說他的故事。她發現談話能讓**她**平靜，幫助她覺得他就在身邊。她和爸爸唯一的聯繫就是偶爾書信往返。爸爸回家時，會飛到阿拉巴馬州蒙哥馬利的麥司威爾空軍基地。當時你下飛機，就能直接走到跑道，親人可以在停機坪迎接你。媽媽說，當她走近飛機，看到我父親走下來，我掙脫她的手跑向他，大喊：「爸爸，爸爸，爸爸！」

## 鼓勵老一輩分享他們的故事

講者托米・萊欽塔爾（Tomi Reichental）的孫子在小學學到大屠殺時告訴老師，他的祖父是倖存者，老師便邀請托米到班上演講。害羞的托米從不

談論自己六歲被囚禁在貝爾根─貝爾森的經歷，回憶太痛苦。因為他從未與孫子真正談論自己在大屠殺期間的經歷，他認為有必要告訴他。托米在課堂上講過之後，內心產生些許變化，見證歷史的重要性驅動他向前邁進。去學校分享之後，定居愛爾蘭的托米積極參與當地「大屠殺教育信託基金」的活動。起初是因為孫子要求他分享自己的故事，托米才打破沉默。

親人的故事可能是了解過去的鑰匙──無論他們是歷史的目擊者，或是只有他們知道兩個曾叔父為何反目，導致家族分裂至今。也許你一直想知道曾祖母為何如此擅長跳探戈，你問過她嗎？鼓勵親人分享他們的故事可以幫助我們更了解他們，也能讓我們留下至親的一部分，即使他們離開人世。他們覺得平淡無奇的故事，你可能覺得驚心動魄。（**什麼？你二戰期間在軍用品工廠上班？就像鉚釘工蘿西** [67]?!）雖然你不知情，你認識的每位長者都談過戀愛、工作時碰過麻煩、有過狂野的時光和傷心的失望經歷，只是沒與你分享。是不是有哪些故事在你幼年的感恩節說過，但你想再聽一次？該去問問了！

> **莎拉**：我錄製爺爺傑克講述人生故事，當時他正罹患老年痴呆症。他已經沒有短期記憶，但在照片的幫助下，我和祖母震驚又高興地發現，他的長期記憶仍然完好無缺。我們向他展示的每張黑白照片都讓他看得出神。他講述身為獨生子的他的夏季湖濱假期，講到他心愛的獵犬兼好友傑瑞，講到寵愛他的父母。「我的父親是保險業務，非常關心為數不多的客戶，不斷登門拜訪，詢問他們是否安好，是否需要買**更多**保險。他們不需要更多保單，但他需要更多客戶。」照片不僅激發他的詳細回憶，還帶回我們原本擔憂他已經失去的幽默感。

---

[67] Rosie the Riveter，二次大戰的文化符號，其形象是戰時六百萬進入製造業工廠工作的女性的代表，後來更成為女性主義以及女性經濟力量的象徵。

照片和音樂錄音可以打開所有人埋藏已久的記憶和久違的故事，是通往過去的便捷通道。

如果想鼓勵長輩（甚至是老朋友、姊姊、多年後仍保持聯繫的老師）分享故事，以下提示供你參考。拿起手機、原子筆，任何可以記錄的東西吧。

- 大家提到你就會說起哪個故事？
- 哪段記憶依舊讓你開懷大笑？
- 在你的人生電影中，哪些場景讓你永生難忘？
- 說說你的初吻。你的初戀？第一次心碎？
- 你克服的最大挑戰是什麼？
- 你何時對自己的戀情、所做的選擇或工作感到篤定無疑？
- 說說你悔恨的事情。
- 成長過程中，你最喜歡哪些記憶？
- 你還記得＿＿＿嗎？
- 你希望別人記住你什麼？
- 說說你希望你冒了哪個險。
- 第一次踏上你現在稱之為家鄉的城市是什麼感覺？
- 說說你自豪的經歷。
- 說說那個你沒留住的人。
- 我們第一次見面是什麼情景？當時發生什麼事？
- 說說你第一次主辦的家庭聚餐。
- 說說你最喜歡的節日記憶。
- 你哪一次因為別人的忠告得救？
- 你何時與人分享保守多年的祕密？
- 你希望自己的故事如何收場？
- 你珍愛的物品是什麼？怎麼會擁有它？
- 你三歲、十三歲、三十三歲、九十三歲……的日常是什麼模樣？
- 你什麼時候意識到自己擅長【他們擅長的事情】？

- 告訴我們你哪一次感到格外嫉妒。
- 如果你能重溫生命中的某一天,你會選擇哪一天?
- 說說你想家的時候。

> **關於幫人錄影的訣竅**:有時人們知道自己要上鏡會害羞。相較於攝影,錄音就沒那麼可怕。現在多數智慧型手機都有語音備忘錄,也可以將攝影機對準遠方,直接捕捉聲音。你可能會發現,親友很快就忘記攝影機的存在!

## 紀念

回憶往事就像往生的親人短暫來訪。有時收集故事素材的過程——想起親友、聯絡本來素昧平生的人——會讓你認識的那個人更立體。這些故事為你提供一個萬花筒,你因此得以欣賞他們的人生。

> **「飛蛾」指導員,蜜雪兒・雅洛斯基**:父親去世時,我感到無依無靠,彷彿我與這個世界的連結被切斷。我想把親友找來,以哀傷又歡樂的方式紀念他。問題是多數朋友都不了解我父親——他非常孤僻。所以我不得不考慮如何以更宏觀的方式紀念他——要紀念他和他在我生命中的地位,也要紀念他的傳承、紀念所有父親的傳承,以及我們所有人的父系血脈。
>
> 在溫暖的七月夜晚,我邀請約二十五人到我家院子。我首先為父親致上簡短悼詞——只是簡單說幾句,讓大家了解他的為人。他引領潮流,新事物尚未風靡之前就開始密切關注,例如大墨鏡和運動服,還有多年後才普及的手機。他很酷,英俊瀟灑,在家族活動中備受喜

愛。但他有時太酷了，我們父女關係一直摻雜他不肯讓步的有害陽剛氣概。但我始終知道他很愛我。我叫他「阿巴」，希伯來語中的「爸爸」，我從小就知道他有多喜歡當「阿巴」。我們姊妹是他最重視的人，我們很清楚，因為他的密碼常常是我們兩人名字的組合。介紹完之後，我承認，紀念我們的父親無比困難——因為親子關係往往錯綜複雜。我邀請大家分享自己父親的故事，以及他們從父親繼承的事物。現場出現片刻安靜之後，才有第一個人發言。大家分享自己父親的美好回憶——例如父親為他們樹立熱愛音樂和欣賞藝術的榜樣，父親所做的一切都充滿了冒險精神。有一次，某個父親對種族歧視的人比中指、開玩笑，讓我的朋友知道種族歧視就該遭到譴責，也讓朋友知道，對難以承受的事情可以一笑置之，這種心態往往也很重要。有些人也分享不太美好的記憶——傳承自父親的固執和憤怒。

　　幾乎每個人都紛紛分享自己的經歷。聽到我們的經歷有那麼多共通性，我覺得自己與他們、與我的父親、與他們的父親之間的連結更加緊密了。當晚結束時，那種不踏實和不完整的感覺逐漸緩解，我對社群、友誼和講故事心存感激。

　　講述這些故事也確保珍貴的家人記憶能夠代代相傳。講述和複述家庭故事有助於鞏固我們的共同記憶。

**資深製作人，蘇珊娜・羅斯特**：家母艾德娜・羅斯特在我二十二歲時去世，父親小亞特・羅斯特在我四十多歲時去世。他們的離去在我的人生留下巨大缺憾，他們的故事卻讓我記憶猶新。我總是把父母的故事織進談話，我的孩子朱利安和蘇菲雅——他們沒機會見到我了不起的母親——經常把她的故事再講給我聽。他們透過這些故事，對我母親有一定的了解。他們知道，在她十幾歲時，她曾受邀與凱薩

琳・鄧翰[68]的舞團一起去歐洲巡演，但她的母親說：「不行，家裡不能出一個肚皮舞孃！」他們記得她如何在哈林薩沃伊舞廳的舞會認識我父親，記得我父親如何大步走到她面前，拿出通訊錄，儘管她當時有男友。他們知道，在我父母一起寫書之前，她是一位受人愛戴的小學老師。偶爾還有她以前的學生看到我的名字出現在印刷品上，主動問我是不是她的女兒，與我分享她的小故事。

他們知道外公喜歡在哈林的聖尼古拉斯大道玩棍球，也知道當他心愛的「球棒」貝希不小心落入水溝，他如何大哭。他們聽說過外公和他的表弟歐文如何痛恨夏令營，以致他們想搭便車走七十多哩回曼哈頓，卻在高速公路被州警攔下。他們明白，儘管外公飽受種族歧視摧殘，還是成為美國第一批黑人體育播音員，擁有自己的電台節目。他們知道外公受到許多人的愛戴，因為一旦人們知道他們的外公是誰，就會分享在電台收聽他的節目、或見到外公本人，以及這對他們有何意義等小故事。

提起我父母，就像撒下一小撮仙塵，讓他們短暫回到人世。我每年都為父母慶生，我會做他們最愛吃的飯菜，給他們倒上一杯飲料（她喝伏特加通寧，他喝萊姆可樂），其實這只是我找藉口，趁機聊聊他們，開心大笑、大哭，重複講述我們最喜歡的關於他們的故事，通常兩者兼而有之。這個儀式在我家行之有年，我女兒甚至以為每一家都有這個習俗。

對我而言，最好的故事有助於捕捉一個人的精髓：他們為什麼開懷大笑？哪些事情曾激怒他們？從這些故事可以窺見他們的性格。這些故事為往生的人增添色彩和活力，讓他們的記憶永遠留存。

期盼我離開人世之後（希望還有很久很久！），孩子們會記得我的生日，喝杯雞尾酒，分享他們最喜歡的關於我的故事。這就是我想留在人間的方式。

---

68 Katherine Dunham（一九〇九—二〇〇六），美國黑人舞蹈家、人類學者。

## 世上的故事

一九八二年是美國總統（隆納德・雷根）第一次邀請名不見經傳的重要人士參加國情咨文演講。在演講過程中，雷根把他們叫出來，講一些小故事敘述他們的處境、個人成就或需求。後來歷屆總統都沿用這種做法，因為這種溝通方式有效又影響深遠。光說「我的政策能幫助大家」，或「我們急需一項新舉措」是一回事，人性化的故事更有效果。故事能說明哪些目標已經達成，或哪些事情還需要努力，強過任何統計數據。

歷屆總統講述關於他人經歷的故事，因為這些故事是通往人類心靈和思想的最直接、關鍵的途徑。聽眾以前認為「另類」的事物，現在變得耳熟能詳、廣受認可。故事幫助我們看清太過複雜（或敏感）的問題**背後**的意義。

從露絲・貝德・金斯伯格[69]到馬拉拉[70]、從馬丁・路德・金恩到格蕾塔・童貝里[71]、從聖雄甘地到科林・卡佩尼克[72]，他們都利用個人故事的力量，放大他們的社群、國家或民族的共同經歷，號召人們採取行動，推動巨大變革。

> **「飛蛾」講者，莎拉・李・納金圖（Sarah Lee Nakintu）**：我向比利時布魯塞爾的歐洲議會講述我的故事，他們承諾將考慮另外撥預算，更注重青少年的性健康和生殖健康，並為青少年提供服務，好讓他們得到足夠資訊，為人生做出明智決定。

---

69 Ruth Bader Ginsburg（一九三三―二〇二〇），美國首位猶太裔女性大法官。
70 Malala Yousafzai，以爭取女權和女性受教育權而聞名的巴基斯坦活動家，也是諾貝爾和平獎得主。
71 Greta Thunberg，瑞典環保活動家。
72 Colin Kaepernick，美式足球四分衛，在 NFL 比賽開始時在國歌中跪下，抗議美國的警察暴力和種族不平等。

「飛蛾」的故事曾在聯合國大會、總統和國會議員面前講過。其他地點包括公車、火車、馬車、人力車，排隊買雜貨，提出精細（複雜）的研究成果，各種時候都有人講過。在電梯、家庭農場，陌生人、通勤乘客和制定法律的人面前，我們都聽過這些故事。這些場景證明什麼呢？講得好的故事可以在世界各地帶來重大改變。

不是所有人都能創造歷史，甚至沒機會參加學生會競選，無論規模大小，強大的講故事能力可以（也一定會！）改變個人、創建社群、改變世界。

> 艾黛爾・翁揚葛（Adelle Onyango）：「飛蛾」幫助我面對喪母的悲慟，讓我看到講故事的力量——我決定用這種力量傳播非洲人的故事。我建立了自己的播客「一無所知不犯法」（Legally Clueless），讓非洲人能夠講述自己的故事，幫助我們透過故事了解彼此。

## 社群裡的故事

二〇〇八年，「飛蛾」應美國國務院之邀，在塔吉克的杜尚貝指導一場故事秀。活動開始時，我們的團隊和國務院的聯絡人緊張地注視著聽眾，他們有一半穿西式服裝，另一半穿傳統的塔吉克長衫和連衣裙，頭戴五顏六色的頭巾。當地內戰已經結束十年，但很少有人談起那場戰爭。音樂教授雅諾伊德・拉帝波夫那・拉赫馬蒂勒娃（Anoid Latipovna Rakhmatyllaeva）走上鋪著華麗地毯的古老精緻木製舞台，分享她在戰爭期間獨自撫養孩子的故事，因為她的丈夫被綁架並被迫從軍。她為了防止士兵破壞學院的樂器，曾緊張地用機關槍和開山刀阻擋他們。後來她決定為士兵演奏「月光奏鳴曲」，對方聽得如痴如醉，同意和平離開。最後，雅諾伊德請全體人員一起高聲朗誦著名的塔吉克詩歌，內容講述人民將繼續前進。晚宴時，雅諾伊德與親朋好友都說，人們過去十年都在沉默中度過。沒有人覺得他們可以公開

談論自己的經歷，講述自己的真實故事，她能對聽眾講述親身體驗，彷彿一大突破。

講述自己的故事和傾聽他人的故事提醒我們，我們同舟共濟。我們都在這個世界闖蕩，這個世界時而充滿歡樂，時而令人困窘，總之絕對不完美。

## 用故事宣導

有些講者努力用自己的聲音宣導，提高人們對全球衛生和人權的意識。人們希望挺身而出，大聲疾呼，用故事作為工具，有意識地推動改變，讓世界更健康、更公平。故事重塑我們的世界觀，推翻先入為主的觀念，挑戰流傳久遠的傳統信念。

我們與「經期之聲」（Voices of Periods）合作時認識恩凱・歐襄（Nkem Osian）。「經期之聲」是由「健康婦女」（HealthyWomen）和Myovant Sciences藥廠發起的說故事活動，目的是促進民眾討論月經健康。恩凱在奈及利亞長大，關於「腰部以下」的任何話題都是禁忌。多年來，她一直隱瞞自己大量出血的問題。有一天在教堂，她姊姊發現恩凱的牙齦發白。她被緊急送往醫院，醫生測量她的生命體徵，指出她「有喪命之虞」。她被診斷出有子宮肌瘤，才知道母親也患有相同疾病。現在恩凱不顧母親反對，為了募資和提倡相關研究而分享這個故事。她說：「我真的覺得解脫了。分享這種痛苦可以幫助其他女性，我為什麼不說？我可以透過我的知識、透過我的經歷、透過我所遭遇的磨難，讓她們明白。我不能獨占這些資訊，太自私了。」

多數講者都說，雖然分享個人故事有難度，但他們認為這麼做很重要。確實很重要。承認自己的故事就是取回主權──挑戰有時可能不正確（甚至致命的）的主流定見。

作家、詩人和活動家漢娜・德雷克（Hannah Drake）在「回去講述」（Go Back and Tell）中，分享美國種族對峙的故事，開頭是讓她大開眼界的

塞內加爾的「不歸之門」[73]之旅，結尾則是令她心碎的密西西比農田之旅。這個故事震撼人心，雖然聽起來很難受，講起來也很辛苦，但漢娜樂於接受挑戰。

我們問起這段經歷，她談到她最受歡迎的詩〈空間〉（Spaces）的主題。她說：「我們有許多人都被稱為空間的創造者。我們的存在有其原因。這就是我站在這些空間的原因，即使我覺得不舒服。我知道我是為後面的人開疆闢土。」

> 「飛蛾」主持人兼講者西桑可・姆西曼（Sisonke Msimang）：分享見證經歷是一種行動。有時，為了修補創傷，這是我們唯一能做的最重要的事情。

在法庭上、抗議活動、揭露不平等現象時，我們都會講述故事。多年來，我們為各種社群舉辦講故事工作坊：如「清白專案」（Innocence Project）、同志聯盟以及退伍軍人團體等。「清白專案」致力為冤獄囚犯平反，是我們工作坊合作最久的夥伴。「法律援助協會」（The Legal Aid Society）、「出庭律師學院」[74]和其他法律團體在訴訟中都用到講故事的方法。

故事可以影響國家、地方和全球政策，也可以告訴我們，我們**以為**的所見並不是全貌。故事將你和聽眾從二元思維帶進更複雜的世界。聆聽別人的親身經歷，可能打破我們之前的固有觀念。

我們讀過氣候變遷帶來的破壞威力，但在漢娜・莫里斯（Hannah Morris）的「倒數潮汐」（Counting Down the Tides）中，我們**感受**到那種

---

73 Door of No Return，位於西非貝南共和國的紀念拱門，紀念從港口被帶往美國的非洲奴隸。
74 Trial Lawyers College，僅限受邀參加的專案，培訓、教育致力於陪審團制度以及代表個人並為個人伸張正義的出庭律師。該學院由傳奇出庭律師 Gerry Spence 創立。

震撼；這個故事講述她在喬治亞州外海小島聖卡塔利娜・德・瓜爾布道所（Mission Santa Catalina de Guale）遺址從事考古。漢娜描述所謂的「考古分流」工作，他們試圖保護這座十六世紀的西班牙布道所，不受漲潮吞噬，當地埋了兩千四百三十二具遺骨。

我發現水已經漲到膝蓋，我渾身都是沙，手裡拿著一盞泛光燈。我們一直工作到深夜，因為不知道清晨退潮之後，遺址還剩下多少。如同其他研究項目，我們的時間和金錢有限，但我們倒數計時的不是還有幾天可挖，而是留意潮汐。我們還剩三次潮汐，還有兩次，今晚沒有潮汐了，就這樣。那頭怪物和我一樣，都在水裡，隨著潮水游到我的腳邊，告訴我氣候變遷帶來什麼後果。

如果聽到真正經歷過全球問題的人的故事，以後聊起這個話題會有多大的不同？

研究傳染病？有一位講者在夏季將疫苗送到偏鄉，還得想辦法保冷。

討論自然資源？有位年輕科學家克服重重困難，與當地漁民一起設計「魚箱」，幫助峇里島的海洋生物茁壯成長。

考慮經濟流動性？某位女性為了照顧生病的丈夫，選擇辭掉有薪工作。

識別性別不平等問題？有位喀麥隆婦女試圖出版自己的第一本小說。

辯論美國的司法制度？聽聽剛假釋的男子怎麼說，這是他出獄後的第一天，第一次獨自乘坐地鐵，趕在宵禁之前回家。

如果你用故事當成倡議工具，不太可能有整整五分鐘不受打斷的時間。你可能只有一、兩分鐘，這段時間要做些什麼呢？

- **找到主要事件**。故事為哪個**大**場景鋪陳？濃縮一下。你能在一分鐘內講述這個場景嗎？聽眾又**必須**知道哪兩、三件事情，這件事才符合邏輯？

- **你要對誰講故事？**講給青少年聽嗎？父親？護士？廣大聽眾？指出有助於產生共鳴的細節和背景。記住，同樣的基本情節和敘事弧可以從多個角度講述。

- **添加資料！** 與故事相關又編輯得宜的事實和資料有助於描繪畫面。「芝加哥城市預校百分之百的畢業生——所有黑人男性——都被大學錄取了。」過多資料可能會拖垮故事，但加入一、兩筆，可以提高人們對當前形勢的意識。

- **在結尾呼籲大家行動。** 你的故事就是你的發聲平台！指出你希望人們努力的方向。在請願書上簽名；為性別平等投票；投資小企業。社群歸屬感會激勵聽眾多加了解，請充分利用這一點。

　　如果你的故事感動一個人呢？想像一下，當你找來十個人，一起聽你講故事又會發生什麼事情。故事激發交流。你開始播撒社群的種子，鑄造持久的情誼和彼此的理解。

　　現在再設想對一千人講故事。他們會如何對待這個故事？以後會講給誰聽？想像一下漣漪效應。

　　潘蜜拉・葉茨（Pamela Yates）在「飛蛾」講述她在瓜地馬拉內戰拍攝紀錄片「群山撼動時」《When the Mountains Tremble》。在拍攝過程中，原住民的勇敢深深震攝她。她在故事結尾說：「我一直記得瓜地馬拉馬雅人對我說的話。當我問他們為什麼冒生命危險爭取建立公正社會，他們回答，『Quiero poner mi granito de arena』，我只想加入我這一粒沙。」

　　鼓起勇氣講述自己的故事，就是為這個世界添上自己這粒沙。有時，這粒沙子可以掀起一場運動。

# 第12章 傾聽

> 「飛蛾」的理念是，只要傾聽，就能打造更好的社群。
>
> ——「飛蛾電台時光」製作人，傑·艾里森

肯亞奈瓦沙某個炙熱早晨，有十二人搭巴士到飯店。這是「飛蛾全球社群」工作坊開始的前一天，這十二個陌生人（許多人剛從不同國家飛來）將在接下來的三天一起講述親身故事。這次的「飛蛾」工作坊是為宗教領袖舉辦，他們希望以講故事的方式在自己的社群進行宣導——從大巴士走下來的十二個人分別戴著穆斯林頭巾，穿著修女服、神父法衣和其他宗教服裝。以下這句話聽起來就像笑話開場白：「有一位修女、一位伊斯蘭教的伊瑪目和一位拉比走進『飛蛾』工作坊……」他們已經打造、精修過**自己**的故事，同時也準備**聆聽**不同宗教領導人的故事。雖然沒有笑點，但這些截然不同的宗教領袖透過講述親情、友情和愛情的故事找到許多共通點（和笑聲！）。

我們的觀點、反應、成長背景和文化各不相同，但我們都了解興奮或失望、對未來懷抱夢想和對過去充滿遺憾的心情。我們聆聽他人的故事時，可能希望有機會做得更好，成為更好的人。當你花時間傾聽，你會發現什麼？

幾乎每個在任何層面出類拔萃的人都從前輩身上學習。偉大的音樂家聆聽數千小時的音樂，優秀偉大的小說家飽讀詩書。

你可以透過傾聽學習。打造自己的故事時，多聽聽別人的故事（我們網站有成千上萬個故事！）記下你喜歡的故事，記下哪些元素奏效，哪些元素**絕對**不適合你。有些你喜歡的故事可能偏離我們的建議，有些可能完全遵循我們的建議，卻不見得合你的胃口。

優秀的講者會注意語句的轉折、動人的收尾、引人入勝的細節。效法那些打動你的故事吧。

## 故事是解藥

透過故事幫助別人的方法有很多。你可以根據親朋好友最近的經歷，「開」故事給他們。如果有人正在自我懷疑，是否可以聆聽諾貝爾獎得主和運動員擔心自己永遠不會成功的故事？你的姊姊是否堅信五十歲之後就與愛情無緣？如果她聽到黃昏之戀的故事呢？

有些故事帶來希望。有些故事帶我們走出悲傷。有些故事拓展我們的視野，讓我們覺得自己並不孤單。這些故事讓我們能靜下心，細細品嘗。

> **珍妮佛**：某天晚上，我們的鄰居派蒂說她很難過。最近她二十歲的女兒說她是同性戀，還說她想帶女友回家過感恩節。派蒂說：「我想都沒想過，我還沒準備好。我知道我必須做到，我知道我不能改變什麼，但我覺得好難。我不希望那個女生來過感恩節，我是個爛人。」我有太多問題，但我忍住主動提供建議，只是靜靜傾聽。我承認，沒錯，「妳可能需要一點時間消化處理。」我強調，她的女兒終於分享自己的重要特質是好事，但我也只能言盡於此。她離開之後，我想起「故事擂台」兩則故事，內容講述對家人出櫃，起初對方不太支持，也不太能接受（凱薩琳·史米卡〔Catherine Smyka〕的「我祖母的神經」〔My Grandmother's Nerve〕和妲拉·克蘭西〔Tara Clancy〕的「員警和布穀鳥鐘」〔Cops and Cuckoo Clocks〕）。我傳連結給她，故作輕鬆地請她聽一聽。其實，這是我特地開給她的故事，這兩個故事都很溫馨，而且很搞笑。
>
> 兩天後，派蒂說她很喜歡這兩個故事，而且她想過了，雖然她依然有些芥蒂，但她告訴女兒，她可以邀請女友回來過感恩節。這兩個故事改變所有事情嗎？當然不是──挑戰還很多呢。但那年感恩節，他們友好地傳遞醬汁，吃掉南瓜派，因此譜出嶄新的故事。

我們收過很多電郵，請我們代為感謝講故事的人——信裡通常會說「我以前都不明白」或「我以前沒想過」。聽到別人的經歷為他們打開一扇窗，讓他們感同身受，以全新角度看待事情。

姐努西雅・崔維諾分享紐約市審判的故事，她一下就認定其他陪審員沒有同理心，最後他們對她釋放的善意卻幫助她做出正確決定。她的故事「有罪」在**飛蛾電台時光**播出後，收到許多粉絲來信。其中一封如下：

我在一家汽車零件商工作，負責送零件給當地的汽車修理廠。今天送貨途中，我正在選電台，因為心情太過沮喪，所有音樂都變得單調乏味。總之，我恰巧聽到妳動人的聲音，決定就選這台，因為我聽到聽眾的笑聲。我聆聽妳當陪審員的故事，聽得好入迷，還想把卡車停在路邊，好好靜靜聽完。妳的故事在許多層面都打動我，讓我感受到喜樂和希望。我不是容易流露感情的人，而且我是「硬漢」型的海軍陸戰隊員，但我當時都快哭了。妳的故事也激勵我保持心態和心胸開放，我很感恩能在這個不毛之地聽到妳的故事，讓我精神為之一振。

## 故事引發反思

故事中最微小的細節都能喚起特定回憶，徹底改變你的觀點視角，或幫助你以革命性的新眼光看待別人的人生。切奇・馬林（Cheech Marin）講述為了避免被徵召參加越戰而搬到加拿大。他描述到最後一幕，也就是戰後第一次見到父親的那一刻，他發出高亢的聲音。活動結束之後，一位聽眾告訴我們，他一聽到這個聲音就淚流滿面。他說，緊閉喉嚨，忍住不哭，就會發出這種聲音。他說他家不許孩子哭泣，他也會發出同樣的聲音。他的眼裡噙著淚水，因為契奇的聲音反映他成長過程同樣的心情。光是一個聲音就體現某種共同的童年經驗。

在「走棋」（Making Moves）中，國際西洋棋大師莫里斯．亞許利（Maurice Ashley）講述他在牙買加長大，最後終於可以去美國，他對美國又有什麼期待。

我看到朋友羨慕得臉都綠了，因為美國代表希望。我們對美國唯一的了解都來自電視節目，也就是《歡樂滿人間》[75]。我打算去美國，成為主角丹尼．派特奇那種人，或者《小淘氣》[76]中的阿諾和威利斯，我們要住在頂層閣樓，屋頂有游泳池。我們上了飛機，終於看到紐約市的燈光。我們上了車，但這個版本的美國有點不一樣。我們還以為街道會鋪滿黃金。

飛蛾的財務和行政總監瑪麗娜．克魯茲（Marina Klutse）為「**飛蛾**」播客採訪莫里斯。她在節目中說：

傾聽莫里斯的故事，我覺得心有戚戚焉。兩歲時，我和哥哥姊姊被送到迦納的祖父母家生活，爸爸則留在美國。開學前，我們會開心地打開爸爸寄來的盒子，裡面有會發光的美國運動鞋、超炫的衣服（當時還沒有「炫」這個字哩）、筆記本、貼紙和其他小東西。這些東西幾乎標示著「我有家人在美國」。沒錯，這就是我們，住在迦納的美國孩子。我們就像莫里斯，這些盒子讓我們滿心歡喜，因此對美國有既定的理想印象。我的美國生活夢不包括屋頂有泳池的閣樓，但夢裡有一台紫色電視機，我在豪宅家中有自己的房間，房裡有各種紫色裝飾。美國的一切都會閃閃發光，我們從此過得幸福美滿。我的九歲生日的幾個月前，大人說我們要回美國了。那一天到來時，我記得我和父親還有三個兄弟姊妹一起上飛機。我笑容滿面，彷彿知道目的地更加陽光燦爛。我的腦中出現各種「美國夢」的畫面。但是我到了之後，生活卻不盡如人意。莫里斯和我因為我們的故事而產生共鳴，但我們也知道彼

---

[75] The Partridge Family，美國音樂情境喜劇，內容講述單親媽媽幫自己孩子在家裡車庫錄了一首歌，後來這首歌竟然進入排行榜，他們就開始巡迴演唱。
[76] Diff'rent Strokes，美國家庭情境喜劇，描述富人收養哈林區小兄弟阿諾和威利斯。

此不盡相同。這提醒了我，每個人的人生旅程都獨一無二，我們的故事都獨特、複雜又微妙，但我們往往能從別人的反思中找到自己的影子。

對聽眾和講者而言，這種心意相通的感覺格外震撼，講者分享自己的故事之前，可能認為自己的經歷無關緊要，卻發現有一群人與自己有類似的經歷或感受。他們突然覺得自己得到理解，在世上不再孤獨。結果他們因此感到更有力量。

聽眾會納悶：我的生活與這個人的經歷有何異同？我對這個世界還有哪些誤解？我以前怎麼從沒這麼想過？

山繆·詹姆斯在緬因州波特蘭市滿座的州立劇院講述「珍妮」（Jenny）。他描述自己在社會福利機構的成長背景——經歷了一長串的養父母和收容所，直到朋友的父母向他敞開家門。

當晚他講完故事，參加會後晚宴，與其他講者一起坐在餐桌邊，因為活動成功的腎上腺素而感到頭暈目眩。山繆看著手機，突然表情一變。一位女性聽眾在網上找到他，傳電郵向他道謝。她說，當晚稍早，她得知兒子十五歲的朋友被送到寄養家庭。她的第一反應是他們家可以收留他，但她隨即開始自我懷疑，懷疑自己身為父母的能力，懷疑他們是否有足夠資源妥善照顧他。但聽了山繆的故事之後，她決定為這個孩子挺身而出。因為山繆很勇敢，他們覺得自己也可以很勇敢。知道自己的故事改變一個男孩的人生軌跡，這種震撼力讓全桌每個人瞠目結舌。

唯有人們勇於敞開心扉傾聽，勇敢分享故事才有力量。傾聽的單純舉動打造不同凡響的情誼。我們有幸見證本應勢不兩立的對立，在了解彼此的故事之後和解。赫克托·布萊克（Hector Black）的「寬恕」（Forgiveness）講述他聽到殺女凶手的童年經歷之後，放下仇恨。

我想知道他的背景。我想知道他經歷過什麼事情，才會做出這種行為。我的第一反應就是他是禽獸，不是人，不值得我同情。但我一點一滴聽到他的生平。他出生在精神病院，十一歲時，他的母親把他和他的弟弟、妹妹帶

到泳池，說上帝要她淹死他們，因為他們是上帝的敵人。他和弟弟逃了出來，眼睜睜看著母親當著他們的面淹死他的妹妹。我不禁心想，我們是世上最富裕、最強大的國家，卻沒有人照顧這個小男孩。如果把我帶到這個世上的女人試圖毀掉我的人生，我會變成什麼模樣？我不是開脫他的所作所為，但我同情同樣身而為人的他所經歷的痛苦。

這個名叫伊凡・辛普森（Ivan Simpson）的人最終被判有罪，赫克托在法庭上見到他。

我轉身，面對他。我說：「祝願我們所有被這起罪行深深傷害的人都能在上帝裡找到安寧。希望你也一樣，伊凡・辛普森。」我們頭一次四目相對，淚水順著他的臉頰流下。我永遠不會忘記他的眼神，就像下了地獄的靈魂。他們要把他帶走，他也知道自己會老死監獄。他要求走到麥克風前，淚流滿面，兩度說：「我很抱歉我造成這種痛苦，我很抱歉我造成這種痛苦。」那天晚上我無法入睡，我一直想著這件事，他一無所有，卻把唯一的東西給了我，他大可以說：「你們所有人都去死吧，反正我的人生完了。」但是他沒有。當時我就知道，我已經原諒他。我感到久違的平靜，感到自己卸下沉重的包袱。

故事提醒我們，人們絕對有可能關心他人，也有可能改變。

「飛蛾」源自一個人的想法——但孕育、呵護、努力拉拔、淚水灌溉、關愛和培育卻凝聚許多人的汗水、決心和關懷。「飛蛾」經歷了辛苦的成長期，也走過快速成長期，漂亮地通過考驗，也曾經歷心碎（不止一次）。「飛蛾」從一個故事開始，但現在已經成為國際社群，有五萬多人分享他們的故事。

不誇張，「飛蛾」之所以存在、茁壯要歸功於數百萬人的貢獻——其中許多人是聽眾。分享故事很勇敢，但傾聽別人的親身經歷也同樣重要。這是一種慷慨的行為——你不僅致贈給講者，也致贈給整個社群。

為了紀念、慶祝「飛蛾」幾十年的歷史，希望你們能夠掌握這些技巧，利用故事找到共同點，展開對話，鼓勵其他人也分享他們的故事。

　　你有很多故事，這些故事是我們共享的世界的一部分。

　　你的故事很重要。說出來，我們洗耳恭聽。

# 後記

現在的世界可能像愛麗絲夢遊仙境般奇特,我們甚至爭論最基本的真、偽問題。但在這片困惑中,有一件事千真萬確,那就是我們自己的故事屬實,我們自己的經歷正確。我們可以了解、感受和分享。

現在輪你分享你的故事了!你受邀站到鎂光燈下。你辦得到。我們知道,你內心的說書魂正等著你釋放。

透過打造自己的故事,用自己的角度全心全意審視自己的生活脈絡,你更能深刻體會造就現在這個你的時刻和事件。這個過程將幫助你看清那些喜樂、心痛和掙扎如何架構出你這個人生故事的框架。最重要的是,講述自己的故事讓你面對、承擔。你因此可以捨棄別人套在你身上的說法,摒棄你告訴自己的負面論述,詮釋你自己的故事。這是你的故事,只有你能講述。

相信我!我們的藝術和工作坊團隊引導人們探索、塑造自己的故事,我親眼見證這個脆弱又微妙的過程有多奇妙。我一次又一次看到,人們如何在這種體驗中重新認識自我,重新認識自己的目標和價值。這個過程極具顛覆性。現在,這個團隊的智慧唾手可得。我相信,你也會脫胎換骨。

去講述你的故事吧。鼓起勇氣,感受自己的價值。無論是在旅途中、在郵局排隊,還是在「飛蛾」台上,只要有機會,就分享吧。重要的是讓人看到你,看到真實的你。只要你開始講,我們相信,你的勇敢行為一定會激發其他人分享真實的自己。到時換你回報,為他們留出空間,真心傾聽。觀賞他們綻放光芒,激勵他人講述他們的故事。這會引發排山倒海而來的情感交流和體諒理解。這就是同理心的魔力,一切都從你和你的故事開始。

——「飛蛾」執行總監 莎拉・哈伯曼(Sarah Haberman)

# 致謝

「飛蛾」要感謝：

我們的故事講者和全世界數百萬聽眾的慷慨精神。

我們的創辦人喬治‧道斯‧格林。

我們的董事會：Eric Green和Ari Handel，聯合主席Serena Altschul、Deborah Dugan、Joan D. Firestone、Neil Gaiman、Gabrielle Glore、Adam Gopnik、Alice Gottesman、Dan Green、Courtney Holt、Lisa Hughes、Sonya Jackson、Chenjerai Kumanyika、Maybel Marte、Joanne Ramos、Melanie Shorin與Denmark West，感謝他們非凡的領導和奉獻。

「飛蛾故事擂台」社群和在地製作人，他們在世界各地點燃火焰，每年為成千上萬的故事提供發表場地。

我們才華橫溢的音樂家，他們用自己的聲音點亮舞台。

我們的錄音師、錄影師和攝影師，他們捕捉並保存了我們的現場表演。

我們的志工，二十五年來不分晝夜，默默奉獻。

我們無與倫比的主持人，他們每晚都為聽眾貢獻靈活的機智、睿智的情感和火熱的活力——你們是我們最重要的大使。

我們的社群、企業和高中合作夥伴、講者和講師，他們每天分享自己，以同理心傾聽並展示講故事的力量。

我們的協力者，他們挑戰並激勵我們：Jay Allison、Viki Merrick、以及在Atlantic Public Media和Transom的每一位，Ann Blanchard、Michael Carroll、Meryl Cooper、Katherine Handin、Carla Hendra、Kerri Hoffman 與Jason Saldanha以及在PRX的每一位，Bonnie Levison、Alan Manevitz、Mark Oppenheimer與THREAD at Yale、Jordan Rodman、Roger Skelton與Carmen Rita Wong。

我們在蓋茲基金會（Bill & Melinda Gates Foundation）的合作夥伴。

全國數百家播放飛蛾電台時光的公共廣播電台，以及「飛蛾舞台」和「飛蛾故事擂台」系列節目的全美合作夥伴。

了不起的贊助人和會員，是他們的慷慨支持讓這一切成為可能。

我們才華橫溢的經紀人Daniel Greenberg——感謝你的才華、遠見和睿智坦率。你多年前就說服我們，「飛蛾」可以出書，這次又激勵我們更進一步。

還有我們非凡的編輯Matt Inman，是他帶領我們完成了這本書和三本故事選集。謝謝你的耐心指導、通情達理、穩定的編輯，即使在你與「老闆」和「44」合作出書時，也願意接聽我們的電話。

皇冠（Crown）出版團隊的其他成員，我們無敵幸運：Gillian Blake、Annsley Rosner、Melissa Esner、Sierra Moon、Julie Cepler、Gwyneth Stansfield、Dyana Messina與Alonzo Vereen。

除了作者之外，所有工作人員都全心全意地為本書的誕生提供建議、指導和支援。他們是 Sarah Haberman、Jennifer Birmingham、Marina Klutse、Suzanne Rust、Brandon Grant、Inga Glodowski、Sarah Jane Johnson、Aldi Kaza、Patricia Ureña、Melissa Dognazzi、Larry Rosen、Michelle Jalowski、Jen Lue、Chloe Salmon、Jodi Powell、Ana Stern、Keighly Baron、 Heather Colvin、Melissa Brown、Anna Roberts、Juan Rodriguez、Ignacia Delgado、Marc Sollinger、Travis Coxson、Melissa Weisberg、Angelica Jacinto、Devan Sandiford、Amanda Garcia、Zora Shaw、Jo Chiang、Salma Ali、Neaco Fox、Nicole Sol Cruz、Vella Voynova。

還有Emily Couch，我們所向無敵、創意十足的「文件驅動程式」和文法女王。

多年來幫助「飛蛾」取得今日成就的所有前任工作人員，包括我們的前董事會、藝術總監、執行董事以及之前未提及的董事會主席：Kathleen Kerr、Anne Maffei、Alexander Roy、Judy Stone、Lea Thau 和 Joey Xanders。

特別感謝Jennifer Echols、Chief G18和G275的女士、Nicole James、Anya Kuznetsova、Madeline McIntosh、Molly Ringwald、Sharon Salzberg和Krista Tippett。

還有我們的家人、親朋好友，Annabelle 和Everett Hixson-Denniston、Nick 和 Greta Ericson、Lena Von Wachenfeldt、James Maurice Rogers、Barbara Parsons、Jean Mandel Frank Burns、Wayne Gay、Joshua和Harold Polenberg、Straight on' Till Morning 女士、Cameron、Thornton和Maureen Jenness、Jason、Fritz、和 Iris Falchook、Paul Tellers與Adam Clark。

## 飛蛾投稿熱線

　　希望你此時此刻正在考慮將剛學到的講故事技能付諸行動。也許你唯一的願望是更擅長向朋友或在職場講故事，也許你納悶自己是否有條件上台講故事。

　　早在二〇〇九年，我們就在電台製作人傑‧艾里森的建議之下成立「飛蛾投稿熱線」。我們希望認識那些想講故事的人。從那時起，成千上萬人從世界各地打來，留下兩分鐘的故事，希望我們考慮將其搬上我們的「飛蛾舞台」。我們每個都聽過！

　　我們透過投稿熱線，認識了不起的故事講者：墨西哥摔角手、《超級大富翁》節目的參賽者、時裝模特兒、童年時期就逃出越南的急診室醫生。我們聽過的故事包括慷慨的鄰居、與美國前總統的尷尬邂逅、可怕的入室搶劫，以及偵探陰錯陽差解開史詩般的謎團。這些故事都來自引起我們興趣的兩分鐘投稿！

　　優異的投稿具備精采故事的所有元素。要包括急迫情勢、情感和敘事弧，牽涉到更深層的探索，不僅是發生了這件事。希望投稿受到錄用，概括故事的方式就得說明上述元素都包括在內，只待進一步開發。

　　「飛蛾」指導員，克蘿伊‧薩蒙對投稿的建議：投稿成功看似很難。很多人的第一反應是說出他們大概想講的故事，含糊其辭，不著邊際。例如：

　　「我想講的故事是關於我這生笑得最開心的事。我現在不想多說，但這件事真的很有趣，現在我還常想起，我想講這個故事。請回電！」

　　故事裡發生了什麼？不能告訴你。故事中的事件如何改變這個人？我不知道！

　　最好的投稿就是用兩分鐘說出你想講的故事。要在兩分鐘內講完不容易。以下提供一些技巧：

- 了解你的敘事弧！除了故事中發生的事件，對你而言，真正意義是什麼？你如何改變？請挑戰自己用一句話說出來。一旦有了這句話，就用來當成鏡頭，透過這個鏡頭編輯你的投稿。
- 找到你的角度！為什麼只有你能講述這個故事？找出其中的急迫情勢，讓我們明白你看重這個故事的原因。這就是我們所需要的。
- 把故事講完！不要故弄玄虛，拜託。你可能覺得我們會因此打給你，事實恰巧相反。
- 做你自己！「飛蛾」的故事沒有筆記──這也適用於你的投稿。想像你邊喝咖啡邊講故事。

　　如果想投稿兩分鐘的故事，請致電，或上themoth.org，在我們的網站上直接投稿！我們迫不及待想見你。

## 故事提示

需要提示尋找故事素材嗎？可參考以下的主題和提示。選個提示，看看能引出什麼故事。答案不分對錯！這是你自己的故事！

**第一次**
說說某個突破性的時刻。
說說你後悔的第一次。
說說改變你人生的第一次。

**朝九晚五**
說說你努力工作、盡情玩樂。
說說你週末上班。
說說你與管理層意見不合。
說說老闆占你便宜。

**情傷**
說說你愛太少，愛得太遲。
說說你不得不追隨你心。
說說你愛了又失去。

**逮個正著**
說說你給人逮到的經歷。
說說你把事情搞得糾纏不清。
說說人家當場逮到你。

**失而復得**
說說你視而不見的經歷。
說說你找不到解決方法。
說說你珍愛的人事物失而復得。

# 節目說明

飛蛾舞台（The Moth Mainstage）：「飛蛾舞台」誕生於一九九七年，是個現場雙幕節目，由五位講者和一位知名主持人分享真實的個人經歷，不帶小抄。每個獨特夜晚都由「飛蛾」創意團隊策畫和導演。「飛蛾舞台」在美國五十州和全球五大洲舉辦。（南美和南極洲，我們來了！）每年在世界各地舉辦的「飛蛾舞台」超過四十場。本書摘錄的許多故事最初都在「飛蛾舞台」講述，講者都是我們在活動中結識。

飛蛾故事擂台（The Moth Storyslams）：早期我們策畫「飛蛾舞台」成功，激發許多人投稿到辦公室。我們接到許多電話，對方說：「我有個故事！」但我們的工作人員（當時只有兩名全職員工）無法篩選、培育所有可能的講者。這個問題很動人：我們收到太多故事！因此二〇〇〇年，我們決定開放舞台給任何有興趣分享故事的人。「飛蛾故事擂台」應運而生。這個節目是比賽，更是社群，任何人都可以在這裡分享五分鐘的故事。我們提供主持人、舞台、主題、指導原則，從聽眾中挑選評委，幫助選出優勝者。我們邀請所有人報名參加，但只隨機挑選十名聽眾上台。每屆「故事擂台」的優勝者都將受邀參加「故事大擂台」的終極比賽。因為這個活動在紐約市大受歡迎，我們決定在二〇〇六年擴大活動範圍，現在每個月都在全美和全球各地城市舉辦「故事擂台」，每年提供成千上萬個機會給想講故事的人。

飛蛾社群計畫（The Moth Community Program）：我們打從一開始就知道，故事具有改變人生的潛力、打造社群的力量。從一九九九年開始，「飛蛾社群計畫」與非營利組織和文化機構合作，舉辦工作坊，讓參與者有能力打造、分享自己的故事。有些組織主動來找我們，有些則是我們自己四處奔走，敲開一扇扇門。不是每扇門都會開！但我們還是成功說服退伍軍人組織、醫院、互助團體和社區中心接納我們。工作坊結束後，我們都感受到故事和共同經歷的力量，並且發誓繼續傳承。

從那時起，我們有幸為數百個組織舉辦講故事工作坊，例如「清白網路」（Innocence Network）、「傷兵專案」（Wounded Warrior Project）、RESULTS[77]、紐約大學的伊斯蘭中心（Islamic Center at NYU）、SAGE[78]、「她的正義」[79]、「猶太遺產博物館」（Museum of

---

77 成立於一九八〇年的美國無黨派公民倡議組織，旨在通過關注貧困的根源找到解決貧困問題的長期解決方案。

78 Services and Advocacy for Gay, Lesbian, Bisexual and Transgender Elders，美國最早開始開始關注年長同志的組織。

79 Her Justice，紐約市法律援助機構，專門幫助無證移民婦女，為遭家暴、暴力攻擊與人口販賣者申請簽證。

Jewish Heritage）和傑德基金會[80]等。

「社群計畫」的目標是建立跨文化、跨時代的連結。我們認為，人們應該帶頭分享自己的故事。我們的目標是廣納百川，尤其是那些平時難以被聽到的聲音。透過我們的工作坊和現場活動，講者將自己的人生經歷打造成故事，與他們的社群或更多人分享。

飛蛾工作坊（Mothworks）：二〇〇二年，「飛蛾工作坊」接到某個機構來電，請我們主持講故事的工作坊。我們說：「可是我們不做企業培訓。」他們說：「我們不要企業培訓，我們要訓練他們講故事。」我們持懷疑態度，不確定我們在市中心劇院的活動能否在企業界推廣。但他們的熱情促使我們點頭答應。

我們在初期工作坊討論講故事，我們如何建議講者，在這裡就提供同樣回饋。我們很開心，因為我們發現自己的「講故事怪才」完全派上用場。

消息迅速傳開，「飛蛾」的專業團隊很快就在世界各地舉辦工作坊，並且在各行各業主持私人活動，包括Nike、谷歌、國際婦女論壇、美國國務院、Spotify、W. K. Kellogg基金會、Genentech、美國運通、lululemon、NBC 環球、A&E 電視網、樂高、（RED）、Cole Haan、奧美、箭牌等。我們從行銷人員、創意人員、醫學專家、金融家和偉大的科技頭腦中發掘故事。《華爾街日報》、《財富》、《富比士》、《Crain's》和《Inc.》等刊物都報導過我們。

成立初期，我們清楚意識到，我們作為創意機構的目標可能與客戶的盈利組織相悖。但是隨著專案發展，我們發現，客戶在我們教導下可以發揮更大的文化影響。我們幫助他們更擅長溝通、了解講故事的關鍵原則，同時也讓他們視彼此為人類手足。我們屢屢聽到工作坊學員對同伴說：「我和你共事多年，但今天才認識你。」

二十年來，我們看到職場的變化，這些變化反映社會和文化的轉變。分享故事可以讓各級員工在公司覺得自己被看見、得到傾聽，幫助消弭尊卑等級。在社交、情感層面，講故事可以凝聚士氣，促進使命感。

事實一再證明，職場也需要講故事。我們很高興接了那通電話。

飛蛾播客（The Moth Podcast）：「飛蛾」主持人兼講者丹・甘迺迪在澳洲參加伯斯國際藝術節的「飛蛾舞台」時，告訴前執行長兼創意總監莉亞・托（Lea Thau），「蘋果」將採訪他談自己的新書。他說：「妳何不和我一起上台聊聊，而且……『飛蛾』應該宣布開播客！」當時我們沒有開播客的計畫，採訪就在兩週後。但丹的挑戰帶來靈感！迅速召開策略會議之後，我們懷著緊張激動的心情開播客。播客於二〇〇八年春季首播，由

---

80 Jed Foundation，非營利組織，致力於保護美國青少年的情緒健康並防止自殺。

實習生用免費軟體GarageBand編輯。現在,「飛蛾播客」提供原創節目以及「飛蛾電台時光」的完整節目,也包括所有活動中的故事。現在播客每年的下載量超過九千萬次(根據二〇二一年一月的Podtrack資料),時常在iTunes播客排行榜名列前茅。播客非常靈活,我們因此能夠直接面對聽眾,反映我們所在的世界。

皮博迪獎(Peabody Award)獲獎節目「飛蛾電台時光」(The Moth Radio Hour):我們第一次夢想在電台播出飛蛾節目,人們不斷告訴我們:「十分鐘的故事在廣播電台絕對行不通!」但多次討論之後,我們得到現在的長期製作人傑·艾里森和「公共廣播交流機構」(PRX)的朋友和合作夥伴的支持。二〇〇九年,我們推出五集節目,二〇一三年,聽眾人數激增,我們緊張地將節目改為每週一回。「飛蛾電台時光」由飛蛾員工和社群成員輪流主持,內容選自「飛蛾」的現場活動。如今美國五百七十多個公共廣播電台、英國廣播公司以及澳洲、德國和法國等國的廣播電台都能收聽到「飛蛾電台時光」。這個節目是由「飛蛾」、傑·艾里森、薇姬·梅里克(Viki Merrick)和大西洋公共媒體(Atlantic Public Media)製作,由「公共廣播交流機構」播放。

飛蛾教育計畫(The Moth Education Program):我們第一次考慮教導青少年講故事時,不知道年輕人是否有足夠的觀點,透過故事反思他們的經歷。然而在最初幾次高中工作坊之後,我們發現學生的故事有多麼豐富。二〇一二年,我們正式制定「飛蛾教育計畫」,為學生和教師提供彼此分享親身經歷的平台,並且介紹到全世界。

透過課後和週末工作坊,學生集思廣益,學習打造故事,有機會上台與朋友、家人分享故事。結果影響深遠。學生釐清自己的親身經歷,發出自己的聲音,並且透過傾聽,以未曾想像的方式了解同齡人。

分享故事可以打破隔閡。年輕人相互傾聽時,更能理解彼此的挑戰、錯誤、喜悅和勝利。對一個人有意義的事情,也得到許多人的認可。講故事不僅能同理他人,還能同理自己(無論我們現在是否還年輕)。

為了盡可能接觸到更多學生,「飛蛾教育計畫」與教師合作,提供方法,直接將故事帶入課堂。「飛蛾」幫助教師協助學生集思廣益、打造故事,網站上提供免費下載的中學課程,供世界各地教育工作者使用。我們還為全美五年級至十二年級的教育工作者舉辦工作坊,讓他們體驗在社群中與其他教師一起編撰、分享故事的過程。他們通常會講述自己年輕時代的故事;藉此機會回憶學生時期的心情。

與成千上萬年輕人合作過程中,我們看到故事工作坊如何教他們敘述經歷、同理他人,增強自信。

「飛蛾全球社群計畫」(The Moth's Global Community Program)的誕生源於蓋茲

基金會來電，他們請我們與開發中國家的衛生專家——「亞斯本研究院新聲音研究員」（Aspen Institute New Voices Fellowship）入選者——合作。「我們希望幫助研究員發聲倡議。也許你們可以調整社群計畫的模式，設計工作坊，加強研究員的講故事技巧？」了不起！我們答應了。

自從在肯亞奈洛比近郊舉辦第一期工作坊以後，我們再次調整課程（又一次！），創建密集跨文化工作坊，由來自肯亞、印度和烏干達等國的核心講師授課。這些講師多數都是「飛蛾」工作坊的畢業生，因此他們親身體會過創作個人故事多麼具有挑戰性。我們的講師也是這個計畫的形象大使，他們以身作則，示範如何透過故事推動工作或發起運動。

我們很榮幸能夠繼續與亞斯本研究院、蓋茲基金會，福特基金會和聯合國婦女署等組織合作。目前，「飛蛾全球社群計畫」已有來自五十多個國家的四百五十多名畢業生，他們用自己的故事推動全球性的社會變革。全球社群計畫的畢業生曾在聯合國、布魯塞爾歐盟高峰會上講述自己的故事，開播客、發起草根運動，改革法律。

我們透過「全球社群計畫」，持續開發、提升來自開發中國家的非凡故事。這些故事引發人們討論世界衛生問題，包括：農業和消除飢餓、傳染病預防和教育——並且強烈聚焦於婦女和少女的故事。我們相信，尊重各式各樣的個人經歷，可以挑戰主流認知，加強情感交流，在世界各地展開更有效的溝通。

# 關於作者

「飛蛾」是備受讚譽的非營利組織，致力於講故事的藝術和技巧。自從一九九七年成立以來，「飛蛾」已經呈現五萬多個故事，並獲得麥克阿瑟獎（MacArthur Award）的創新和實用機構獎，在全美五百五十多家電台播出的「飛蛾電台時光」獲得皮博迪獎。「飛蛾播客」每年被下載九千萬次。梅格‧鮑爾斯、凱薩琳‧伯恩斯、珍妮佛‧希克森、莎拉‧奧斯丁‧詹尼斯和凱特‧泰勒斯，以及「飛蛾」藝術和工作坊團隊，二十多年來持續幫助世界各地的人們講述他們真實的個人故事。

TheMoth.org
Facebook.com/TheMoth
Twitter: @TheMoth
Instagram: @mothstories

**梅格‧鮑爾斯**是資深總監暨飛蛾電台時光聯合主持人。一九九七年，她加入「飛蛾」當志工，當時壓根不知道「飛蛾」會引領她走到哪裡。幾十年來，從安克拉治到倫敦，都有她執導「飛蛾舞台」的身影。雖然電視和電影背景幫助她更敏於編輯和注重細節，她擅長發掘田野故事，或將看似微不足道的個人經歷打造成引起廣泛共鳴的故事，也是眾所周知。梅格喜歡與人一對一合作，見證並支持他們的進步。她特別開心看到從未想過自己也有故事的人驕傲地宣稱自己是「講故事的人」。

**凱薩琳‧伯恩斯**是「飛蛾」多年來的藝術總監，也是飛蛾電台時光的主持人。自二〇〇三年以來，她一直是「飛蛾舞台」的主要導演，曾幫助數百人創作故事，其中包括紐約市衛生工人、諾貝爾獎得主、倫敦塔的渡鴉大師、追蹤美洲豹的人和冤獄得到平反的囚犯。她負責編輯廣受好評的暢銷書《飛蛾：五十個真實故事》（The Moth: 50 True Stories）、《這些奇蹟》（All These Wonders）和《偶發魔法》（Occasional Magic）。她是獨角戲《門》（由亞當‧高普尼克編劇並演出）和《海倫與艾德加》（由艾德加‧奧利佛編劇、演出）的導演，《紐約時報》的班‧布蘭特利（Ben Brantley）稱後者「極度引人入勝，出乎意料感人」。她還執導劇情片《一磅肉》（A Pound of Flesh）。加入「飛蛾」之前，她製作過電視節目和獨立電影，採訪過喬治‧柯林頓（George Clinton）、查克‧D‧奧茲‧奧斯本（Ozzy Osbourne）、瑪莎‧史都華（Martha Stewart）和霍華‧史登（Howard Stern）等名人。早在二〇〇〇年，她就第一次參加「飛蛾」活動，並且極度

傾心。伯恩斯成為全職員工之前，曾是「故事大擂台」的參賽者和「飛蛾社群計畫」的義工。她在阿拉巴馬州出生長大，現在與丈夫和兒子定居布魯克林。

Instagram：@burnzieny

**莎拉・哈伯曼**（後記）自二〇一三年以來一直擔任「飛蛾」的執行總監，負責監督組織的策略發展、董事會關係、財務、籌款活動、人力資源、法律領域和製作。她還負責監督飛蛾的教育、社群和企業計畫，並於二〇一五年與蓋茲基金會合作，創建「飛蛾全球社群計畫」。她曾在紐約公共圖書館、惠特尼美國藝術博物館、哥倫比亞商學院和林肯中心爵士樂團等世界頂尖非營利藝術機構和學術機構擔任高層主管。搬到紐約之前，她在巴黎擔任法國大型出版社羅伯特・拉豐出版社（Éditions Robert Laffont）的採購編輯。她還是密爾瓦基州理查和艾瑟爾・赫茲菲爾德基金會（Richard and Ethel Herzfeld Foundation）的董事會成員。

**珍妮佛・希克森**是資深導演，也是飛蛾電台時光的主持人。她每年請數百人找出人生重要轉捩點──失敗與勝利、放手一搏、最黑暗的時刻──然後幫助他們將這些經歷化為台上的故事。她愛上每個講故事的人，希望你也會愛上他們。二〇〇〇年，她創辦「飛蛾故事擂台」，目前這個活動在美國、英國和澳洲的二十五個城市定期舉辦，為勇於講故事的人和健談卻害羞的人提供四千多個講故事的機會。珍妮佛的故事「有煙的地方」曾在飛蛾電台時光和「這個美國生活」（This American Life）中播出，並被收錄在「飛蛾」的第一本書：《飛蛾：五十個真實故事》之中。

**莎拉・奧斯丁・詹尼斯**的笑聲響亮獨特，令人莞爾。她於二〇〇五年加入，擔任執行製作人，她有幸與數百人合作，精心製作、琢磨他們獨特的個人故事。她是皮博迪獎獲獎導演，也是飛蛾電台時光的長期主持人，負責飛蛾播客，並共同創建「飛蛾全球社群計畫」，為美國、南亞和非洲的參與者設計、指導故事工作坊，以提升有關性別平等和人權的討論。十五餘年來，莎拉導演的故事曾在聯合國、日舞影展、人力車上以及肯亞國家大劇院講述。最近，她的外甥和外甥女艾略特、愛米莉雅和艾薇授予她「世界最佳阿姨」獎。莎拉認為要挑戰主流認知──相信故事可以建立情感交流，繼而改變世界。

**錢傑列・庫曼尼卡**（推薦序）是研究員、記者和運動組織者，是羅格斯大學新聞與媒體研究系的助教。他的研究和教學專攻文化和創意產業中社會正義與新興媒體的交集。他曾在《流行音樂與社會》（Popular Music and Society）、《流行傳播》（Popular

Communication）、《廣告與促銷文化》（*The Routledge Companion to Advertising and Promotional Culture*）和《技術、教育學與教育》（*Technology, Pedagogy and Education*）等期刊上發表相關文章。庫曼尼卡博士合作推出播客「Scene on Radio」第二季「看見白色」和第四季「從未有過的土地」。他是 Gimlet Media 榮獲皮博迪獎的南北戰爭播客 Uncivil 的聯合執行製作和聯合主持人。他在 The Intercept、Transom、NPR's Code Switch、All Things Considered、Invisibilia 和 VICE 撰稿，也是 Rising Up Radio with Sonali Kolhatkar 的新聞分析師。身為運動組織者，庫曼尼卡是二一五人民聯盟（215 People's Alliance）執行委員，也是「費城債務集體組織」（Philadelphia Debt Collective）和「媒體、不平等與變革中心」（Media, Inequality & Change Center）的成員。

**帕德瑪・拉克希米**（前言）是榮獲艾美獎提名的美食專家、電視節目主持人、製作人和《紐約時報》暢銷書作家。她是 Hulu 備受好評的系列節目《嚐遍美國》的創作者、主持人和執行製作，該節目曾入圍二〇二一年哥譚獎突破性系列節目。拉克希米還是 Bravo 出品的兩屆艾美獎獲獎劇集《頂尖主廚大對決》的主持人和執行製作。拉克希米是「美國子宮內膜異位症基金會」（Endometriosis Foundation of America）的聯合創始人，也是「美國公民自由聯盟」（American Civil Liberties Union）的移民權利和婦女權利藝術家大使。拉克希米還被任命為聯合國開發計畫署親善大使。她是多產作家，作品包括兩本《紐約時報》暢銷書：兒童讀物《給妮拉的番茄》（*Tomatoes for Neela*）和回憶錄《愛、失去和我們吃了什麼》（*Love, Loss, and What We Ate*）。此外，她還撰寫了《香料和草藥百科全書》（*Encyclopedia of Spices and Herbs*）以及兩本烹飪書，《輕鬆異國風味》（*Easy Exotic*）和《酸甜苦辣》（*Tangy Tart Hot and Sweet*）。她與女兒定居紐約。

**凱特・泰勒斯**是資深指導員、飛蛾現場故事系列和播客主持人、講者和導演。她第一次參加「飛蛾」的活動是以「開端」為主題，才講了幾個故事，她就知道自己找到歸宿。從那時起，她就與匹茲堡童年時期的偶像一起打造故事。她與蓋茲基金會、凱洛格基金會、Ashoka、Spotify、Nike、谷歌和美國國務院等非營利組織合作，設計、領導了講故事專案，這些專案將講故事的力量化為發揮同理心的溝通工具。在飛蛾電台時光可以聽到她的「也要帶起司」（But Also Bring Cheese），故事也被收錄於《這些奇蹟：關於面對未知的真實故事》（*All These Wonders: True Stories about Facing the Unknown*）一書中。她的作品曾刊登在《麥克斯維尼》（*McSweeney's*）和《紐約客》。她熱愛講故事其來有自，她才有機會與陌生人一同歡笑、哭泣。

Creative 197

## 請開始說你的故事
### 學會表達的第一堂課

| | |
|---|---|
| 作　　者 | 梅格・鮑爾斯 MEG BOWLES、凱薩琳・伯恩斯 CATHERINE BURNS、珍妮佛・希克森 JENIFER HIXSON、莎拉・奧斯汀・詹尼斯 SARAH AUSTIN JENNESS、凱特・泰勒斯 KATE TELLERS |
| 譯　　者 | 林師祺 |
| 出　版　者 | 大田出版有限公司 |
| | 台北市一○四四五 中山北路二段二十六巷二號二樓 |
| E - m a i l | titan@morningstar.com.tw　http://www.titan3.com.tw |
| 編輯部專線 | (02) 2562-1383　傳真：(02) 2581-8761 |
| 內頁美術 | 陳柔含 |
| 校　　對 | 黃薇霓／林師祺 |
| 行政編輯 | 鄭鈺澐 |
| 副總編輯 | 蔡鳳儀 |
| 總　編　輯 | 莊培園 |
| 初　　刷 | 二〇二五年三月一日　定價：四九九元 |
| 網路書店 | http://www.morningstar.com.tw（晨星網路書店）|
| 購書Email | service@morningstar.com.tw |
| | TEL：(04) 23595819　FAX：(04) 23595493 |
| 郵政劃撥 | 15060393（知己圖書股份有限公司）|
| 印　　刷 | 上好印刷股份有限公司 |
| 國際書碼 | 978-986-179-925-4　CIP：192.32/113018235 |

---

國家圖書館出版品預行編目資料

請開始說你的故事：學會表達的第一堂課／
梅格・鮑爾斯 MEG BOWLES 等著；林師
祺譯．——初版——台北市：大田，2025.3
面；公分．——（Creative；197）

ISBN 978-986-179-925-4（平裝）

192.32　　　　　　　　　　　　113018235

HOW TO TELL A STORY: The Essential Guide to
Memorable Storytelling from The Moth
Copyright © 2022 by The Moth
Foreword © 2022 by Padma Lakshmi
Introduction © 2022 by Chenjerai Kumanyika
Complex Chinese translation copyright © 2025
by Titan Publishing Co., Ltd.
Published by arrangement with author c/o Levine Greenberg
Rostan Literary Agency
through Barden-Chinese Media Agency
All rights reserved.

版權所有　翻印必究
如有破損或裝訂錯誤，請寄回本公司更換
法律顧問：陳思成

① 立即送購書優惠券
② 抽獎小禮物
填回函雙重禮